NCS
한국마사회
직업기초능력평가

NCS 한국마사회
직업기초능력평가

초판 인쇄		2022년 6월 6일
초판 발행		2022년 6월 9일

편 저 자	|	취업적성연구소
발 행 처	|	㈜서원각
등록번호	|	1999-1A-107호
주　　소	|	경기도 고양시 일산서구 덕산로 88-45(가좌동)
교재주문	|	031-923-2051
팩　　스	|	031-923-3815
교재문의	|	카카오톡 플러스 친구[서원각]
영상문의	|	070-4233-2505
홈페이지	|	www.goseowon.com
책임편집	|	정유진
디 자 인	|	이규희, 김한울

우리나라 기업들은 현재까지 비약적인 발전을 이루고 있다. 이렇게 급속한 성장을 이룰 수 있었던 배경에는 우리나라 국민들의 근면성 및 도전정신이 있었다. 그러나 빠르게 변화하는 세계 경제의 환경에 적응하기 위해서는 근면성과 도전정신 이외에 또 다른 성장 요인이 필요하다.

최근 많은 공사·공단에서는 기존의 직무 관련성에 대한 고려 없이 인·적성, 지식 중심으로 치러지던 필기전형을 탈피하고, 산업현장에서 직무를 수행하기 위해 요구되는 능력을 산업부문별·수준별로 체계화 및 표준화한 NCS를 기반으로 하여 채용공고 단계에서 제시되는 '직무 설명자료'에서 제시되는 직업기초능력과 직무수행능력을 측정하기 위한 직업기초능력평가, 직무수행능력평가 등을 도입하고 있다.

한국마사회에서도 업무에 필요한 역량 및 책임감과 적응력 등을 구비한 인재를 선발하기 위하여 고유의 직업기초능력평가를 치르고 있다. 본서는 한국마사회 신입사원 채용대비를 위한 필독서로 한국마사회 직업기초능력평가의 출제경향을 철저히 분석하여 응시자들이 보다 쉽게 시험유형을 파악하고 효율적으로 대비할 수 있도록 구성하였다.

신념을 가지고 도전하는 사람은 반드시 그 꿈을 이룰 수 있습니다. 처음에 품은 신념과 열정이 취업 성공의 그 날까지 빛바래지 않도록 서원각이 수험생 여러분을 응원합니다.

STRUCTURE

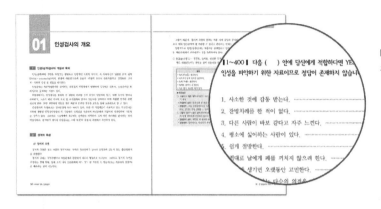

핵심이론정리

NCS 직업기초능력검사 영역별 핵심이론을 정리하였습니다.

출제예상문제

다양한 유형의 출제예상문제를 다수 수록하여 실전에 완벽하게 대비할 수 있습니다.

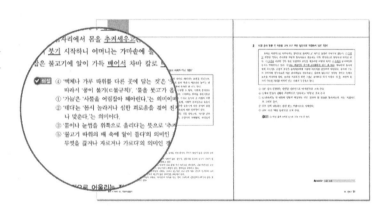

인성검사 및 면접

인성검사의 개요 및 예시를 통해 인성검사를 연습할 수 있도록 하였으며, 면접의 기본과 면접기출을 수록하여 취업의 마무리까지 깔끔하게 책임집니다.

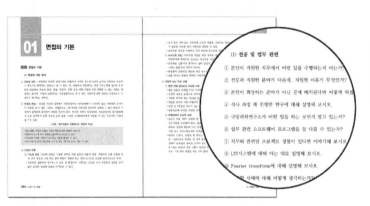

CONTENTS

PART

01

기업소개
및 채용안내

한국마사회 소개

1 미션 및 경영방침

(1) 미션 및 비전

① 미션 ⋯ 말산업으로 국가경제 발전과 국민의 여가선용에 기여한다.

② 비전 ⋯ 국민에게 사랑받는 말산업 전문기업

(2) 핵심가치 및 경영전략

① 핵심가치

ㄱ 미래지향

ㄴ 상생 · 협력

ㄷ 윤리 · 청렴

② 경영슬로건 ⋯ 국민을 향해 말과 함께!

③ 전략목표

구분	E	S	G
비즈니스 관점	경영위기 극복을 위한 경영 효율화 (Efficiency : 효율성)	고유사업 전문성 강화 (Speciality : 전문성)	미래성장 동력 확보 (Growth : 성장)
사회적 관점	친환경 · 저탄소화 그린 뉴딜 선도 (Environmental : 친환경)	국민신뢰 회복을 위한 사회적 가치 실현 (Social : 사회적 책임)	상생적 경마산업 생태계 구축 (Governance : 지배구조 개선)

④ 경영목표 지표

부채비율	레이스레이팅	전자카드 이용률	온실가스 감축비율	말복지인식도	부패방지시책평가
('20) 7.4% ('26) 18.4%	('20) 99.225점 ('26) 104.073점	('20) 46.7% ('26) 60.0%	('20) 37.383% ('26) 42.325%	('20) - ('26) 70점	('20) 4등급 ('26) 1등급

⑤ 전략과제

경영위기 극복을 위한 경영 효율화	① 재무건전성 제고 및 리스크 관리 강화 ② 전략적 사업기능 조정을 통한 자원 배분
고유사업 전문성 강화	① 경마 수준 및 서비스 품질 제고 ② 말산업 선순환 생태계 구축 및 저변 확대
미래성장 동력 확보	① 비체류형 언택트 발매환경 조성 ② 스마트 · 디지털화 통한 뉴딜 성장 선도
친환경 · 저탄소화 그린 뉴딜 선도	① 친환경 경마공원 조성 ② 저탄소 클린 사업장 운영
국민신뢰 회복을 위한 사회적 가치 실현	① 말(동물)복지 문화 조성 ② 말산업 기반 사회공헌 체계 구축
상생적 경마산업 생태계 구축	① 공정 · 투명 · 청렴한 기관 운영 ② 경마산업 상생 거버넌스 구축

2 사업소개

(1) 개요

설립목적	경마(競馬)의 공정한 시행과 말산업의 육성에 관한 사업을 효율적으로 수행하게 함으로써 축산의 발전에 이바지하고 국민의 복지증진과 여가선용을 도모함을 목적으로 한다.
Keyword	• 경마의 공정한 시행과 원활한 보급 • 말산업 및 축산의 발전 • 국민의 여가선용
과제발굴	• 경마사업(경주시행 사업, 발매서비스 사업) • 말산업 육성사업 • 사회공헌사업

박진감 넘치는 경마시행	즐겁고 쾌적한 서비스	말산업 및 축산의 발전	농어촌 복지증진 및 사회기여

(2) 주요사업

① 렛츠런파크 … 서울, 제주, 부산경남에 각각 위치하고 있으며, 도심 속 편안한 휴식공간 제공을 모토로 각종 행사와 이벤트를 제공 및 각종 레저를 즐길 수 있는 가족공원이다.

② 렛츠런팜 제주 … 제주 경주마 육성산업이라는 중요한 역할을 수행함으로써 축산농가의 새로운 소득원 개발, 고용, 창출 등 지역경제 활성화에 크게 이바지하고 있다.

③ 렛츠런팜 장수 … 주요 역할은 경마산업 후방지원으로 육성조교시스템 구축을 통한 경주마 활용의 효율성 제고 및 경주마 자원의 질적 개량을 선도, 궁극적으로 경주지리 향상에 기여하고 있다.

④ 렛츠런팜 원당 … 기수후보생 및 마필관계자를 교육시키는 업무공간으로 97년부터 마사회와 말에 대한 홍보를 위해 목장시설의 일부를 일반인에게 개방하고 있다.

⑤ 렛츠런 문화공감센터 … LetsRun CCC.(문화공감센터)는 경마일(금~일)은 경마팬의 레저공간으로, 비경마일은(월~목)은 문화센터 및 회의공간으로 지역주민에게 개방되며, 연간 수천만 원에 달하는 금액을 지역주민 및 단체에 기부하며 지역사회발전에 이바지하고 있다.

⑥ 렛츠런재단 … 소외계층 등에게 지속 가능·자립 기반 일자리 제공, 청소년 문제 해결 및 미래 인재 양성, 문화 참여 기회 확대 및 문화 격차 해소, 장애인 등 취약 계층 맞춤형 복지 강화로 공동체 가치를 제고하고 있다.

CHAPTER 02 채용안내

1 인재상

(1) 인재상(Contents)

Lets Run Vision(말과 함께 미래의 레저문화를 선도하는 글로벌 공기업)을 달성하고, 보다 미래지향적인 비즈니스 기회를 창출할 수 있는 바람직한 인재의 모습

(2) 한국마사회 인재상

① 도전하는 전문인 … 사업 추진을 위한 도전적이고 혁신적인 업무수행 자세를 가진 자기 분야에 대한 최고의 전문 지식을 갖춘 인재

② 소통하는 협력인 … 구성원·고객·이해관계자 간 소통을 중요시하는 마인드로 동료와 협업하고 상대를 배려하는 인재

③ 공정한 책임인 … 고객 및 이해관계자에 대한 청렴하고 공정한 업무 태도로 주인의식을 갖고 담당 업무에 책임을 다하는 인재

2 채용안내(2019년 신입사원 채용 기준)

(1) 모집분야 및 채용인원

① 사무직

모집분야			직무	인원	응시자격
사무직	5급	일반행정	• 경영지원	7명	• 자격제한 없음
			• 경영지원(보훈)	3명	• 보훈대상자
		재경	• 사업기획/예산관리/자금	4명	• 자격제한 없음
		법무	• 경마전문(심판)	3명	• 자격제한 없음
	6급	사진	• 언론홍보(사진)	1명	• 색각 이상이 아닌 자

② 영업직

모집분야			직무	인원	응시자격
영업직	5급	장외행정	• 고객관리/마케팅기획/경영지원	2명	• 청소년보호법 제29조 제1항에 따른 만19세 미만인 청소년이 아닌 자

③ 기술직

모집분야			직무	인원	응시자격
기술직	5급	시설	• 건축	1명	• 건축기사 자격증 소지자
			• 토목	1명	• 토목기사 자격증 소지자
			• 조경	1명	• 조경기사 자격증 소지자
			• 통신	1명	• 정보통신기사 또는 무선설비기사 자격증 소지자
			• 환경	1명	• 수질환경기사 또는 대기환경기사 자격증 소지자
		전산	• 시스템개발	2명	• 정보처리기사 자격증 소지자(C/C++ 또는 JAVA 개발경험자 면접 시 우대)
			• 모바일개발	1명	• 정보처리기사 자격증 소지자(Android/IOS 기반 앱 개발경험자 면접 시 우대
		축산	• 종축 및 말산업기획	2명	• 자격제한 없음
		수의	• 마필진료 및 보건	4명	• 수의사 면허 소지자
			• 화학	1명	• 자격제한 없음
		승마	• 승마교관	2명	• 기승(선수)경력 5년 이상인 자로서, 전국규모대회 장애물B Class 이상 경기에서 3회 이상 입상경력이 있는 자
		방송	• 카메라맨	1명	• 카메라맨 6개월 이상 경력자 또는 방송아카데미과정 수료자 • 색각 이상이 아닌 자
	6급	축산지원	• 기승조교 및 마필관리	3명	• 마필 기승 가능자(고졸자 우대)

④ 공통요건

  ㉠ 연령 및 학력 제한 없음

  ㉡ 병역필 또는 면제자(단, 임용일 이전 전역예정자로 전형절차에 정상적으로 응시 가능한 경우 지원 가능)

  ㉢ 합격 즉시 출근 가능자

ㄹ 지방근무 가능자

ㅁ 한국마사회 인사규정상 결격사유에 해당 되지 않는 자

ㅂ '공무원 채용신체 검사규정'에 의한 불합격판정에 해당되지 않는 자

(2) 전형절차

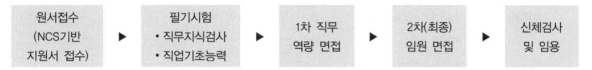

원서접수 (NCS기반 지원서 접수) ▶ 필기시험 • 직무지식검사 • 직업기초능력 ▶ 1차 직무 역량 면접 ▶ 2차(최종) 임원 면접 ▶ 신체검사 및 임용

① 입사지원 … 한국마사회 채용홈페이지에서 지원하며 NCS기반 블라인드 입사지원으로, 지원직무 관련 교육 · 자격 · 경력 · 경험사항 기재

② 서류전형

ㄱ 사무직 · 영업직

• 응시자격 미달 및 불성실 작성자(작성항목 미작성 등) 제외

• 입사지원서, 직무역량자격, 사회형평채용대상 여부 등을 고려하여 필기전형(직무지식검사+직업 기초능력평가) 응시대상자 선발(채용인원의 약 80배수)

ㄴ 기술직

• 시설 · 전산 · 축산 · 수의(화학) · 방송 · 축산지원

－응시자격 미달 및 불성실 작성자(작성항목 미작성 등) 제외

－입사지원서, 직무역량자격, 사회형평채용대상 여부 등을 고려하여 필기전형(직무지식검사+직업 기초능력평가) 응시대상자 선발(채용인원의 약 80배수)

• 수의(마필진료 및 보건) · 승마 : 응시자격 미달 및 불성실 작성자(작성항목 미작성 등)를 제외하 고, 전원 필기전형(직업기초능력평가) 응시기회 부여

③ 필기시험

ㄱ 사무직, 영업직, 기술직(시설, 전산, 축산, 수의(화학), 방송)

• 직무별 직무지식검사 및 직업기초능력평가 시행(방송직무는 직무지식 별도평가 시행)

• 카메라맨 : 필기시험 당일, 포트폴리오 영상 및 제작설명서를 USB로 제출

－ 포트폴리오 영상(3분 이내, 500MB 이하)은 반드시 본인이 제작한 영상으로만 구성할 것

－ 포트폴리오 제작설명서는 영상촬영방법 등을 포함하여 자유양식으로 작성 · 제출(한글파일)

※ 카메라맨 포트폴리오 영상 제출방법은 서류전형 합격자 발표 시 상세 안내하며, 지정된 기한 내에 자료를 미제출하거 나, 제출한 영상이 본인이 제작한 영상이 아닌 것으로 밝혀질 경우 불합격 처리(합격 취소)

ㄴ 수의(마필진료 및 보건), 승마, 축산지원 : 직업기초능력평가만 시행

ⓒ 합격규모 : 고득점 순으로 각 분야별 채용인원의 약 5배수

모집분야		직무	시험과목	
			직무지식(100점)	직업기초(100점)
사무직	일반 행정	• 경영지원	행정학 전반	직업기초능력 (사무직/영업직 및 기술직 축산 분야는 기초외국어능력 포함)
		• 경영지원(보훈)		
	재경	• 사업기획/예산관리/자금	경영 · 경제 · 회계학 전반	
	법무	• 경마전문(심판)	법학 전반	
	사진	• 언론홍보(사진)	사진학 전반	
영업직	장외 행정	• 고객관리/마케팅기획/경 영지원	경영학(마케팅 · CRM · 서비 스경영 중심)	
기술직	시설	• 건축	건축학 전반	
		• 토목	토목공학 전반	
		• 조경	조경학 전반	
		• 통신	정보통신공학 전반	
		• 환경	환경공학 전반	
	전산	• 시스템개발	컴퓨터공학 전반	
		• 모바일개발		
	축산	• 종축 및 말산업기획	축산학 전반	
	수의	• 마필진료 및 보건	미시행 (수의사 면허로 대체)	
		• 화학	화학 전반	
	승마	• 승마교관	미시행 (입상실적 및 경력 대체)	
	방송	• 카메라맨	포트폴리오 영상 제출	
	축산 지원	• 기승조교 및 마필관리	미시행(고졸적합직무 특성 반영)	

※ 직업기초능력 및 직무지식검사 과목별 40% 미만 득점자와 평균득점 60% 미만인자는 불합격 처리

④ 면접심사

　㉠ 인성검사 및 직무역량면접(1차 면접)

　　• 대상자 : 필기시험 합격자

　　• 내용 및 방법 : NCS기반 구조화된 면접

구분	내용			
인성검사	• 1차 면접 대상자 전원 응시(적/부 판단)			
경험 · 상황면접	• 직업기초수행능력 및 업무수행태도 등을 평가			
PT면접	• 직무 관련 지식 및 수행능력을 평가 ※ 직무관련 과제 제시→지원자는 경험 · 경력 · 직무지식을 활용하여 과제 분석→개인별 Presentation 시행			
실기평가	• 승마직 · 카메라맨 · 사진직 · 축산지원 분야는 별도 실기시험 병행			
	승마교관	카메라맨	사진	축산지원
	장애물 비월 등	카메라 촬영 실기		마필제어, 기술능력 등

　　• 합격규모 : 각 분야별 채용인원의 약 2배수

　　• 합격기준 : 만점의 고득점 순으로 선발하되, 면접위원 평균평점이 만점의 5할 미만 시 불합격 처리

　㉡ 최종면접(2차 면접)

　　• 대상자 : 1차 면접 합격자

　　• 면접내용 : 자기소개서 기반 기본역량 및 조직적합성 면접

　　• 합격기준 : 면접위원 평균평점이 만점의 5할 이상인 자 중에서 고득점순 선발

　　　※ 단, 위원 과반수가 어느 한 평가요소에 최하점 부여 시 불합격 처리

PART

02

NCS
직업기초능력평가

CHAPTER 01

의사소통능력

1 의사소통과 의사소통능력

(1) 의사소통

① 개념 … 사람들 간에 생각이나 감정, 정보, 의견 등을 교환하는 총체적인 행위로, 직장생활에서의 의사소통은 조직과 팀의 효율성과 효과성을 성취할 목적으로 이루어지는 구성원 간의 정보와 지식 전달 과정이라고 할 수 있다.

② 기능 … 공동의 목표를 추구해 나가는 집단 내의 기본적 존재 기반이며 성과를 결정하는 핵심 기능이다.

③ 의사소통의 종류

    ㉠ 언어적인 것 : 대화, 전화통화, 토론 등

    ㉡ 문서적인 것 : 메모, 편지, 기획안 등

    ㉢ 비언어적인 것 : 몸짓, 표정 등

④ 의사소통을 저해하는 요인 … 정보의 과다, 메시지의 복잡성 및 메시지 간의 경쟁, 상이한 직위와 과업지향형, 신뢰의 부족, 의사소통을 위한 구조상의 권한, 잘못된 매체의 선택, 폐쇄적인 의사소통 분위기 등

(2) 의사소통능력

① 개념 … 의사소통능력은 직장생활에서 문서나 상대방이 하는 말의 의미를 파악하는 능력, 자신의 의사를 정확하게 표현하는 능력, 간단한 외국어 자료를 읽거나 외국인의 의사표시를 이해하는 능력을 포함한다.

② 의사소통능력 개발을 위한 방법

    ㉠ 사후검토와 피드백을 활용한다.

    ㉡ 명확한 의미를 가진 이해하기 쉬운 단어를 선택하여 이해도를 높인다.

    ㉢ 적극적으로 경청한다.

    ㉣ 메시지를 감정적으로 곡해하지 않는다.

2 의사소통능력을 구성하는 하위능력

(1) 문서이해능력

① 문서와 문서이해능력
  ㉠ 문서 : 제안서, 보고서, 기획서, 이메일, 팩스 등 문자로 구성된 것으로 상대방에게 의사를 전달하여 설득하는 것을 목적으로 한다.
  ㉡ 문서이해능력 : 직업현장에서 자신의 업무와 관련된 문서를 읽고, 내용을 이해하고 요점을 파악할 수 있는 능력을 말한다.

예제 1

다음은 신용카드 약관의 주요내용이다. 규정 약관을 제대로 이해하지 못한 사람은?

> [부가서비스]
> 카드사는 법령에서 정한 경우를 제외하고 상품을 새로 출시한 후 1년 이내에 부가서비스를 줄이거나 없앨 수가 없다. 또한 부가서비스를 줄이거나 없앨 경우에는 그 세부내용을 변경일 6개월 이전에 회원에게 알려주어야 한다.
> [중도 해지 시 연회비 반환]
> 연회비 부과기간이 끝나기 이전에 카드를 중도해지하는 경우 남은 기간에 해당하는 연회비를 계산하여 10 영업일 이내에 돌려줘야 한다. 다만, 카드 발급 및 부가서비스 제공에 이미 지출된 비용은 제외된다.
> [카드 이용한도]
> 카드 이용한도는 카드 발급을 신청할 때에 회원이 신청한 금액과 카드사의 심사기준을 종합적으로 반영하여 회원이 신청한 금액 범위 이내에서 책정되며 회원의 신용도가 변동되었을 때에는 카드사는 회원의 이용한도를 조정할 수 있다.
> [부정사용 책임]
> 카드 위조 및 변조로 인하여 발생된 부정사용 금액에 대해서는 카드사가 책임을 진다. 다만, 회원이 비밀번호를 다른 사람에게 알려주거나 카드를 다른 사람에게 빌려주는 등의 중대한 과실로 인해 부정사용이 발생하는 경우에는 회원이 그 책임의 전부 또는 일부를 부담할 수 있다.

① 혜수 : 카드사는 법령에서 정한 경우를 제외하고는 1년 이내에 부가서비스를 줄일 수 없어.
② 진성 : 카드 위조 및 변조로 인하여 발생된 부정사용 금액은 일괄 카드사가 책임을 지게 돼.
③ 영훈 : 회원의 신용도가 변경되었을 때 카드사가 이용한도를 조정할 수 있어.
④ 영호 : 연회비 부과기간이 끝나기 이전에 카드를 중도 해지하는 경우에는 남은 기간에 해당하는 연회비를 카드사는 돌려줘야 해.

출제의도
주어진 약관의 내용을 읽고 그에 대한 상세내용의 정보를 이해하는 능력을 측정하는 문항이다.

해 설
② 부정사용에 대해 고객의 과실이 있으면 회원이 그 책임의 전부 또는 일부를 부담할 수 있다.

답 ②

② 문서의 종류

    ㉠ **공문서** : 정부기관에서 공무를 집행하기 위해 작성하는 문서로, 단체 또는 일반회사에서 정부기관을 상대로 사업을 진행할 때 작성하는 문서도 포함된다. 엄격한 규격과 양식이 특징이다.

    ㉡ **기획서** : 아이디어를 바탕으로 기획한 프로젝트에 대해 상대방에게 전달하여 시행하도록 설득하는 문서이다.

    ㉢ **기안서** : 업무에 대한 협조를 구하거나 의견을 전달할 때 작성하는 사내 공문서이다.

    ㉣ **보고서** : 특정한 업무에 관한 현황이나 진행 상황, 연구·검토 결과 등을 보고하고자 할 때 작성하는 문서이다.

    ㉤ **설명서** : 상품의 특성이나 작동 방법 등을 소비자에게 설명하기 위해 작성하는 문서이다.

    ㉥ **보도자료** : 정부기관이나 기업체 등이 언론을 상대로 자신들의 정보를 기사화 되도록 하기 위해 보내는 자료이다.

    ㉦ **자기소개서** : 개인이 자신의 성장과정이나, 입사 동기, 포부 등에 대해 구체적으로 기술하여 자신을 소개하는 문서이다.

    ㉧ **비즈니스 레터(E-mail)** : 사업상의 이유로 고객에게 보내는 편지다.

    ㉨ **비즈니스 메모** : 업무상 확인해야 할 일을 메모형식으로 작성하여 전달하는 글이다.

③ **문서이해의 절차** … 문서의 목적 이해→문서 작성 배경·주제 파악→정보 확인 및 현안문제 파악→문서 작성자의 의도 파악 및 자신에게 요구되는 행동 분석→목적 달성을 위해 취해야 할 행동 고려→문서 작성자의 의도를 도표나 그림 등으로 요약·정리

(2) 문서작성능력

① 작성되는 문서에는 대상과 목적, 시기, 기대효과 등이 포함되어야 한다.

② **문서작성의 구성요소**

    ㉠ 짜임새 있는 골격, 이해하기 쉬운 구조

    ㉡ 객관적이고 논리적인 내용

    ㉢ 명료하고 설득력 있는 문장

    ㉣ 세련되고 인상적인 레이아웃

다음은 들은 내용을 구조적으로 정리하는 방법이다. 순서에 맞게 배열하면?

ㄱ 관련 있는 내용끼리 묶는다.
ㄴ 묶은 내용에 적절한 이름을 붙인다.
ㄷ 전체 내용을 이해하기 쉽게 구조화한다.
ㄹ 중복된 내용이나 덜 중요한 내용을 삭제한다.

---

① ㄱㄴㄷㄹ   ② ㄱㄴㄹㄷ
③ ㄴㄱㄷㄹ   ④ ㄴㄱㄹㄷ

출제의도

음성정보는 문자정보와는 달리 쉽게 잊혀 지기 때문에 음성정보를 구조화 시키는 방법을 묻는 문항이다.

해 설

내용을 구조적으로 정리하는 방법은 'ㄱ 관련 있는 내용끼리 묶는다. → ㄴ 묶은 내용에 적절한 이름을 붙인다. → ㄹ 중복된 내용이나 덜 중요한 내용을 삭제한다. → ㄷ 전체 내용을 이해하기 쉽게 구조화한다.'가 적절하다.

답 ②

③ 문서의 종류에 따른 작성방법

ㄱ 공문서

- 육하원칙이 드러나도록 써야 한다.
- 날짜는 반드시 연도와 월, 일을 함께 언급하며, 날짜 다음에 괄호를 사용할 때는 마침표를 찍지 않는다.
- 대외문서이며, 장기간 보관되기 때문에 정확하게 기술해야 한다.
- 내용이 복잡할 경우 '-다음-', '-아래-'와 같은 항목을 만들어 구분한다.
- 한 장에 담아내는 것을 원칙으로 하며, 마지막엔 반드시 '끝'자로 마무리 한다.

ㄴ 설명서

- 정확하고 간결하게 작성한다.
- 이해하기 어려운 전문용어의 사용은 삼가고, 복잡한 내용은 도표화 한다.
- 명령문보다는 평서문을 사용하고, 동어 반복보다는 다양한 표현을 구사하는 것이 바람직하다.

ㄷ 기획서

- 상대를 설득하여 기획서가 채택되는 것이 목적이므로 상대가 요구하는 것이 무엇인지 고려하여 작성하며, 기획의 핵심을 잘 전달하였는지 확인한다.
- 분량이 많을 경우 전체 내용을 한눈에 파악할 수 있도록 목차구성을 신중히 한다.
- 효과적인 내용 전달을 위한 표나 그래프를 적절히 활용하고 산뜻한 느낌을 줄 수 있도록 한다.
- 인용한 자료의 출처 및 내용이 정확해야 하며 제출 전 충분히 검토한다.

ㄹ 보고서
  • 도출하고자 한 핵심내용을 구체적이고 간결하게 작성한다.
  • 내용이 복잡할 경우 도표나 그림을 활용하고, 참고자료는 정확하게 제시한다.
  • 제출하기 전에 최종점검을 하며 질의를 받을 것에 대비한다.

예제 3

다음 중 공문서 작성에 대한 설명으로 가장 적절하지 못한 것은?

① 공문서나 유가증권 등에 금액을 표시할 때에는 한글로 기재하고 그 옆에 괄호를 넣어 숫자로 표기한다.
② 날짜는 숫자로 표기하되 년, 월, 일의 글자는 생략하고 그 자리에 온점(.)을 찍어 표시한다.
③ 첨부물이 있는 경우에는 붙임 표시문 끝에 1자 띄우고 "끝."이라고 표시한다.
④ 공문서의 본문이 끝났을 경우에는 1자를 띄우고 "끝."이라고 표시한다.

---

④ 문서작성의 원칙
  ㄱ 문장은 짧고 간결하게 작성한다(간결체 사용).
  ㄴ 상대방이 이해하기 쉽게 쓴다.
  ㄷ 불필요한 한자의 사용을 자제한다.
  ㄹ 문장은 긍정문의 형식을 사용한다.
  ㅁ 간단한 표제를 붙인다.
  ㅂ 문서의 핵심내용을 먼저 쓰도록 한다(두괄식 구성).

⑤ 문서작성 시 주의사항
  ㄱ 육하원칙에 의해 작성한다.
  ㄴ 문서 작성시기가 중요하다.
  ㄷ 한 사안은 한 장의 용지에 작성한다.
  ㄹ 반드시 필요한 자료만 첨부한다.
  ㅁ 금액, 수량, 일자 등은 기재에 정확성을 기한다.
  ㅂ 경어나 단어사용 등 표현에 신경 쓴다.
  ㅅ 문서작성 후 반드시 최종적으로 검토한다.

⑥ 효과적인 문서작성 요령

  ㉠ **내용이해** : 전달하고자 하는 내용과 핵심을 정확하게 이해해야 한다.

  ㉡ **목표설정** : 전달하고자 하는 목표를 분명하게 설정한다.

  ㉢ **구성** : 내용 전달 및 설득에 효과적인 구성과 형식을 고려한다.

  ㉣ **자료수집** : 목표를 뒷받침할 자료를 수집한다.

  ㉤ **핵심전달** : 단락별 핵심을 하위목차로 요약한다.

  ㉥ **대상파악** : 대상에 대한 이해와 분석을 통해 철저히 파악한다.

  ㉦ **보충설명** : 예상되는 질문을 정리하여 구체적인 답변을 준비한다.

  ㉧ **문서표현의 시각화** : 그래프, 그림, 사진 등을 적절히 사용하여 이해를 돕는다.

(3) 경청능력

① **경청의 중요성** … 경청은 다른 사람의 말을 주의 깊게 들으며 공감하는 능력으로 경청을 통해 상대방을 한 개인으로 존중하고 성실한 마음으로 대하게 되며, 상대방의 입장에 공감하고 이해하게 된다.

② **경청을 방해하는 습관** … 짐작하기, 대답할 말 준비하기, 걸러내기, 판단하기, 다른 생각하기, 조언하기, 언쟁하기, 옳아야만 하기, 슬쩍 넘어가기, 비위 맞추기 등

③ **효과적인 경청방법**

  ㉠ **준비하기** : 강연이나 프레젠테이션 이전에 나누어주는 자료를 읽어 미리 주제를 파악하고 등장하는 용어를 익혀둔다.

  ㉡ **주의 집중** : 말하는 사람의 모든 것에 집중해서 적극적으로 듣는다.

  ㉢ **예측하기** : 다음에 무엇을 말할 것인가를 추측하려고 노력한다.

  ㉣ **나와 관련짓기** : 상대방이 전달하고자 하는 메시지를 나의 경험과 관련지어 생각해 본다.

  ㉤ **질문하기** : 질문은 듣는 행위를 적극적으로 하게 만들고 집중력을 높인다.

  ㉥ **요약하기** : 주기적으로 상대방이 전달하려는 내용을 요약한다.

  ㉦ **반응하기** : 피드백을 통해 의사소통을 점검한다.

다음은 면접스터디 중 일어난 대화이다. 민아의 고민을 해소하기 위한 조언으로 가장 적절한 것은?

> 지섭 : 민아씨, 어디 아파요? 표정이 안 좋아 보여요.
> 민아 : 제가 원서 넣은 공단이 내일 면접이어서요. 그동안 스터디를 통해서 면접 연습을 많이 했는데도 벌써부터 긴장이 되네요.
> 지섭 : 민아씨는 자기 의견도 명확히 피력할 줄 알고 조리 있게 설명을 잘 하시니 걱정 안하셔도 될 것 같아요. 아, 손에 꽉 쥐고 계신 건 뭔가요?
> 민아 : 아, 제가 예상 답변을 정리해서 모아둔거에요. 내용은 거의 외웠는데 이렇게 쥐고 있지 않으면 불안해서
> 지섭 : 그 정도로 준비를 철저히 하셨으면 걱정할 이유 없을 것 같아요.
> 민아 : 그래도 압박면접이거나 예상치 못한 질문이 들어오면 어떻게 하죠?
> 지섭 : _____

① 시선을 적절히 처리하면서 부드러운 어투로 말하는 연습을 해보는 건 어때요?
② 공식적인 자리인 만큼 옷차림을 신경 쓰는 게 좋을 것 같아요.
③ 당황하지 말고 질문자의 의도를 잘 파악해서 침착하게 대답하면 되지 않을까요?
④ 예상 질문에 대한 답변을 좀 더 정확하게 외워보는 건 어떨까요?

출제의도

상대방이 하는 말을 듣고 질문 의도에 따라 올바르게 답하는 능력을 측정하는 문항이다.

해설

민아는 압박질문이나 예상치 못한 질문에 대해 걱정을 하고 있으므로 침착하게 대응하라고 조언을 해주는 것이 좋다.

답 ③

(4) 의사표현능력

① 의사표현의 개념과 종류
　　㉠ 개념 : 화자가 자신의 생각과 감정을 청자에게 음성언어나 신체언어로 표현하는 행위이다.
　　㉡ 종류
　　　• 공식적 말하기 : 사전에 준비된 내용을 대중을 대상으로 말하는 것으로 연설, 토의, 토론 등이 있다.
　　　• 의례적 말하기 : 사회·문화적 행사에서와 같이 절차에 따라 하는 말하기로 식사, 주례, 회의 등이 있다.
　　　• 친교적 말하기 : 친근한 사람들 사이에서 자연스럽게 주고받는 대화 등을 말한다.

② 의사표현의 방해요인
　　㉠ 연단공포증 : 연단에 섰을 때 가슴이 두근거리거나 땀이 나고 얼굴이 달아오르는 등의 현상으로 충분한 분석과 준비, 더 많은 말하기 기회 등을 통해 극복할 수 있다.

ⓒ 말 : 말의 장단, 고저, 발음, 속도, 쉼 등을 포함한다.

ⓒ 음성 : 목소리와 관련된 것으로 음색, 고저, 명료도, 완급 등을 의미한다.

ⓔ 몸짓 : 비언어적 요소로 화자의 외모, 표정, 동작 등이다.

ⓜ 유머 : 말하기 상황에 따른 적절한 유머를 구사할 수 있어야 한다.

③ 상황과 대상에 따른 의사표현법

ⓐ 잘못을 지적할 때 : 모호한 표현을 삼가고 확실하게 지적하며, 당장 꾸짖고 있는 내용에만 한정한다.

ⓑ 칭찬할 때 : 자칫 아부로 여겨질 수 있으므로 센스 있는 칭찬이 필요하다.

ⓒ 부탁할 때 : 먼저 상대방의 사정을 듣고 응하기 쉽게 구체적으로 부탁하며 거절을 당해도 싫은 내색을 하지 않는다.

ⓔ 요구를 거절할 때 : 먼저 사과하고 응해줄 수 없는 이유를 설명한다.

ⓜ 명령할 때 : 강압적인 말투보다는 '○○을 이렇게 해주는 것이 어떻겠습니까?'와 같은 식으로 부드럽게 표현하는 것이 효과적이다.

ⓑ 설득할 때 : 일방적으로 강요하기보다는 먼저 양보해서 이익을 공유하겠다는 의지를 보여주는 것이 좋다.

ⓢ 충고할 때 : 충고는 가장 최후의 방법이다. 반드시 충고가 필요한 상황이라면 예화를 들어 비유적으로 깨우쳐주는 것이 바람직하다.

ⓞ 질책할 때 : 샌드위치 화법(칭찬의 말 + 질책의 말 + 격려의 말)을 사용하여 청자의 반발을 최소화 한다.

예제 5

당신은 팀장님께 업무 지시내용을 수행하고 결과물을 보고 드렸다. 하지만 팀장님께서는 "최대리 업무를 이렇게 처리하면 어떡하나? 누락된 부분이 있지 않은가."라고 말하였다. 이에 대해 당신이 행할 수 있는 가장 부적절한 대처 자세는?

① "죄송합니다. 제가 잘 모르는 부분이라 이수혁 과장님께 부탁을 했는데 과장님께서 실수를 하신 것 같습니다."

② "주의를 기울이지 못해 죄송합니다. 어느 부분을 수정보완하면 될까요?"

③ "지시하신 내용을 제가 충분히 이해하지 못하였습니다. 내용을 다시 한 번 여쭤보아도 되겠습니까?"

④ "부족한 내용을 보완하는 자료를 취합하기 위해서 하루정도가 더 소요될 것 같습니다. 언제까지 재작성하여 드리면 될까요?"

출제의도

상사가 잘못을 지적하는 상황에서 어떻게 대처해야 하는지를 묻는 문항이다.

해 설

상사가 부탁한 지시사항을 다른 사람에게 부탁하는 것은 옳지 못하며 설사 그렇다고 해도 그 일의 과오에 대해 책임을 전가하는 것은 지양해야 할 자세이다.

답 ①

④ 원활한 의사표현을 위한 지침
   ㉠ 올바른 화법을 위해 독서를 하라.
   ㉡ 좋은 청중이 되라.
   ㉢ 칭찬을 아끼지 마라.
   ㉣ 공감하고, 긍정적으로 보이게 하라.
   ㉤ 겸손은 최고의 미덕임을 잊지 마라.
   ㉥ 과감하게 공개하라.
   ㉦ 뒷말을 숨기지 마라.
   ㉧ 첫마디 말을 준비하라.
   ㉨ 이성과 감성의 조화를 꾀하라.
   ㉩ 대화의 룰을 지켜라.
   ㉪ 문장을 완전하게 말하라.

⑤ 설득력 있는 의사표현을 위한 지침
   ㉠ 'Yes'를 유도하여 미리 설득 분위기를 조성하라.
   ㉡ 대비 효과로 분발심을 불러 일으켜라.
   ㉢ 침묵을 지키는 사람의 참여도를 높여라.
   ㉣ 여운을 남기는 말로 상대방의 감정을 누그러뜨려라.
   ㉤ 하던 말을 갑자기 멈춤으로써 상대방의 주의를 끌어라.
   ㉥ 호칭을 바꿔서 심리적 간격을 좁혀라.
   ㉦ 끄집어 말하여 자존심을 건드려라.
   ㉧ 정보전달 공식을 이용하여 설득하라.
   ㉨ 상대방의 불평이 가져올 결과를 강조하라.
   ㉩ 권위 있는 사람의 말이나 작품을 인용하라.
   ㉪ 약점을 보여 주어 심리적 거리를 좁혀라.
   ㉫ 이상과 현실의 구체적 차이를 확인시켜라.
   ㉬ 자신의 잘못도 솔직하게 인정하라.
   ㉭ 집단의 요구를 거절하려면 개개인의 의견을 물어라.
   ⓐ 동조 심리를 이용하여 설득하라.
   ⓑ 지금까지의 노고를 치하한 뒤 새로운 요구를 하라.
   ⓒ 담당자가 대변자 역할을 하도록 하여 윗사람을 설득하게 하라.
   ⓓ 겉치레 양보로 기선을 제압하라.
   ⓔ 변명의 여지를 만들어 주고 설득하라.
   ⓕ 혼자 말하는 척하면서 상대의 잘못을 지적하라.

(5) 기초외국어능력

① 기초외국어능력의 개념과 필요성
  ㉠ 개념 : 기초외국어능력은 외국어로 된 간단한 자료를 이해하거나, 외국인과의 전화응대와 간단한 대화 등 외국인의 의사표현을 이해하고, 자신의 의사를 기초외국어로 표현할 수 있는 능력이다.
  ㉡ 필요성 : 국제화·세계화 시대에 다른 나라와의 무역을 위해 우리의 언어가 아닌 국제적인 통용어를 사용하거나 그들의 언어로 의사소통을 해야 하는 경우가 생길 수 있다.

② 외국인과의 의사소통에서 피해야 할 행동
  ㉠ 상대를 볼 때 흘겨보거나, 노려보거나, 아예 보지 않는 행동
  ㉡ 팔이나 다리를 꼬는 행동
  ㉢ 표정이 없는 것
  ㉣ 다리를 흔들거나 펜을 돌리는 행동
  ㉤ 맞장구를 치지 않거나 고개를 끄덕이지 않는 행동
  ㉥ 생각 없이 메모하는 행동
  ㉦ 자료만 들여다보는 행동
  ㉧ 바르지 못한 자세로 앉는 행동
  ㉨ 한숨, 하품, 신음소리를 내는 행동
  ㉩ 다른 일을 하며 듣는 행동
  ㉪ 상대방에게 이름이나 호칭을 어떻게 부를지 묻지 않고 마음대로 부르는 행동

③ 기초외국어능력 향상을 위한 공부법
  ㉠ 외국어공부의 목적부터 정하라.
  ㉡ 매일 30분씩 눈과 손과 입에 밸 정도로 반복하라.
  ㉢ 실수를 두려워하지 말고 기회가 있을 때마다 외국어로 말하라.
  ㉣ 외국어 잡지나 원서와 친해져라.
  ㉤ 소홀해지지 않도록 라이벌을 정하고 공부하라.
  ㉥ 업무와 관련된 주요 용어의 외국어는 꼭 알아두자.
  ㉦ 출퇴근 시간에 외국어 방송을 보거나, 듣는 것만으로도 귀가 트인다.
  ㉧ 어린이가 단어를 배우듯 외국어 단어를 암기할 때 그림카드를 사용해 보라.
  ㉨ 가능하면 외국인 친구를 사귀고 대화를 자주 나눠 보라.

의사소통능력

1 다음 중 공문서에 대한 설명으로 옳지 않은 것은?

① 정부 행정기관에서 대내적, 혹은 대외적 공무를 집행하기 위해 작성하는 문서이다.

② 정부기관이 일반회사, 또는 단체로부터 접수하는 문서 및 일반회사에서 정부기관을 상대로 사업을 진행하려고 할 때 작성하는 문서도 포함된다.

③ 엄격한 규격과 양식에 따라 정당한 권리를 가진 사람이 작성해야 한다.

④ 최종 결재권자의 결재가 없어도 문서로서의 기능이 성립된다.

✔ 해설 ④ 최종 결재권자의 결재가 있어야 문서로서의 기능이 성립된다.

2 다음에 제시된 글의 목적에 대해 바르게 나타낸 것은?

제목 : 사내 신문의 발행

1. 우리 회사 직원들의 원만한 커뮤니케이션과 대외 이미지를 재고하기 위하여 사내 신문을 발간하고자 합니다.

2. 사내 신문은 홍보지와 달리 새로운 정보와 소식지로서의 역할이 기대되오니 아래의 사항을 검토하시고 재가해주시기 바랍니다.

-아 래-

㉠ 제호 : We 서원인
㉡ 판형 : 140 × 210mm
㉢ 페이지 : 20쪽
㉣ 출간 예정일 : 2016. 1. 1

별첨 견적서 1부

---

① 회사에서 정부를 상대로 사업을 진행하려고 작성한 문서이다.

② 회사의 업무에 대한 협조를 구하기 위하여 작성한 문서이다.

③ 회사의 업무에 대한 현황이나 진행상황 등을 보고하고자 하는 문서이다.

④ 회사 상품의 특성을 소비자에게 설명하기 위하여 작성한 문서이다.

> ✔해설 위 문서는 기안서로 회사의 업무에 대한 협조를 구하거나 의견을 전달할 때 작성하며, 흔히 사내 공문
> 서라고도 한다.

3 다음의 괄호에 알맞은 한자성어는?

> 일을 하다 보면 균형과 절제가 필요하다는 것을 알게 된다. 일의 수행 과정에서 부분적 잘못
> 을 바로 잡으려다 정작 일 자체를 뒤엎어 버리는 경우가 왕왕 발생하기 때문이다. 흔히 속담에
> "빈대 잡으려다 초가삼간 태운다."라는 말은 여기에 해당할 것이다. 따라서 부분적 결점을 바로
> 잡으려다 본질을 해치는 (   )의 어리석음을 저질러서는 안 된다.

① 개과불린(改過不吝)

② 경거망동(輕擧妄動)

③ 교각살우(矯角殺牛)

④ 부화뇌동(附和雷同)

> ✔해설 ① 개과불린 : 허물을 고침에 인색하지 않음을 이르는 말
> ② 경거망동 : 경솔하여 생각 없이 망령되게 행동함. 또는 그런 행동
> ③ 교각살우 : 소의 뿔을 바로잡으려다가 소를 죽인다는 뜻으로, 잘못된 점을 고치려다가 그 방법이나
> 정도가 지나쳐 오히려 일을 그르침을 이르는 말
> ④ 부화뇌동 : 우레 소리에 맞춰 함께 한다는 뜻으로, 자신의 뚜렷한 소신 없이 그저 남이 하는 대로 따
> 라가는 것을 이르는 말

4 다음은 사내홍보물에 사용하기 위한 인터뷰 내용이다. ㉠~㉣에 대한 설명으로 적절하지 않은 것을 고르면?

> 甲 : 안녕하세요. 저번에 인사드렸던 홍보팀 대리 甲입니다. 바쁘신 데도 이렇게 인터뷰에 응해 주셔서 감사합니다. ㉠이번 호 사내 홍보물 기사에 참고하려고 하는데 혹시 녹음을 해도 괜찮을까요?
>
> 乙 : 네, 그렇게 하세요.
>
> 甲 : 그럼 ㉡우선 사랑의 도시락 배달이란 무엇이고 어떤 목적을 갖고 있는지 간단히 말씀해 주시겠어요?
>
> 乙 : 사랑의 도시락 배달은 끼니를 챙겨 드시기 어려운 독거노인분들을 찾아가 사랑의 도시락을 전달하는 일이에요. 이 활동은 회사 이미지를 홍보하는 데 기여할 뿐만 아니라 개인적으로는 마음 따뜻해지는 보람을 느끼게 된답니다.
>
> 甲 : 그렇군요. ㉢한 번 봉사를 할 때에는 하루에 몇 십 가구를 방문하신다고 들었는데요, 어떻게 그렇게 많은 가구들을 다 방문할 수가 있나요?
>
> 乙 : 아, 비결이 있다면 역할을 분담한다는 거예요.
>
> 甲 : 어떻게 역할을 나누나요?
>
> 乙 : 도시락을 포장하는 일, 배달하는 일, 말동무 해드리는 일 등을 팀별로 분담해서 맡으니 효율적으로 운영할 수 있어요.
>
> 甲 : ㉣(고개를 끄덕이며) 그런 방법이 있었군요. 마지막으로 이런 봉사활동에 관심 있는 사원들에게 한 마디 해주세요.
>
> 乙 : 주중 내내 일을 하고 주말에 또 봉사활동을 가려고 하면 몸은 굉장히 피곤합니다. 하지만 거기에서 오는 보람은 잠깐의 휴식과 비교할 수 없으니 꼭 한번 참석해 보시라고 말씀드리고 싶네요.
>
> 甲 : 네, 그렇군요. 오늘 귀중한 시간을 내어 주셔서 감사합니다.

① ㉠ : 기록을 위한 보조기구를 사용하기 위해서 사전에 허락을 구하고 있다.

② ㉡ : 면담의 목적을 분명히 밝히면서 동의를 구하고 있다.

③ ㉢ : 미리 알고 있던 정보를 바탕으로 질문을 하고 있다.

④ ㉣ : 적절한 비언어적 표현을 사용하며 상대방의 말에 반응하고 있다.

> ✅**해설** 甲은 사랑의 도시락 배달에 대한 정보를 얻기 위해 乙과 면담을 하고 있다. 그러므로 ㉡은 면담의 목적에 대한 동의를 구하는 질문이 아니라 알고 싶은 정보를 얻기 위한 질문에 해당한다고 할 수 있다.

5 다음 글은 합리적 의사결정을 위해 필요한 절차적 조건 중의 하나에 관한 설명이다. 다음 보기 중 이 조건을 위배한 것끼리 묶은 것은?

합리적 의사결정을 위해서는 정해진 절차를 충실히 따르는 것이 필요하다. 고도로 복잡하고 불확실하나 문제상황 속에서 결정의 절차가 합리적이기 위해서는 다음과 같은 조건이 충족되어야 한다.

〈조건〉

정책결정 절차에서 논의되었던 모든 내용이 결정절차에 참여하지 않은 다른 사람들에게 투명하게 공개되어야 한다. 그렇지 않으면 이성적 토론이 무력해지고 객관적 증거나 논리 대신 강압이나 회유 등의 방법으로 결론이 도출되기 쉽기 때문이다.

〈보기〉
㉠ 심의에 참여한 분들의 프라이버시 보호를 위해 오늘 회의의 결론만 간략히 알려드리겠습니다.
㉡ 시간이 촉박하니 회의 참석자 중에서 부장급 이상만 발언하도록 합시다.
㉢ 오늘 논의하는 안건은 매우 민감한 사안이니만큼 비참석자에게는 그 내용을 알리지 않을 것입니다. 그러니 회의자료 및 메모한 내용도 두고 가시기 바랍니다.
㉣ 우리가 외부에 자문을 구한 박사님은 이 분야의 최고 전문가이기 때문에 참석자 간의 별도 토론 없이 박사님의 의견을 그대로 채택하도록 합시다.
㉤ 오늘 안건은 매우 첨예한 이해관계가 걸려 있으니 상대방에 대한 반론은 자제해주시고 자신의 주장만 말씀해주시기 바랍니다.

① ㉠, ㉡
② ㉠, ㉢
③ ㉢, ㉣
④ ㉢, ㉤

✔해설 합리적 의사결정의 조건으로 회의에서 논의된 내용이 투명하게 공개되어야 한다는 조건을 명시하고 있으나, ㉠과 ㉢에서는 비공개주의를 원칙으로 하고 있기 때문에 조건에 위배된다.

> 공급업체 : 과장님, 이번 달 인쇄용지 주문량이 급격히 ㉠감소하여 이렇게 방문하였습니다. 혹시 저희 물품에 어떠한 문제가 있는 건가요?
>
> 총무과장 : 지난 10년간 ㉡납품해 주고 계신 것에 저희는 정말 만족하고 있습니다. 하지만 요즘 경기가 안 좋아서 비용절감차원에서 주문량을 줄이게 되었습니다.
>
> 공급업체 : 아, 그렇군요. 얼마 전 다른 업체에서도 ㉢견적 받으신 것을 우연히 알게 되어서요, 괜찮으시다면 어떠한 점 때문에 견적을 받아보신지 알 수 있을까요? 저희도 참고하려 하니 말씀해주시면 감사하겠습니다.
>
> 총무과장 : 아, 그러셨군요. 사실 내부 회의 결과, 인쇄용지의 ㉣지출이 너무 높다는 지적이 나왔습니다. 품질은 우수하지만 가격적인 면 때문에 그러한 결정을 하게 되었습니다.

6 다음 대화 중 밑줄 친 단어가 한자로 바르게 표기된 것을 고르면?

① ㉠ – 減小(감소) 　　　　② ㉡ – 納稟(납품)

③ ㉢ – 見積(견적) 　　　　④ ㉣ – 持出(지출)

> ✅**해설** ① 減少(감소) : 양이나 수치가 줆
> ② 納品(납품) : 계약한 곳에 주문받은 물품을 가져다 줌
> ④ 支出(지출) : 어떤 목적을 위하여 돈을 지급하는 일

7 다음 중 거래처 관리를 위한 총무과장의 업무방식으로 가장 바람직한 것은?

① 같은 시장에 신규 유입 기업은 많으므로 가격 및 서비스 비교를 통해 적절한 업체로 자주 변경하는 것이 바람직하다.

② 사내 임원이나 지인의 추천으로 거래처를 소개받았을 경우에는 기존의 거래처에서 변경하는 것이 바람직하다.

③ 믿음과 신뢰를 바탕으로 한 번 선정된 업체는 변경하지 않고 동일조건 하에 계속 거래를 유지하는 것이 바람직하다.

④ 오랫동안 거래했던 업체라 하더라도 가끔 상호관계와 서비스에 대해 교차점검을 하는 것이 바람직하다.

> ✅**해설** ① 잦은 업체 변경은 오히려 신뢰관계를 무너뜨릴 수 있으니 장기거래와 신규거래의 이점을 비교 분석해서 유리하게 활용하는 것이 필요하다.
> ② 단순한 주위의 추천보다는 서비스와 가격, 품질을 적절히 비교해서 업체를 선정해야 한다.
> ③ 한 번 선정된 업체라 하더라도 지속적으로 교차점검을 하여 거래의 유리한 조건으로 활용해야 한다.

8 다음의 실험 보고서를 보고 〈실험 결과〉와 양립 가능한 의견을 낸 직원을 모두 고르면?

> 쥐는 암수에 따라 행동양상을 다르게 나타낸다. 쥐가 태어날 때 쥐의 뇌는 무성화되어 있다. 그런데 출생 후 성체가 되기 전에 쥐의 뇌가 에스트로겐에 노출되면 뇌가 여성화되고 테스토스테론에 노출되면 뇌가 남성화된다. 만약 출생 후 성체가 될 때까지 쥐의 뇌가 에스트로겐이나 테스토스테론에 노출되지 않으면, 외부 생식기의 성 정체성과는 다르게 뇌는 무성화된 상태로 남아 있다.
>
> 행동 A와 행동 B는 뇌의 성 정체성에 의해 나타나며, 행동 A는 암컷 성체에서 에스트로겐에 의해 유발되는 행동이고, 행동 B는 수컷 성체에서 테스토스테론에 의해 유발되는 행동으로 알려져 있다. 생체 내에서 에스트로겐은 암컷 쥐의 난소에서만 만들어지고, 테스토스테론은 수컷 쥐의 정소에서만 만들어진다.
>
> 생리학자는 행동 A와 행동 B가 나타나는 조건을 알아보고자 실험을 하여 다음과 같은 실험 결과를 얻었다.
>
> 〈실험 결과〉
>
> CASE 1. 성체 암컷 쥐는 난소를 제거하더라도 에스트로겐을 투여하면 행동 A가 나타났지만, 테스토스테론을 투여하면 행동 B가 나타나지 않았다.
>
> CASE 2. 출생 직후 정소나 난소가 제거된 후 성체로 자란 쥐에게 에스트로겐을 투여하면 행동 A가 나타났지만, 테스토스테론을 투여하면 행동 B가 나타나지 않았다.
>
> CASE 3. 출생 직후 쥐의 정소를 제거한 후 테스토스테론을 투여하였다. 이 쥐가 성체로 자란 후, 에스트로겐을 투여하면 행동 A가 나타나지 않았지만 테스토스테론을 투여하면 행동 B가 나타났다.

> 직원 A : 무성화된 뇌를 가진 성체 쥐에서 행동 A는 유발할 수 있지만 행동 B는 유발할 수 없다.
>
> 직원 B : 뇌가 남성화된 경우 테스토스테론을 투여하면 행동 B가 나타난다.
>
> 직원 C : 뇌가 여성화된 경우라도 난소를 제거하면 행동 A를 유발할 수 없다.

① 직원 A
② 직원 C
③ 직원 A, B
④ 직원 B, C

✔해설 직원 A의 의견은 CASE 2의 결과와 양립 가능하며, 직원 B의 의견은 CASE 3의 결과와 양립 가능하다. 그러나 직원 C의 의견은 CASE 1의 결과와 모순으로 실험 결과를 제대로 이해하지 못한 의견이다.

9 다음 공고를 보고 잘못 이해한 것을 고르면?

〈신입사원 정규채용 공고〉

분야	인원	응시자격	연령	비고
콘텐츠기획	5	• 해당분야 유경험자(3년 이상) • 외국어 사이트 운영 경력자 우대 • 외국어(영어/일어) 전공자	제한 없음	정규직
제휴마케팅	3	• 해당분야 유경험자(5년 이상) • 웹 프로모션 경력자 우대 • 콘텐츠산업(온라인) 지식 보유자	제한 없음	정규직
웹디자인	2	• 응시제한 없음 • 웹디자인 유경험자 우대	제한 없음	정규직

■ 입사지원서 및 기타 구비서류

(1) 접수방법

• 인터넷(www.seowon.co.kr)을 통해서만 접수(우편 이용 또는 방문접수 불가)

• 채용분야별 복수지원 불가

(2) 입사지원서 접수 시 유의사항

• 입사지원서는 인터넷 접수만 가능함

• 접수 마감일에는 지원자 폭주 및 서버의 네트워크 사정에 따라 접속이 불안정해질 수 있으니 가급적 마감일 1~2일 전까지 입사지원서 작성바람

• 입사지원서를 작성하여 접수하고 수험번호가 부여된 후 재입력이나 수정은 채용 공고 종료일 18:00까지만 가능하오니, 기재내용 입력에 신중을 기하여 정확하게 입력하기 바람

(3) 구비서류 접수

• 접수방법 : 최종면접 전형 당일 시험장에서만 접수하며, 미제출자는 불합격 처리

– 최종학력졸업증명서 1부

– 자격증 사본 1부(해당자에 한함)

■ 기타 사항

• 상기 모집분야에 대해 최종 전형결과 적격자가 없는 것으로 판단될 경우, 선발하지 아니 할 수 있으며, 추후 입사지원서의 기재사항이나 제출서류가 허위로 판명될 경우 합격 또는 임용을 취소함

• 최종합격자라도 신체검사에서 불합격 판정을 받거나 공사 인사규정상 채용 결격사유가 발견될 경우 임용을 취소함

• 3개월 인턴 후 평가(70점 이상)에 따라 정식 고용 여부를 결정함

■ 문의 및 접수처

• 기타 문의사항은 ㈜서원 홈페이지(www.seowon.co.kr) 참고

① 우편 및 방문접수는 불가하며 입사지원은 인터넷 접수만 가능하다.

② 지원서 수정은 마감일 이후 불가능하다.

③ 최종합격자라도 신체검사에서 불합격 판정을 받으면 임용이 취소된다.

④ 3개월 인턴과정을 거치고 나면 별도의 제약 없이 정식 고용된다.

> **✔해설** ④ 기타사항에 3개월 인턴 후 평가(70점 이상)에 따라 정식 고용 여부를 결정한다고 명시되어 있다.

10 올해로 20살이 되는 5명의 친구들이 바다로 추억여행을 떠나기 위해 목적지, 교통편 등을 알아보고 마지막으로 숙소를 정하게 되었다. 도중에 이들은 국내 숙박업소에 대한 예약·취소·환불에 관한 기사 및 그래프를 접하게 되었다. 이를 보고 내용을 잘못 파악하고 있는 사람이 누구인지 고르면?

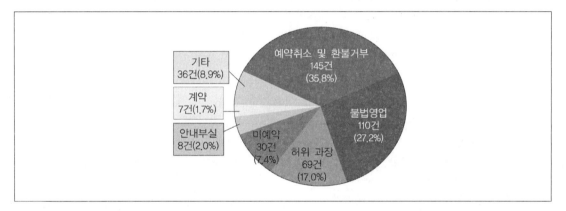

① A : 그래프에서 보면 숙박 애플리케이션 이용자들은 예약 취소 및 환불 거부 등에 가장 큰 불만을 가지고 있음을 알 수 있어

② B : 불법영업 및 허위·과장 등도 A가 지적한 원인 다음으로 많은데 이 두 건의 차이는 41건이야

③ C : 국내하고는 다르게 해외 업체의 경우에는 주로 불법영업 단속 요청이 많음을 알 수 있어

④ D : 위 그래프에 제시된 것으로 보아 이용자들이 불편을 느끼는 부분들에 대해 1순위는 예약취소 및 환불거부, 2순위는 불법영업, 3순위는 허위·과장, 4순위는 미예약, 5순위는 안내부실, 6순위는 계약, 7순위는 기타의 순이야

> **✔해설** 위 내용에서는 "해외 업체의 경우에는 주로 불법영업 단속 요청이 많다"는 것은 그래프를 통해 알 수가 없다.

Answer   9.④   10.③

11 다음은 산업현장 안전규칙이다. 선임 J씨가 신입으로 들어온 K씨에게 전달할 사항으로 옳지 않은 것은?

산업현장 안전규칙

- 작업 전 안전점검, 작업 중 정리정돈은 사용하게 될 기계·기구 등에 대한 이상 유무 등 유해·위험요인을 사전에 확인하여 예방대책을 강구하는 것으로 현장 안전관리의 출발점이다.
- 작업장 안전통로 확보는 작업장 내 통행 시 위험기계·기구들로 부터 근로자를 보호하며 원활한 작업진행에도 기여 한다.
- 개인보호구(헬멧 등) 지급착용은 근로자의 생명이나 신체를 보호하고 재해의 정도를 경감시키는 등 재해예방을 위한 최후 수단이다.
- 전기활선 작업 중 절연용 방호기구 사용으로 불가피한 활선작업에서 오는 단락·지락에 의한 아크화상 및 충전부 접촉에 의한 전격재해와 감전사고가 감소한다.
- 기계·설비 정비 시 잠금장치 및 표지판 부착으로 정비 작업 중에 다른 작업자가 정비 중인 기계·설비를 기동함으로써 발생하는 재해를 예방한다.
- 유해·위험 화학물질 경고표지 부착으로 위험성을 사전에 인식시킴으로써 사용 취급시의 재해를 예방한다.
- 프레스, 전단기, 압력용기, 둥근톱에 방호장치 설치는 신체부위가 기계·기구의 위험부분에 들어가는 것을 방지하고 오작동에 의한 위험을 사전 차단 해준다.
- 고소작업 시 안전 난간, 개구부 덮개 설치로 추락재해를 예방 할 수 있다.
- 추락방지용 안전방망 설치는 추락·낙하에 의한 재해를 감소 할 수 있다(성능검정에 합격한 안전방망 사용).
- 용접 시 인화성·폭발성 물질을 격리하여 용접작업 시 발생하는 불꽃, 용접불똥 등에 의한 대형화재 또는 폭발위험성을 사전에 예방한다.

① 작업장 안전통로에 통로의 진입을 막는 물건이 있으면 안 됩니다.
② 전기활선 작업 중에는 단락·지락이 절대 생겨서는 안 됩니다.
③ 어떤 상황에서도 작업장에서는 개인보호구를 착용하십시오.
④ 프레스, 전단기 등의 기계는 꼭 방호장치가 설치되어 있는지 확인하고 사용하십시오.

✔해설 ② 전기활선 작업 중에 단락·지락은 불가피하게 발생할 수 있다. 따라서 절연용 방호기구를 사용하여야 한다.

┃12~13┃ 다음 대화를 읽고 물음에 답하시오.

상담원 : 네, ㈜애플망고 소비자센터입니다.

고객 : 제가 최근에 인터넷으로 핸드폰을 구입했는데요, 제품에 문제가 있는 것 같아서요.

상담원 : 아, 어떤 문제가 있으신지 여쭈어 봐도 될까요?

고객 : 제가 물건을 받고 핸드폰을 사용했는데 통화음질도 안 좋을 뿐더러 통화 연결이 잘 안 되더라고요. 그래서 통신 문제인 줄 알고 통신사 고객센터에 연락해보니 테스트해보더니 통신의 문제는 아니라고 해서요, 제가 보기엔 핸드폰 기종 자체가 통화 음질이 떨어지는 거 같거든요? 그래서 구매한지 5일 정도 지났지만 반품하고 싶은데 가능할까요?

상담원 : 네, 고객님. 「전자상거래 등 소비자보호에 관한 법」에 의거해서 물건 수령 후 7일 이내에 청약철회가 가능합니다. 저희 쪽에 물건을 보내주시면 곧바로 환불처리 해 드리겠습니다.

고객 : 아, 감사합니다.

상담원 : 행복한 하루 되세요. 상담원 ○○○였습니다.

---

12 위 대화의 의사소통 유형으로 적절한 것은?

① 대화하는 사람들의 친교와 관계유지를 위한 의사소통이다.

② 화자가 청자의 긍정적 반응을 유도하는 의사소통이다.

③ 일대일 형식의 공식적 의사소통이다.

④ 정보전달적 성격의 비공식적 의사소통이다.

> ✔해설 주어진 대화는 소비자센터의 상담원과 반품문의를 물어보는 고객과의 일대일 면담으로 정보전달적 공식적 의사소통이다.

13 위 대화에서 상담원의 말하기 방식으로 적절한 것은?

① 상대방이 알고자 하는 정보를 정확히 제공한다.

② 타협을 통해 문제 해결방안을 찾고자 한다.

③ 주로 비언어적 표현을 활용하여 설명하고 있다.

④ 상대방을 배려하기보다 자신의 의견을 전달하는데 중점을 두고 있다.

✔해설 상담원은 반품 문제에 대한 해결방안을 요구하는 고객에게 정확한 정보를 제공하여 전달하고 있다.

14 다음 말하기의 문제점을 해결하기 위한 의사소통 전략으로 적절한 것은?

• (부장님이 팀장님께) "어이, 김팀장 이번에 성과 오르면 내가 술 사줄게."
• (팀장님이 거래처 과장에게) "그럼 그렇게 일정을 맞혀보도록 하죠."
• (뉴스에서 아나운서가) "이번 부동산 정책은 이전과 비교해서 많이 틀려졌습니다."

---

① 청자의 배경지식을 고려해서 표현을 달리한다.

② 문화적 차이에서 비롯되는 갈등에 효과적으로 대처한다.

③ 상대방의 공감을 이끌어 낼 수 있는 전략을 효과적으로 활용한다.

④ 상황이나 어법에 맞는 적절한 언어표현을 사용한다.

✔해설 제시된 글들은 모두 상황이나 어법에 맞지 않는 표현을 사용한 것이다. 상황에 따라 존대어, 겸양어를 적절히 사용하고 의미가 분명하게 드러나도록 어법에 맞는 적절한 언어표현이 필요하다.

15 아래의 글을 읽고 ⓐ의 내용을 뒷받침할 수 있는 경우로 보기 가장 어려운 것을 고르면?

범죄 사건을 다루는 언론 보도의 대부분은 수사기관으로부터 얻은 정보에 근거하고 있고, 공소 제기 전인 수사 단계에 집중되어 있다. 따라서 언론의 범죄 관련 보도는 범죄사실이 인정되는지 여부를 백지상태에서 판단하여야 할 법관이나 배심원들에게 유죄의 예단을 심어줄 우려가 있다. 이는 헌법상 적법절차 보장에 근거하여 공정한 형사재판을 받을 피고인의 권리를 침해할 위험이 있어 이를 제한할 필요성이 제기된다. 실제로 피의자의 자백이나 전과, 거짓말탐지기 검사 결과 등에 관한 언론 보도는 유죄판단에 큰 영향을 미친다는 실증적 연구도 있다. 하지만 보도 제한은 헌법에 보장된 표현의 자유에 대한 침해가 된다는 반론도 만만치 않다. 미국 연방대법원은 어빈 사건 판결에서 지나치게 편향적이고 피의자를 유죄로 취급하는 언론 보도가 예단을 형성시켜 실제 로 재판에 영향을 주었다는 사실이 입증되면, 법관이나 배심원이 피고인을 유죄라고 확신하더라도 그 유죄판결을 파기하여야 한다고 했다. 이 판결은 이른바 '현실적 예단'의 법리를 형성시켰다. 이 후 리도 사건 판결에 와서는, 일반적으로 보도의 내용이나 행태 등에서 예단을 유발할 수 있다고 인정이 되면, 개개의 배심원이 실제로 예단을 가졌는지의 입증 여부를 따지지 않고, 적법 절차의 위반을 들어 유죄판결을 파기할 수 있다는 '일반적 예단'의 법리로 나아갔다.

셰퍼드 사건 판결에서는 유죄 판결을 파기하면서, '침해 예방'이라는 관점을 제시하였다. 즉, 배심원 선정 절차에서 상세한 질문을 통하여 예단을 가진 후보자를 배제하고, 배심원이나 증인 을 격리하며, 재판을 연기하거나, 관할을 변경하는 등의 수단을 언급하였다. 그런데 법원이 보 도기관에 내린 '공판 전 보도금지명령'에 대하여 기자협회가 연방대법원에 상고한 네브래스카 기 자협회 사건 판결에서는 침해의 위험이 명백하지 않은데도 가장 강력한 사전 예방 수단을 쓰는 것은 위헌이라고 판단하였다.

이러한 판결들을 거치면서 미국에서는 언론의 자유와 공정한 형사절차를 조화시키면서 범죄 보도를 제한할 수 있는 방법을 모색하였다. 그리하여 셰퍼드 사건에서 제시된 수단과 함께 형사 재판의 비공개, 형사소송 관계인의 언론에 대한 정보제공금지 등이 시행되었다. 하지만 ⓐ 예단 방지 수단들의 실효성을 의심하는 견해가 있고, 여전히 표현의 자유와 알 권리에 대한 제한의 우려도 있어, 이 수단들은 매우 제한적으로 시행되고 있다. 그런데 언론 보도의 자유와 공정한 재판이 꼭 상충된다고만 볼 것은 아니며, 피고인 측의 표현의 자유를 존중하는 것이 공정한 재 판에 도움이 된다는 입장에서 네브래스카 기자협회 사건 판결의 의미를 새기는 견해도 있다. 이 견해는 수사기관으로부터 얻은 정보에 근거한 범죄 보도로 인하여 피고인을 유죄로 추정하는 구조에 대항하기 위하여 변호인이 적극적으로 피고인 측의 주장을 보도기관에 전하여, 보도가 일방적으로 편향되는 것을 방지할 필요가 있다고 한다. 일반적으로 변호인이 피고인을 위하여 사건에 대해 발언하는 것은 범죄 보도의 경우보다 적법절차를 침해할 위험성이 크지 않은데도 제한을 받는 것은 적절하지 않다고 보며, 반면에 수사기관으로부터 얻은 정보를 기반으로 하는 언론 보도는 예단 형성의 위험성이 큰데도 헌법상 보호를 두텁게 받는다고 비판한다. 미국과 우 리나라의 헌법상 변호인의 조력을 받을 권리는 변호인의 실질적 조력을 받을 권리를 의미한다.

Answer 13.① 14.④ 15.②

실질적 조력에는 법정 밖의 적극적 변호 활동도 포함된다. 따라서 형사절차에서 피고인 측에게 유리한 정보를 언론에 제공할 기회나 반론권을 제약하지 말고, 언론이 검사 측 못지않게 피고인 측에게도 대등한 보도를 할 수 있도록 해야 한다.

① 법원이 재판을 장기간 연기했지만 재판 재개에 임박하여 다시 언론 보도가 이어진 경우
② 검사가 피의자의 진술거부권 행사 사실을 공개하려고 하였으나 법원이 검사에게 그 사실에 대한 공개 금지명령을 내린 경우
③ 변호사가 배심원 후보자에게 해당 사건에 대한 보도를 접했는지에 대해 질문했으나 후보자가 정직하게 답변하지 않은 경우
④ 법원이 관할 변경 조치를 취하였으나 이미 전국적으로 보도가 된 경우

✔해설 ⓐ의 이전 문장을 보면 알 수 있는데, "언론의 자유와 공정한 형사절차를 조화시키면서 범죄 보도를 제한할 수 있는 방법을 모색하였다. 그리하여 셰퍼드 사건에서 제시된 수단과 함께 형사 재판의 비공개, 형사 소송 관계인의 언론에 대한 정보제공금지 등이 시행되었다."에서 볼 수 있듯이 ②의 경우에는 예단 방지를 위한 것이다. 하지만, 예단 방지 수단들에 대한 실효성이 떨어진다는 것은 알 수가 없다.

16 아래에 제시된 글을 읽고 20세기 중반 이후의 정당 체계에서 발생한 정당 기능의 변화로 볼 수 없는 것을 고르면?

대의 민주주의에서 정당의 역할에 대한 대표적인 설명은 책임 정당정부 이론이다. 이 이론에 따르면 정치에 참여하는 각각의 정당은 자신의 지지 계급과 계층을 대표하고, 정부 내에서 정책 결정 및 집행 과정을 주도하며, 다음 선거에서 유권자들에게 그 결과에 대해 책임을 진다. 유럽에서 정당은 산업화 시기 생성된 노동과 자본 간의 갈등을 중심으로 다양한 사회 경제적 균열을 이용하여 유권자들을 조직하고 동원하였다. 이 과정에서 정당은 당원 중심의 운영 구조를 지향하는 대중정당의 모습을 띠었다. 당의 정책과 후보를 당원 중심으로 결정하고, 당내 교육과정을 통해 정치 엘리트를 충원하며, 정치인들이 정부 내에서 강한 기율을 지니는 대중정당은 책임 정당정부 이론을 뒷받침하는 대표적인 정당 모형이었다. 대중정당의 출현 이후 정당은 의회의 정책 결정과 행정부의 정책 집행을 통제하는 정부 속의 정당 기능, 지지자들의 이익을 집약하고 표출하는 유권자 속의 정당 기능, 그리고 당원을 확충하고 정치 엘리트를 충원하고 교육하는 조직으로서의 정당 기능을 갖추어 갔다. 그러나 20세기 중반 이후 발생한 여러 원인으로 인해 정당은 이러한 기능에서 변화를 겪게 되었다. 산업 구조와 계층 구조가 다변화됨에 따라 정당들은 특정 계층이나 집단의 지지만으로는 집권이 불가능해졌고 이에 따라 보다 광범위한 유권자 집단으로부터 지지를 획득하고자 했다. 그 결과 정당 체계는 특정 계층을 뛰어넘어 전체 유권자 집단에 호소하여 표를 구하는 포괄정당 체계의 모습을 띠게 되었다. 선거 승리라는 목표가 더욱 강조될 경우 일부 정당은 외부 선거 전문가로 당료들을 구성하는 선거전문가정당 체계로 전환되기도 했다. 이 과정에서 계층과 직능을 대표하던 기존의 조직 라인은 당 조직의 외곽으로 밀려나기도 했다. 조직의 외곽으로 밀려나기도 했다. 한편 탈산업사회의 도래와 함께 환경, 인권, 교육 등에서 좀 더 나은 삶의 질을 추구하는 탈물질주의가 등장함에 따라 새로운 정당의 출현에 대한 압박이 생겨났다. 이는 기득권을 유지해온 기성 정당들을 위협했다. 이에 정당들은 자신의 기득권을 유지하기 위해 공적인 정치 자원의 과점을 통해 신생 혹은 소수당의 원 내 진입이나 정치 활동을 어렵게 하는 카르텔정당 체계를 구성하기도 했다. 다양한 정치관계법은 이런 체계를 유지하는 대표적인 수단으로 활용되었다.

정치관계법과 관련된 선거 제도의 예를 들면, 비례대표제에 비해 다수대표제는 득표 대비 의석 비율을 거대정당에 유리하도록 만들어 정당의 카르텔화를 촉진하는 데 활용되기도 한다. 이러한 정당의 변화 과정에서 정치 엘리트들의 자율성은 증대되었고, 정당 지도부의 권력이 강화되어 정부 내 자당 소속의 정치인들에 대한 통제력이 증가되었다. 하지만 반대로 평당원의 권력은 약화되고 당원 수는 감소하여 정당은 지지 계층 및 집단과의 유대를 잃어가기 시작했다. 뉴미디어가 발달하면서 정치에 관심은 높지만 정당과는 거리를 두는 '인지적' 시민이 증가함에 따라 정당 체계는 또 다른 도전에 직면하게 되었다. 정당 조직과 당원들이 수행했던 기존의 정치적 동원은 소셜 네트워크 내 시민들의 자기 조직적 참여로 대체 되었다. 심지어 정당을 우회하는 직접 민주주의의 현상도 나타났다.

Answer 16.①

이에 일부 정당은 카르텔 구조를 유지하면서도 공직 후보 선출 권을 일반 국민에게 개방하는 포스트카르텔정당 전략이나, 비록 당원으로 유입시키지 못할지라도 온라인 공간에서 인지적 시민과의 유대를 강화하려는 네트워크정당 전략으로 위기에 대응하고자 했다. 그러나 이러한 제반의 개혁 조치가 대중 정당으로의 복귀를 의미하지는 않았다. 오히려 당원이 감소되는 상황에서 선출권자나 후보들을 정당 밖에서 충원함으로써 적 의미의 정당 기능은 약화되었다. 물론 이러한 상황에서도 20세기 중반 이후 정당 체계들이 여전히 책임정당정치를 일정하게 구현하고 있다는 주장이 제기되기도 했다.

예를 들어 국가 간 비교를 행한 연구는 최근의 정당들이 구체적인 계급, 계층 집단을 조직하고 동원하지는 않지만 일반 이념을 매개로 정치 영역에서 유권자들을 대표하는 기능을 강화했음을 보여주었다. 유권자들은 좌우의 이념을 통해 정당의 정치적 입장을 인지하고 자신과 이념적으로 가까운 정당에 정치적 이해를 표출하며, 정당은 집권 후 이를 고려하여 책임정치를 일정하게 구현하고 있다는 것이다. 이때 정당은 포괄정당에서 네트 워크정당까지 다양한 모습을 띨 수 있지만, 이념을 매개로 유권자의 이해와 정부의 책임성 간의 선순환적 대의 관계를 잘 유지하고 있다는 것이다. 이와 같이 정당의 이념적 대표성을 긍정적으로 평가하는 주장에 대해 몇몇 학자 및 정치인들은 대중정당론에 근거한 반론을 제기하기도 한다. 이들은 여전히 정당이 계급과 계층을 조직적으로 대표해야 하며, 따라서 정당의 전통적인 기능과 역할을 복원하여 책임정당정치를 강화해야 한다는 주장을 제기하고 있다.

① 조직으로서의 정당 기능의 강화
② 유권자의 일반 이념을 대표하는 기능의 강화
③ 유권자를 정치적으로 동원하는 기능의 약화
④ 정부 속의 정당 기능의 강화

✔ 해설 3문단에서 보면 "최근의 정당들이 구체적인 계급, 계층 집단을 조직하고 동원하지는 않지만~"에서 알 수 있듯이 조직으로서의 정당 기능이 약화되었음을 알 수 있다.

17 다음은 스티븐 씨의 한국방문일정이다. 정확하지 않은 것은?

> Tues, march, 24, 2018
> 10:30 Arrive Seoul (KE 086)
> 12:00~14:00 Luncheon with Directors at Seoul Branch
> 14:30~16:00 Meeting with Suppliers
> 16:30~18:00 Tour of Insa-dong
> 19:00 Depart for Dinner
>
> Wed, march, 25, 2018
> 8:30 Depart for New York (OZ 222)
> 11:00 Arrive New York

① 총 2대의 비행기를 이용할 것이다.
② 오후에 인사동을 관광할 것이다.
③ 서울에 도착 후 이사와 오찬을 먹을 것이다.
④ 둘째 날 일정은 오후 11시에 끝난다.

✔해설 ④ 둘째 날은 따로 일정이 없으며 8시 30분에 뉴욕으로 떠난다.
① KE 086, OZ 222을 탄다는 내용을 보아 두 편의 항공기를 이용할 예정임을 알 수 있다.
② 4시 30분부터 6시까지 인사동 관광이 예정되어 있다.
③ 12시부터 2시까지 이사와 Seoul Branch에서 오찬약속이 있다.

18 다음 빈칸에 들어갈 단어로 적절한 것은?

> People ask you for criticism, but they only want _____.

① praise

② dissatisfaction

③ honor

④ wealth

> ✔해설 사람들은 당신에게 비평을 요구하지만, 사실 그들이 원하는 것은 <u>칭찬</u>이다.
> ① 칭찬 ② 불만 ③ 명예 ④ 부

19 다음 밑줄 친 단어의 의미와 동일하게 쓰인 것을 고르시오.

> 김동연 경제부총리 겸 기획재정부 장관은 26일 최근 노동이슈 관련 "다음 주부터 시행되는 노동시간 단축 관련 올해 말까지 계도기간을 설정해 단속보다는 제도 정착에 초점을 두고 추진할 것"이라고 밝혔다.
>
> 김동연 부총리는 이날 정부서울청사에서 노동현안 관련 경제현안간담회를 주재하고 "7월부터 노동시간 단축제도가 시행되는 모든 기업에 대해 시정조치 기간을 최장 6개월로 <u>늘리고</u>, 고소·고발 등 법적인 문제의 처리 과정에서도 사업주의 단축 노력이 충분히 참작될 수 있도록 하겠다."라며 이같이 말했다.
>
> 김 부총리는 "노동시간 단축 시행 실태를 면밀히 조사해 탄력 근로단위기간 확대 등 제도개선 방안도 조속히 마련하겠다."라며 "불가피한 경우 특별 연장근로를 인가받아 활용할 수 있도록 구체적인 방안을 강구할 것"이라고 밝혔다.

① 우리는 10년 만에 넓은 평수로 <u>늘려</u> 이사했다.

② 그 집은 알뜰한 며느리가 들어오더니 금세 재산을 <u>늘려</u> 부자가 되었다.

③ 적군은 세력을 <u>늘린</u> 후 다시 침범하였다.

④ 대학은 학생들의 건의를 받아들여 쉬는 시간을 <u>늘리는</u> 방안을 추진 중이다.

> ✔해설 밑줄 친 '늘리고'는 '시간이나 기간이 길어지다.'의 뜻으로 쓰였다. 따라서 이와 의미가 동일하게 쓰인 것은 ④이다.
> ① 물체의 넓이, 부피 따위를 본디보다 커지게 하다.
> ② 살림이 넉넉해지다.
> ③ 힘이나 기운, 세력 따위가 이전보다 큰 상태가 되다.

20 다음에 제시되는 글과 내용에 포함된 표를 참고할 때, 뒤에 이어질 단락에서 다루어질 내용이라고 보기 어려운 것은 어느 것인가?

> 에너지의 사용량을 결정하는 매우 중요한 핵심인자는 함께 거주하는 가구원의 수이다. 다음의 표에서 가구원수가 많아질수록 연료비 지출액 역시 함께 증가하는 것을 확인할 수 있다.
>
> | 가구원수 | 비율 | 가구소득(천 원, %) | | 연료비(원, %) | | 연료비 비율 |
> |---|---|---|---|---|---|---|
> | 1명 | 17.0% | 1,466,381 | (100.0) | 59,360 | (100.0) | 8.18% |
> | 2명 | 26.8% | 2,645,290 | (180.4) | 96,433 | (162.5) | 6.67% |
> | 3명 | 23.4% | 3,877,247 | (264.4) | 117,963 | (198.7) | 4.36% |
> | 4명 | 25.3% | 4,470,861 | (304.9) | 129,287 | (217.8) | 3.73% |
> | 5명 이상 | 7.5% | 4,677,671 | (319.0) | 148,456 | (250.1) | 4.01% |
>
> 하지만 가구원수와 연료비는 비례하여 증가하는 것은 아니며, 특히 1인 가구의 지출액은 3인이나 4인 가구의 절반 수준, 2인 가구와 비교하여서도 61.5% 수준에 그친다. 연료비 지출액이 1인 가구에서 상대적으로 큰 폭으로 떨어지는 이유는 1인 가구의 가구유형에서 찾을 수 있다. 1인 가구의 40.8%가 노인가구이며, 노인가구의 낮은 소득수준이 연료비 지출을 더욱 압박하는 효과를 가져왔을 것이다. 하지만 1인 가구의 연료비 감소폭에 비해 가구소득의 감소폭이 훨씬 크며, 그 결과 1인 가구의 연료비 비율 역시 3인 이상인 가구들에 비해 두 배 가까이 높게 나타난다. 한편, 2인 가구 역시 노인가구의 비율이 21.7%로, 3인 이상 가구 6.8%에 비해 3배 이상 높게 나타난다.

① 가구 소득분위별 연료비 지출 현황
② 가구의 유형별 연료비 지출 현황
③ 연령대별 가구소득 및 노인 가구 소득과의 격차 비교
④ 과거 일정 기간 동안의 연료비 증감 내역

> ✅**해설** 제시된 글에서 필자가 말하고자 하는 바는, 1인 가구의 대다수는 노인가구가 차지하고 있으며 노인 가구는 소득 수준은 낮은 데 반해 연료비 비율이 높다는 문제점을 지적하고자 하는 것이다. 따라서 보기 ①~③의 내용은 필자의 언급 내용과 직접적인 연관성이 있는 근거 자료가 될 수 있으나, 과거의 연료비 증감 내역은 반드시 근거로써 제시되어야 할 것이라고 볼 수는 없다.

Answer 18.① 19.④ 20.④

21 다음 글의 문맥상 빈 칸 (가)에 들어갈 가장 적절한 말은 어느 것인가?

여름이 빨리 오고 오래 가다보니 의류업계에서 '쿨링'을 컨셉으로 하는 옷들을 앞다퉈 내놓고 있다. 그물망 형태의 옷감에서 냉감(冷感)을 주는 멘톨(박하의 주성분)을 포함한 섬유까지 접근 방식도 제각각이다. 그런데 가까운 미래에는 미생물을 포함한 옷이 이 대열에 합류할지도 모르겠다. 박테리아 같은 미생물은 여름철 땀냄새의 원인이라는데 어떻게 옷에 쓰일 수 있을까.

생물계에서 흡습형태변형은 널리 관찰되는 현상이다. 솔방울이 대표적인 예로 습도가 높을 때는 비늘이 닫혀있어 표면이 매끈한 덩어리로 보이지만 습도가 떨어지면 비늘이 삐죽삐죽 튀어나온 형태로 바뀐다. 밀이나 보리의 열매(낟알) 끝에 달려 있는 까끄라기도 습도가 높을 때는 한 쌍이 거의 나란히 있지만 습도가 낮아지면 서로 벌어진다. 이런 현상은 한쪽 면에 있는 세포의 길이(크기)가 반대 쪽 면에 있는 세포에 비해 습도에 더 민감하게 변하기 때문이다. 즉 습도가 낮아져 세포 길이가 짧아지면 그쪽 면을 향해 휘어지는 것이다.

MIT의 연구자들은 미생물을 이용해서도 이런 흡습형태변형을 구현할 수 있는지 알아보기로 했다. 즉 습도에 영향을 받지 않는 재질인 천연라텍스 천에 농축된 대장균 배양액을 도포해 막을 형성했다. 대장균은 별도의 접착제 없이도 소수성 상호작용으로 라텍스에 잘 달라붙는다. 라텍스 천의 두께는 150~500μm(마이크로미터. 1μm는 100만분의 1m)이고 대장균 막의 두께는 1~5μm다. 이 천을 상대습도 15%인 건조한 곳에 두자 대장균 세포에서 수분이 빠져나가며 대장균 막이 도포된 쪽으로 휘어졌다. 이 상태에서 상대습도 95%인 곳으로 옮기자 천이 서서히 펴지며 다시 평평해졌다. 이 과정을 여러 차례 반복해도 같은 현상이 재현됐다.

연구자들은 원자힘현미경(AFM)으로 대장균 막을 들여다봤고 상대습도에 따라 크기(부피)가 변한다는 사실을 확인했다. 즉 건조한 곳에서는 대장균 세포부피가 30% 정도 줄어드는데 이 효과가 천에서 세포들이 나란히 배열된 쪽을 수축시키는 현상으로 나타나 그 방향으로 휘어지는 것이다. 연구자들은 이런 흡습형태변형이 대장균만의 특성인지 미생물의 일반 특성인지 알아보기 위해 몇 가지 박테리아와 단세포 진핵생물인 효모에 대해서도 같은 실험을 해봤다. 그 결과 정도의 차이는 있었지만 패턴은 동일했다.

다음으로 연구자들은 양쪽 면에 미생물이 코팅된 천이 쿨링 소재로 얼마나 효과적인지 알아보기로 했다. 연구팀은 흡습형태변형이 효과를 낼 수 있도록 독특한 형태로 옷을 디자인했다. 즉, ((가)   )

그 결과 공간이 생기면서 땀의 배출을 돕는다. 측정 결과 미생물이 코팅된 천으로 만든 옷을 입을 경우 같은 형태의 일반 천으로 만든 옷에 비해 피부 표면 공기의 온도가 2도 정도 낮아 쿨링 효과가 있는 것으로 나타났다.

① 체온이 높은 등 쪽으로 천이 휘어지게 되는 성질을 이용해 평상시에는 옷이 바깥쪽으로 더 튀어나오도록 디자인했다.

② 미생물이 코팅된 천이 땀으로 인한 습도의 영향을 잘 받을 수 있도록 옷의 안쪽 면에 부착하여 옷의 바깥쪽과는 완전히 다른 환경을 유지할 수 있도록 디자인했다.

③ 땀이 많이 나는 등 쪽에 칼집을 낸 형태로 만들어 땀이 안 날 때는 평평하다가 땀이 나면 피부 쪽 면의 습도가 높아져 미생물이 팽창해 천이 바깥쪽으로 휘어지도록 디자인했다.

④ 땀이 나서 습도가 올라가면 등 쪽의 세포 길이가 짧아질 것을 고려해 천이 안쪽으로 휘어져 공간이 생길 수 있도록 디자인했다.

> ✔해설 흡습형태변형은 한쪽 면에 있는 세포의 길이(크기)가 반대 쪽 면에 있는 세포에 비해 습도에 더 민감하게 변하여, 습도가 낮아져 세포 길이가 짧아지면 그쪽 면을 향해 휘어지는 것을 의미한다고 언급되어 있다. 따라서 등에 땀이 나면 세포 길이가 더 짧은 바깥쪽으로 옷이 휘어지게 되므로 등 쪽 면에 공간이 생기게 되는 원리를 이용한 것임을 알 수 있다.

22 다음은 거래처의 바이어가 건넨 명함이다. 이를 보고 알 수 없는 것은?

International Motor

Dr. Yi Ching CHONG
Vice President

8 Temasek Boulevard, #32-03 Suntec Tower 5
Singapore 038988, Singapore
T. 65 6232 8788, F. 65 6232 8789

---

① 호칭은 Dr. CHONG이라고 표현해야 한다.

② 싱가포르에서 온 것을 알 수 있다.

③ 호칭 사용시 Vice President, Mr. Yi라고 불러도 무방하다.

④ 싱가포르에서 왔으므로 그에 맞는 식사를 대접한다.

> ✔해설 ③ 호칭 사용시 Vice President, Mr. CHONG이라고 불러야 한다.

23 다음 글의 내용을 참고할 때, 빈 칸에 들어갈 가장 적절한 말은 어느 것인가?

　　사람을 비롯한 포유류에서 모든 피를 만드는 줄기세포는 뼈에 존재한다. 그러나 물고기의 조혈 줄기세포(조혈모세포)는 신장에 있다. 신체의 특정 위치 즉 '조혈 줄기세포 자리(blood stem cell niche)'에서 피가 만들어진다는 사실을 처음 알게 된 1970년대 이래, 생물학자들은 생물들이 왜 서로 다른 부위에서 이 기능을 수행하도록 진화돼 왔는지 궁금하게 여겨왔다. 그 40년 뒤, 중요한 단서가 발견됐다. 조혈 줄기세포가 위치한 장소는 (　　　　　　　　　　　　　　　　) 진화돼 왔다는 사실이다.

　　이번에 발견된 '조혈 줄기세포 자리' 퍼즐 조각은 조혈모세포 이식의 안전성을 증진시키는데 도움이 될 것으로 기대된다. 연구팀은 실험에 널리 쓰이는 동물모델인 제브라피쉬를 관찰하다 영감을 얻게 됐다.

　　프리드리히 카프(Friedrich Kapp) 박사는 "현미경으로 제브라피쉬의 조혈 줄기세포를 관찰하려고 했으나 신장 위에 있는 멜라닌세포 층이 시야를 가로막았다"고 말했다. 멜라닌세포는 인체 피부 색깔을 나타내는 멜라닌 색소를 생성하는 세포다.

　　카프 박사는 "신장 위에 있는 멜라닌세포의 모양이 마치 파라솔을 연상시켜 이 세포들이 조혈줄기세포를 자외선으로부터 보호해 주는 것이 아닐까 하는 생각을 하게 됐다"고 전했다. 이런 생각이 들자 카프 박사는 정상적인 제브라피쉬와 멜라닌세포가 결여된 변이 제브라피쉬를 각각 자외선에 노출시켰다. 그랬더니 변이 제브라피쉬의 조혈 줄기세포가 줄어드는 현상이 나타났다. 이와 함께 정상적인 제브라피쉬를 거꾸로 뒤집어 자외선을 쬐자 마찬가지로 줄기세포가 손실됐다.

　　이 실험들은 멜라닌세포 우산이 물리적으로 위에서 내리쬐는 자외선으로부터 신장을 보호하고 있다는 사실을 확인시켜 주었다.

---

① 줄기세포가 햇빛과 원활하게 접촉할 수 있도록

② 줄기세포에 일정한 양의 햇빛이 지속적으로 공급될 수 있도록

③ 멜라닌 색소가 생성되기에 최적의 공간이 형성될 수 있도록

④ 햇빛의 유해한 자외선(UV)으로부터 이 줄기세포를 보호하도록

　　✔**해설** 제브라 피쉬의 실험은 햇빛의 자외선으로부터 줄기세포를 보호하는 멜라닌 세포를 제거한 후 제브라 피쉬를 햇빛에 노출시켜 본 사실이 핵심적인 내용이라고 할 수 있다. 따라서 이를 통하여 알 수 있는 결론은, 줄기세포가 존재하는 장소는 햇빛의 자외선으로부터 보호받을 수 있는 방식으로 진화하게 되었다는 것이 타당하다고 볼 수 있다.

24 다음은 발전 분야 소속 직원의 청렴 행동지침이다. 다음 지침 중에서 잘못 쓰인 글자는 몇 개인가?

발전 분야 소속 직원의 청렴 행동지침

1. 발전설비의 설계 및 시공, 기자재품질 및 공장검사와 관련하여 법과 규정을 준수하고, 신뢰할 수 있도록 공정하게 직무를 수행한다.
2. 검수과정에서 이유여하를 막론하고 금품·항응이나 부당한 이익 제공을 요구하지도, 받지도 아니한다.
3. 시공업체 혹은 구매처와 공개된 장소에서 공식적으로 만나며, 개인적으로 만나 논의하거나 청탁을 받지 아니한다.
4. 혈연·학연·지연·종교 등 연고관계를 이유로 특정 거래업체를 우대하거나 유리하게 하지 아니한다.
5. 직무를 수행함에 있어서 식비의 대납 및 기념일 선물 등 일체의 금전이나 향응, 각종 편의를 단호히 거부한다.
6. 특정인에게 설계도면 및 시공개획 등의 주요자료를 사전 제공하는 일체의 특혜를 제공하지 아니한다.
7. 직무수행 중 알게 된 정보는 사적으로 이용하지 아니한다.

---

① 1개　　　　　　　　　　　　② 2개
③ 3개　　　　　　　　　　　　④ 4개

✔ 해설　이유여하를 막론하고 금품·항응이나 → 이유여하를 막론하고 금품·향응이나
　　　　설계도면 및 시공개획 → 설계도면 및 시공계획

25 다음은 은행을 사칭한 대출 주의 안내문이다. 이에 대한 설명으로 옳지 않은 것은?

> 항상 ○○은행을 이용해 주시는 고객님께 감사드립니다.
>
> 최근 ○○은행을 사칭하면서 대출 협조문이 Fax로 불특정 다수에게 발송되고 있어 각별한 주의가 요망됩니다. ○○은행은 절대로 Fax를 통해 대출 모집을 하지 않으니 아래의 Fax 발견시 즉시 폐기하시기 바랍니다.
>
> > 아래 내용을 검토하시어 자금문제로 고민하는 대표이하 직원 여러분들에게 저의 은행의 금융정보를 공유할 수 있도록 업무협조 부탁드립니다.
> >
> > 수신 : 직장인 및 사업자
> > 발신 : ○○은행 여신부
> > 여신상담전화번호 : 070-xxxx-xxxx
> >
> > | 대상 | 직장인 및 개인/법인 사업자 |
> > |---|---|
> > | 금리 | 개인신용등급적용 (최저 4.8~) |
> > | 연령 | 만 20세~만 60세 |
> > | 상환 방식 | 1년만기일시상환, 원리금균등분할상환 |
> > | 대출 한도 | 100만원~1억원 |
> > | 대출 기간 | 12개월~최장 60개월까지 설정가능 |
> > | 서류 안내 | 공통서류 – 신분증
직장인 – 재직, 소득서류
사업자 – 사업자 등록증, 소득서류 |
>
> ※ 기타사항
> - 본 안내장의 내용은 법률 및 관련 규정 변경시 일부 변경될 수 있습니다.
> - 용도에 맞지 않을 시, 연락 주시면 수신거부 처리 해드리겠습니다.
> 현재 ○○은행을 사칭하여 문자를 보내는 불법업체가 기승입니다. ○○은행에서는 본 안내장 외엔 문자를 발송치 않으니 이점 유의하시어 대처 바랍니다.

① Fax 수신문에 의하면 최대 대출한도는 1억원까지이다.
② Fax로 수신되는 대출 협조문은 ○○은행에서 보낸 것이 아니다.
③ Fax로 수신되는 대출 협조문은 즉시 폐기하여야 한다.
④ ○○은행에서는 대출 협조문을 문자로 발송한다.

✔ 해설 ④ ○○은행에서는 본 안내장 외엔 문자를 발송하지 않는다.

26 다음은 농어촌 주민의 보건복지 증진을 위해 추진하고 있는 방안을 설명하는 글이다. 주어진 단락 ㈎~㈑ 중 농어촌의 사회복지서비스를 소개하고 있는 단락은 어느 것인가?

> ㈎ 「쌀 소득 등의 보전에 관한 법률」에 따른 쌀 소득 등 보전직접 지불금 등은 전액 소득인정액에 반영하지 않으며, 농어민 가구가 자부담한 보육비용의 일부, 농어업 직접사용 대출금의 상환이자 일부 등을 소득 산정에서 제외하고 있다. 또한 경작농지 등 농어업과 직접 관련되는 재산의 일부에 대해서도 소득환산에서 제외하고 있다.
>
> ㈏ 2019년까지 한시적으로 농어민에 대한 국민연금보험료 지원을 실시하고 있다. 기준소득 금액은 910천 원으로 본인이 부담할 연금보험료의 1/2를 초과하지 않는 범위 내에서 2015년 최고 40,950원을 지원하였다.
>
> ㈐ 급격한 농어촌 고령화에 따라 농어촌 지역에 거주하는 보호가 필요한 거동불편노인, 독거노인 등에게 맞춤형 대책을 제공하기 위한 노인돌보기, 농어촌 지역 노인의 장기요양 욕구 충족 및 부양가족의 부담 경감을 위한 노인요양시설 확충 등을 추진하고 있다.
>
> ㈑ 농어촌 지역 주민의 암 조기발견 및 조기치료를 유도하기 위한 국가 암 검진 사업을 지속적으로 추진하고, 농어촌 재가암환자서비스 강화를 통하여 농어촌 암환자의 삶의 질 향상, 가족의 환자 보호·간호 등에 따른 부담 경감을 도모하고 있다.

① ㈎   ② ㈏

③ ㈐   ④ ㈑

✔ **해설** ㈐의 내용은 농어촌 특성에 적합한 고령자에 대한 복지서비스를 제공하는 모습을 설명하고 있다.

27 A국에 대한 아래 정치, 경제 동향 자료로 보아 가장 타당하지 않은 해석을 하고 있는 사람은?

- 작년 말 실시된 대선에서 여당 후보가 67%의 득표율로 당선되었고, 집권 여당이 250석 중 162석의 과반 의석을 차지해 재집권에 성공하면서 집권당 분열 사태는 발생하지 않을 전망이다.
- 불확실한 선거 결과 및 선거 이후 행정부의 정책 방향 미정으로 해외 투자자들은 A국에 대한 투자를 계속 미뤄 왔으며 최근 세계 천연가스의 공급 초과 우려가 제기되면서 관망을 지속하는 중이다.
- 2000년대 초반까지는 종교 및 종족 간의 갈등이 심각했지만, 현재는 거의 종식된 상태이며, 민주주의 정착으로 안정적인 사회 체제를 이뤄 가는 중이나 빈부격차의 심화로 인한 불안 요인은 잠재되어 있는 편이다.
- 주 사업 분야인 광물자원 채굴과 천연가스 개발 붐이 몇 년간 지속되면서 인프라 확충에도 투자가 많이 진행되어 경제성장이 지속되어 왔다.
- A국 중앙은행의 적절한 대처로 A국 통화 가치의 급격한 하락은 나타나지 않을 전망이다.
- 지난 3년간의 경제 지표는 아래와 같다.(뒤의 숫자일수록 최근 연도를 나타내며 Tm은 A국의 통화 단위)
- 경제성장률 : 7.1%, 6.8%, 7.6%
- 물가상승률 : 3.2%, 2.8%, 3.4%
- 달러 당 환율(Tm/USD) : 31.7, 32.5, 33.0
- 외채 잔액(억 달러) : 100, 104, 107
- 외채 상환 비율 : 4.9%, 5.1%, 5.0%

---

① 갑 : 외채 상환 비율이 엇비슷한데도 외채 잔액이 증가한 것은 인프라 확충을 위한 설비 투자 때문일 수도 있겠어.
② 을 : 집권 여당의 재집권으로 정치적 안정이 기대되지만 빈부격차가 심화된다면 사회적 소요의 가능성도 있겠네.
③ 병 : A국의 경제성장률에 비하면 물가상승률은 낮은 편이라서 중앙은행이 물가 관리를 비교적 잘 하고 있다고 볼 수 있네.
④ 정 : 지난 3년간 A국의 달러 당 환율을 보면 A국에서 외국으로 수출하는 기업들은 대부분 환차손을 피하기 어려웠겠네.

> ✔ 해설 ④ 환차손은 환율변동에 따른 손해를 말하는 것으로 환차익에 반대되는 개념이다. A국에서 외국으로 수출하는 기업들은 3년간 달러 당 환율의 상승으로 받을 돈에 있어서 환차익을 누리게 된다.

28 IT분야에 근무하고 있는 K는 상사로부터 보고서를 검토해달라는 요청을 받고 보고서를 검토 중이다. 보고서의 교정 방향으로 적절하지 않은 것은?

국가경제 성장의 핵심 역할을 하는 IT산업은 정보통신서비스, 정보통신기기, 소프트웨어 부문으로 구분된다. 2010년 IT산업의 생산규모는 전년대비 15% 이상 증가한 385.4조원을 기록하였다. 한편, 소프트웨어 산업은 경기위축에 선행하고 경기회복에 후행하는 산업적 특성 때문에 전년대비 2% 이하의 성장에 머물렀다.

2010년 정보통신서비스 생산규모는 IPTV 등 신규 정보통신서비스 확대로 전년대비 4.6% 증가한 63.4조원을 기록하였다. 2010년 융합서비스는 전년대비 생산규모 ㉠증가률이 정보통신서비스 중 가장 높았고, 정보통신서비스에서 차지하는 생산규모 비중도 가장 컸다. ㉡또한 R&D 투자액이 매년 증가하여 GDP 대비 R&D 투자액 비중이 증가하였다.

IT산업 전체의 생산을 견인하고 있는 정보통신기기 생산규모는 통신기기를 제외한 다른 품목의 생산 호조에 따라 2010년 전년대비 25.6% 증가하였다. ㉢한편, 2006~2010년 동안 정보통신기기 생산규모에서 통신기기, 정보기기, 음향기기, 전자부품, 응용기기가 차지하는 비중의 순위는 매년 변화가 없었다. 2010년 전자부품 생산규모는 174.4조원으로 정보통신기기 전체 생산규모의 59.0%를 차지한다. 전자부품 중 반도체와 디스플레이 패널의 생산규모는 전년대비 각각 48.6%, 47.4% 증가하여 전자부품 생산을 ㉣유도하였다. 2005년~2010년 동안 정보통신기기 부문에서 전자부품과 응용기기 각각의 생산규모는 매년 증가하였다.

---

① ㉠은 맞춤법에 맞지 않는 표현으로 '증가율'로 수정해야 합니다.
② ㉡은 문맥에 맞지 않는 문장으로 삭제하는 것이 좋습니다.
③ ㉢은 앞 뒤 문장이 인과구조이므로 '따라서'로 수정해야 합니다.
④ ㉣ '유도'라는 어휘 대신 문맥상 적합한 '주도'라는 단어로 대체해야 합니다.

✔해설 ③ 인과구조가 아니며, '한편'으로 쓰는 것이 더 적절하다.

29 다음 일정표에 대해 잘못 이해한 것을 고르면?

Albert Denton : Tuesday, September 24

8:30 a.m.	Meeting with S.S. Kim in Metropolitan Hotel lobby Taxi to Extec Factory
9:30–11:30 a.m.	Factory Tour
12:00–12:45 p.m.	Lunch in factory cafeteria with quality control supervisors
1:00–2:00 p.m.	Meeting with factory manager
2:00 p.m.	Car to warehouse
2:30–4:00 p.m.	Warehouse tour
4:00 p.m.	Refreshments
5:00 p.m.	Taxi to hotel (approx. 45 min)
7:30 p.m.	Meeting with C.W. Park in lobby
8:00 p.m.	Dinner with senior managers

① They are having lunch at the factory.

② The warehouse tour takes 90 minutes.

③ The factory tour is in the afternoon.

④ Mr. Denton has some spare time before in the afternoon.

✔해설 Albert Denton : 9월 24일, 화요일

8:30 a.m.	Metropolitan 호텔 로비 택시에서 Extec 공장까지 Kim S.S.와 미팅
9:30–11:30 a.m.	공장 투어
12:00–12:45 p.m.	품질 관리 감독관과 공장 식당에서 점심식사
1:00–2:00 p.m.	공장 관리자와 미팅
2:00 p.m.	차로 창고에 가기
2:30–4:00 p.m.	창고 투어
4:00 p.m.	다과
5:00 p.m.	택시로 호텔 (약 45분)
7:30 p.m.	C.W. Park과 로비에서 미팅
8:00 p.m.	고위 간부와 저녁식사

③ 공장 투어는 9시 30분에서 11시 30분까지이므로 오후가 아니다.

30 다음 면접 상황을 읽고 동수가 잘못한 원인을 바르게 찾은 것은?

카페창업에 실패한 29살의 영식과 동수는 생존을 위해 한 기업에 함께 면접시험을 보러 가게 되었다. 영식이 먼저 면접시험을 치르게 되었다.

면접관 : 자네는 좋아하는 스포츠가 있는가?

영식 : 예, 있습니다. 저는 축구를 아주 좋아합니다.

면접관 : 그럼 좋아하는 축수선수가 누구입니까?

영식 : 예전에는 홍명보선수를 좋아했으나 최근에는 손흥민선수를 좋아합니다.

면접관 : 그럼 좋아하는 위인은 누구인가?

영식 : 제가 좋아하는 위인으로는 우리나라를 왜군의 세력으로부터 지켜주신 이순신 장군입니다.

면접관 : 자네는 메르스가 위험한 질병이라고 생각하는가?

영식 : 저는 메르스가 그렇게 위험한 질병이라고 생각하지는 않습니다. 제 개인적인 생각으로는 건강상 문제가 없으면 감기처럼 지나가는 질환이고, 면역력이 약하다면 합병증을 유발하여 그 합병증 때문에 위험하다고 생각합니다.

무사히 면접시험을 마친 영식은 매우 불안해하는 동수에게 자신이 답한 내용을 모두 알려주었다. 동수는 그 답변을 달달 외우기 시작하였다. 이제 동수의 면접시험 차례가 돌아왔다.

면접관 : 자네는 좋아하는 음식이 무엇인가?

동수 : 네, 저는 축구를 좋아합니다.

면접관 : 그럼 자네는 이름이 무엇인가?

동수 : 예전에는 홍명보였으나 지금은 손흥민입니다.

면접관 : 허. 자네 아버지 성함은 무엇인가?

동수 : 예, 이순신입니다.

면접관 : 자네는 지금 자네의 상태가 어떻다고 생각하는가?

동수 : 예, 저는 건강상 문제가 없다면 괜찮은 것이고, 면역력이 약해졌다면 합병증을 유발하여 그 합병증 때문에 위험할 것 같습니다.

① 묻는 질문에 대해 명확하게 답변을 하였다.

② 면접관의 의도를 빠르게 파악하였다.

③ 면접관의 질문을 제대로 경청하지 못했다.

④ 면접관의 신분을 파악하지 못했다.

✔해설 면접관의 질문을 제대로 경청하지 못하여 질문의 요지를 파악하지 못하고 엉뚱한 답변을 한 것이 잘못이다.

Answer 29.③ 30.③

CHAPTER 02 수리능력

1 직장생활과 수리능력

(1) 기초직업능력으로서의 수리능력

① 개념 : 직장생활에서 요구되는 사칙연산과 기초적인 통계를 이해하고 도표의 의미를 파악하거나 도표를 이용해서 결과를 효과적으로 제시하는 능력을 말한다.

② 수리능력은 크게 기초연산능력, 기초통계능력, 도표분석능력, 도표작성능력으로 구성된다.
    ㉠ 기초연산능력 : 직장생활에서 필요한 기초적인 사칙연산과 계산방법을 이해하고 활용할 수 있는 능력
    ㉡ 기초통계능력 : 평균, 합계, 빈도 등 직장생활에서 자주 사용되는 기초적인 통계기법을 활용하여 자료의 특성과 경향성을 파악하는 능력
    ㉢ 도표분석능력 : 그래프, 그림 등 도표의 의미를 파악하고 필요한 정보를 해석하는 능력
    ㉣ 도표작성능력 : 도표를 이용하여 결과를 효과적으로 제시하는 능력

(2) 업무수행에서 수리능력이 활용되는 경우

① 업무상 계산을 수행하고 결과를 정리하는 경우
② 업무비용을 측정하는 경우
③ 고객과 소비자의 정보를 조사하고 결과를 종합하는 경우
④ 조직의 예산안을 작성하는 경우
⑤ 업무수행 경비를 제시해야 하는 경우
⑥ 다른 상품과 가격비교를 하는 경우
⑦ 연간 상품 판매실적을 제시하는 경우
⑧ 업무비용을 다른 조직과 비교해야 하는 경우
⑨ 상품판매를 위한 지역조사를 실시해야 하는 경우
⑩ 업무수행과정에서 도표로 주어진 자료를 해석하는 경우
⑪ 도표로 제시된 업무비용을 측정하는 경우

예제 1

다음 자료를 보고 주어진 상황에 대한 물음에 답하시오.

〈근로소득에 대한 간이 세액표〉

월 급여액(천 원) [비과세 및 학자금 제외]		공제대상 가족 수				
이상	미만	1	2	3	4	5
2,500	2,520	38,960	29,280	16,940	13,570	10,190
2,520	2,540	40,670	29,960	17,360	13,990	10,610
2,540	2,560	42,380	30,640	17,790	14,410	11,040
2,560	2,580	44,090	31,330	18,210	14,840	11,460
2,580	2,600	45,800	32,680	18,640	15,260	11,890
2,600	2,620	47,520	34,390	19,240	15,680	12,310
2,620	2,640	49,230	36,100	19,900	16,110	12,730
2,640	2,660	50,940	37,810	20,560	16,530	13,160
2,660	2,680	52,650	39,530	21,220	16,960	13,580
2,680	2,700	54,360	41,240	21,880	17,380	14,010
2,700	2,720	56,070	42,950	22,540	17,800	14,430
2,720	2,740	57,780	44,660	23,200	18,230	14,850
2,740	2,760	59,500	46,370	23,860	18,650	15,280

※ 갑근세는 제시되어 있는 간이 세액표에 따름
※ 주민세=갑근세의 10%
※ 국민연금=급여액의 4.50%
※ 고용보험=국민연금의 10%
※ 건강보험=급여액의 2.90%
※ 교육지원금=분기별 100,000원(매 분기별 첫 달에 지급)

박○○ 사원의 5월 급여내역이 다음과 같고 전월과 동일하게 근무하였으나 특별수당은 없고 차량지원금으로 100,000원을 받게 된다면, 6월에 받게 되는 급여는 얼마인가? (단, 원 단위 절삭)

(주) 서원플랜테크 5월 급여내역			
성명	박○○	지급일	5월 12일
기본급여	2,240,000	갑근세	39,530
직무수당	400,000	주민세	3,950
명절 상여금		고용보험	11,970
특별수당	20,000	국민연금	119,700
차량지원금		건강보험	77,140
교육지원		기타	
급여계	2,660,000	공제합계	252,290
		지급총액	2,407,710

① 2,443,910
② 2,453,910
③ 2,463,910
④ 2,473,910

출제의도

업무상 계산을 수행하거나 결과를 정리하고 업무비용을 측정하는 능력을 평가하기 위한 문제로서, 주어진 자료에서 문제를 해결하는 데에 필요한 부분을 빠르고 정확하게 찾아내는 것이 중요하다.

해 설

기본급여	2,240,000	갑근세	46,370
직무수당	400,000	주민세	4,630
명절상여금		고용보험	12,330
특별수당		국민연금	123,300
차량지원금	100,000	건강보험	79,460
교육지원		기타	
급여계	2,740,000	공제합계	266,090
		지급총액	2,473,910

답 ④

(3) 수리능력의 중요성

① 수학적 사고를 통한 문제해결

② 직업세계의 변화에의 적응

③ 실용적 가치의 구현

(4) 단위환산표

구분	단위환산
길이	1cm = 10mm, 1m = 100cm, 1km = 1,000m
넓이	1cm² = 100mm², 1m² = 10,000cm², 1km² = 1,000,000m²
부피	1cm³ = 1,000mm³, 1m³ = 1,000,000cm³, 1km³ = 1,000,000,000m³
들이	1mℓ = 1cm³, 1dℓ = 100cm³, 1L = 1,000cm³ = 10dℓ
무게	1kg = 1,000g, 1t = 1,000kg = 1,000,000g
시간	1분 = 60초, 1시간 = 60분 = 3,600초
할푼리	1푼 = 0.1할, 1리 = 0.01할, 1모 = 0.001할

예제 2

둘레의 길이가 4.4km인 정사각형 모양의 공원이 있다. 이 공원의 넓이는 몇 a인가?

① 12,100a

② 1,210a

③ 121a

④ 12.1a

출제의도

길이, 넓이, 부피, 들이, 무게, 시간, 속도 등 단위에 대한 기본적인 환산 능력을 평가하는 문제로서, 소수점 계산이 필요하며, 자릿수를 읽고 구분할 줄 알아야 한다.

해 설

공원의 한 변의 길이는
$4.4 \div 4 = 1.1(\text{km})$이고 $1\text{km}^2 = 10000\text{a}$
이므로 공원의 넓이는
$1.1\text{km} \times 1.1\text{km} = 1.21 km^2$
$= 12100 a$

답 ①

2 수리능력을 구성하는 하위능력

(1) 기초연산능력

① 사칙연산 : 수에 관한 덧셈, 뺄셈, 곱셈, 나눗셈의 네 종류의 계산법으로 업무를 원활하게 수행하기 위해서는 기본적인 사칙연산뿐만 아니라 다단계의 복잡한 사칙연산까지도 수행할 수 있어야 한다.

② 검산 : 연산의 결과를 확인하는 과정으로 대표적인 검산방법으로 역연산과 구거법이 있다.
  ㉠ 역연산 : 덧셈은 뺄셈으로, 뺄셈은 덧셈으로, 곱셈은 나눗셈으로, 나눗셈은 곱셈으로 확인하는 방법이다.
  ㉡ 구거법 : 원래의 수와 각 자리 수의 합이 9로 나눈 나머지가 같다는 원리를 이용한 것으로 9를 버리고 남은 수로 계산하는 것이다.

예제 3

다음 식을 바르게 계산한 것은?

$$1 + \frac{2}{3} + \frac{1}{2} - \frac{3}{4}$$

① $\frac{13}{12}$ ② $\frac{15}{12}$

③ $\frac{17}{12}$ ④ $\frac{19}{12}$

출제의도

직장생활에서 필요한 기초적인 사칙연산과 계산방법을 이해하고 활용할 수 있는 능력을 평가하는 문제로서, 분수의 계산과 통분에 대한 기본적인 이해가 필요하다.

해 설

$$\frac{12}{12} + \frac{8}{12} + \frac{6}{12} - \frac{9}{12} = \frac{17}{12}$$

답 ③

---

(2) 기초통계능력

① 업무수행과 통계
  ㉠ 통계의 의미 : 통계란 집단현상에 대한 구체적인 양적 기술을 반영하는 숫자이다.
  ㉡ 업무수행에 통계를 활용함으로써 얻을 수 있는 이점
   • 많은 수량적 자료를 처리가능하고 쉽게 이해할 수 있는 형태로 축소
   • 표본을 통해 연구대상 집단의 특성을 유추
   • 의사결정의 보조수단
   • 관찰 가능한 자료를 통해 논리적으로 결론을 추줄·검증

ⓒ 기본적인 통계치
- 빈도와 빈도분포 : 빈도란 어떤 사건이 일어나거나 증상이 나타나는 정도를 의미하며, 빈도분포란 빈도를 표나 그래프로 종합적으로 표시하는 것이다.
- 평균 : 모든 사례의 수치를 합한 후 총 사례 수로 나눈 값이다.
- 백분율 : 전체의 수량을 100으로 하여 생각하는 수량이 그중 몇이 되는가를 퍼센트로 나타낸 것이다.

② 통계기법
ⓐ 범위와 평균
- 범위 : 분포의 흩어진 정도를 가장 간단히 알아보는 방법으로 최곳값에서 최젓값을 뺀 값을 의미한다.
- 평균 : 집단의 특성을 요약하기 위해 가장 자주 활용하는 값으로 모든 사례의 수치를 합한 후 총 사례 수로 나눈 값이다.
- 관찰값이 1, 3, 5, 7, 9일 경우 범위는 $9 - 1 = 8$이 되고, 평균은 $\dfrac{1+3+5+7+9}{5} = 5$가 된다.

ⓑ 분산과 표준편차
- 분산 : 관찰값의 흩어진 정도로, 각 관찰값과 평균값의 차의 제곱의 평균이다.
- 표준편차 : 평균으로부터 얼마나 떨어져 있는가를 나타내는 개념으로 분산값의 제곱근 값이다.
- 관찰값이 1, 2, 3이고 평균이 2인 집단의 분산은 $\dfrac{(1-2)^2 + (2-2)^2 + (3-2)^2}{3} = \dfrac{2}{3}$이고 표준편차는 분산값의 제곱근 값인 $\sqrt{\dfrac{2}{3}}$이다.

③ 통계자료의 해석
ⓐ 다섯숫자요약
- 최솟값 : 원자료 중 값의 크기가 가장 작은 값
- 최댓값 : 원자료 중 값의 크기가 가장 큰 값
- 중앙값 : 최솟값부터 최댓값까지 크기에 의하여 배열했을 때 중앙에 위치하는 사례의 값
- 하위 25%값·상위 25%값 : 원자료를 크기 순으로 배열하여 4등분한 값
ⓑ 평균값과 중앙값 : 평균값과 중앙값은 그 개념이 다르기 때문에 명확하게 제시해야 한다.

인터넷 쇼핑몰에서 회원가입을 하고 디지털캠코더를 구매하려고 한다. 다음은 구입하고자 하는 모델에 대하여 인터넷 쇼핑몰 세 곳의 가격과 조건을 제시한 표이다. 표에 있는 모든 혜택을 적용하였을 때 디지털캠코더의 배송비를 포함한 실제 구매가격을 바르게 비교한 것은?

구분	A 쇼핑몰	B 쇼핑몰	C 쇼핑몰
정상가격	129,000원	131,000원	130,000원
회원혜택	7,000원 할인	3,500원 할인	7% 할인
할인쿠폰	5% 쿠폰	3% 쿠폰	5,000원
중복할인여부	불가	가능	불가
배송비	2,000원	무료	2,500원

① A<B<C
② B<C<A
③ C<A<B
④ C<B<A

직장생활에서 자주 사용되는 기초적인 통계기법을 활용하여 자료의 특성과 경향성을 파악하는 능력이 요구되는 문제이다.

㉠ A 쇼핑몰
- 회원혜택을 선택한 경우 : $129,000 - 7,000 + 2,000 = 124,000$(원)
- 5% 할인쿠폰을 선택한 경우 :
  $129,000 \times 0.95 + 2,000$
  $= 124,550$
㉡ B 쇼핑몰 :
  $131,000 \times 0.97 - 3,500$
  $= 123,570$
㉢ C 쇼핑몰
- 회원혜택을 선택한 경우 :
  $130,000 \times 0.93 + 2,500$
  $= 123,400$
- 5,000원 할인쿠폰을 선택한 경우 :
  $130,000 - 5,000 + 2,500 = 127,500$
∴ C<B<A

답 ④

(3) 도표분석능력

① 도표의 종류

㉠ 목적별 : 관리(계획 및 통제), 해설(분석), 보고

㉡ 용도별 : 경과 그래프, 내역 그래프, 비교 그래프, 분포 그래프, 상관 그래프, 계산 그래프

㉢ 형상별 : 선 그래프, 막대 그래프, 원 그래프, 점 그래프, 층별 그래프, 레이더 차트

② 도표의 활용

㉠ 선 그래프

- 주로 시간의 경과에 따라 수량에 의한 변화 상황(시계열 변화)을 절선의 기울기로 나타내는 그래프이다.

• 경과, 비교, 분포를 비롯하여 상관관계 등을 나타낼 때 쓰인다.

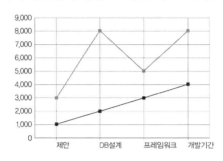

ⓒ 막대 그래프

• 비교하고자 하는 수량을 막대 길이로 표시하고 그 길이를 통해 수량 간의 대소관계를 나타내는 그래프이다.
• 내역, 비교, 경과, 도수 등을 표시하는 용도로 쓰인다.

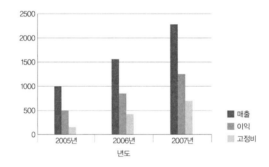

ⓒ 원 그래프

• 내역이나 내용의 구성비를 원을 분할하여 나타낸 그래프이다.
• 전체에 대해 부분이 차지하는 비율을 표시하는 용도로 쓰인다.

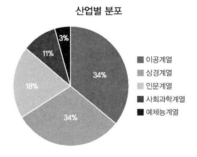

ⓐ 점 그래프

- 종축과 횡축에 2요소를 두고 보고자 하는 것이 어떤 위치에 있는가를 나타내는 그래프이다.
- 지역분포를 비롯하여 도시, 기방, 기업, 상품 등의 평가나 위치·성격을 표시하는데 쓰인다.

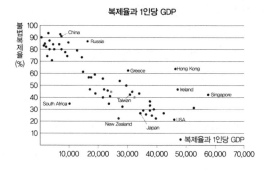

ⓑ 층별 그래프

- 선 그래프의 변형으로 연속내역 봉 그래프라고 할 수 있다. 선과 선 사이의 크기로 데이터 변화를 나타낸다.
- 합계와 부분의 크기를 백분율로 나타내고 시간적 변화를 보고자 할 때나 합계와 각 부분의 크기를 실수로 나타내고 시간적 변화를 보고자 할 때 쓰인다.

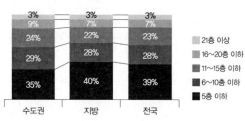

ⓒ 레이더 차트(거미줄 그래프)

- 원 그래프의 일종으로 비교하는 수량을 직경, 또는 반경으로 나누어 원의 중심에서의 거리에 따라 각 수량의 관계를 나타내는 그래프이다.
- 비교하거나 경과를 나타내는 용도로 쓰인다.

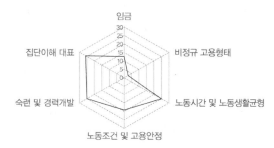

③ 도표 해석상의 유의사항
　㉠ 요구되는 지식의 수준을 넓힌다.
　㉡ 도표에 제시된 자료의 의미를 정확히 숙지한다.
　㉢ 도표로부터 알 수 있는 것과 없는 것을 구별한다.
　㉣ 총량의 증가와 비율의 증가를 구분한다.
　㉤ 백분위수와 사분위수를 정확히 이해하고 있어야 한다.

예제 5

다음 표는 2020 ~ 2021년 지역별 직장인들의 자기개발에 관해 조사한 내용을 정리한 것이다. 이에 대한 분석으로 옳은 것은?

(단위 : %)

연도\구분\지역	2020				2021			
	자기개발 하고 있음	자기개발 비용 부담 주체			자기개발 하고 있음	자기개발 비용 부담 주체		
		직장 100%	본인 100%	직장50% + 본인50%		직장 100%	본인 100%	직장50% + 본인50%
충청도	36.8	8.5	88.5	3.1	45.9	9.0	65.5	24.5
제주도	57.4	8.3	89.1	2.9	68.5	7.9	68.3	23.8
경기도	58.2	12	86.3	2.6	71.0	7.5	74.0	18.5
서울시	60.6	13.4	84.2	2.4	72.7	11.0	73.7	15.3
경상도	40.5	10.7	86.1	3.2	51.0	13.6	74.9	11.6

① 2020년과 2021년 모두 자기개발 비용을 본인이 100% 부담하는 사람의 수는 응답자의 절반 이상이다.

② 자기개발을 하고 있다고 응답한 사람의 수는 2020년과 2021년 모두 서울시가 가장 많다.

③ 자기개발 비용을 직장과 본인이 각각 절반씩 부담하는 사람의 비율은 2020년과 2021년 모두 서울시가 가장 높다.

④ 2020년과 2021년 모두 자기개발을 하고 있다고 응답한 비율이 가장 높은 지역에서 자기개발비용을 직장이 100% 부담한다고 응답한 사람의 비율이 가장 높다.

출제의도

그래프, 그림, 도표 등 주어진 자료를 이해하고 의미를 파악하여 필요한 정보를 해석하는 능력을 평가하는 문제이다.

해 설

② 지역별 인원수가 제시되어 있지 않으므로, 각 지역별 응답자 수는 알 수 없다.

③ 2020년에는 경상도에서, 2021년에는 충청도에서 가장 높은 비율을 보인다.

④ 2020년과 2021년 모두 '자기 개발을 하고 있다'고 응답한 비율이 가장 높은 지역은 서울시이며, 2021의 경우 자기개발 비용을 직장이 100% 부담한다고 응답한 사람의 비율이 가장 높은 지역은 경상도이다.

답 ①

(4) 도표작성능력

① 도표작성 절차

    ㉠ 어떠한 도표로 작성할 것인지를 결정

    ㉡ 가로축과 세로축에 나타낼 것을 결정

    ㉢ 한 눈금의 크기를 결정

    ㉣ 자료의 내용을 가로축과 세로축이 만나는 곳에 표현

    ㉤ 표현한 점들을 선분으로 연결

    ㉥ 도표의 제목을 표기

② 도표작성 시 유의사항

    ㉠ 선 그래프 작성 시 유의점

- 세로축에 수량, 가로축에 명칭구분을 제시한다.
- 선의 높이에 따라 수치를 파악하는 경우가 많으므로 세로축의 눈금을 가로축보다 크게 하는 것이 효과적이다.
- 선이 두 종류 이상일 경우 반드시 그 명칭을 기입한다.

    ㉡ 막대 그래프 작성 시 유의점

- 막대 수가 많을 경우에는 눈금선을 기입하는 것이 알아보기 쉽다.
- 막대의 폭은 모두 같게 하여야 한다.

    ㉢ 원 그래프 작성 시 유의점

- 정각 12시의 선을 기점으로 오른쪽으로 그리는 것이 보통이다.
- 분할선은 구성비율이 큰 순서로 그린다.

    ㉣ 층별 그래프 작성 시 유의점

- 눈금은 선 그래프나 막대 그래프보다 적게 하고 눈금선은 넣지 않는다.
- 층별로 색이나 모양이 완전히 다른 것이어야 한다.
- 같은 항목은 옆에 있는 층과 선으로 연결하여 보기 쉽도록 한다.

수리능력

1 오늘 서울의 기온은 32℃이다. 이를 화씨(℉)로 변환하면?

① 64℉

② 72.4℉

③ 89.6℉

④ 94.8℉

 ℃$\times\dfrac{9}{5}+32=$℉이므로, $32\times\dfrac{9}{5}+32=89.6$℉이다.

2 무게의 단위 관계를 잘못 나타낸 것은?

① 200t = 200,000kg

② 3.6t = 3,600kg

③ 27,000kg = 2.7t

④ 50t = 50,000kg

 ③ 1000kg = 1t이므로 27000kg = 27t이다.

3 마을에 350ha의 과수원과 10km^{2}의 논이 있다. 과수원과 논의 합은 몇 km^{2}인가?

① 10.35km^2

② 13.5km^2

③ 45km^2

④ 10.035km^2

 100ha = 1km^{2}이므로 350ha + 10km^2 = 3.5km^2 + 10km^2 = 13.5km^{2}이다.

4 다음은 어느 TV 제조업체의 최근 5개월 동안 컬러 TV 판매량을 나타낸 것이다. 6월의 컬러 TV 판매량을 단순 이동평균법, 가중이동평균법, 단순지수평활법을 이용하여 예측한 값을 각각 ㉠, ㉡, ㉢이라고 할 때, 그 크기를 비교한 것으로 옳은 것은? (단, 이동평균법에서 주기는 4개월, 단순지수평활법에서 평활상수는 0.4를 각각 적용한다)

(단위 : 천대)

	1월	2월	3월	4월	5월	6월
판매량	10	14	9	13	15	
가중치	0.0	0.1	0.2	0.3	0.4	

① ㉠>㉡>㉢

② ㉡>㉠>㉢

③ ㉠>㉢>㉡

④ ㉡>㉢>㉠

 ㉠ 단순이동평균법 $= \dfrac{14+9+13+15}{4} = 12.75$대

㉡ 가중이동평균법 $= 15 \times 0.4 + 13 \times 0.3 + 9 \times 0.2 + 14 \times 0.1 = 13.1$ 대

㉢ 지수평활법을 이용하기 위해서는 세 개의 자료가 필요하다. 전월의 예측치, 전월의 실제치, 지수평활계수 이를 식으로 나타내면 당기 예측치=전기 예측치+지수평활계수 (전기 실제치-전기 예측치) 그런데 이 문제에서는 5월의 예측치가 없으므로 문제가 성립될 수 없다. 그러나 이러한 경우에는 단순이동평균치를 예측치로 사용한다. 4월까지의 단순이동평균치는 11.50이다.
지수평활법=0.4×15+0.6×11.50=12.90대이므로 따라서 ㉡>㉢>㉠이 된다.

5 가로가 600cm, 세로가 500cm인 거실의 넓이는 몇 m^2인가?

① 0.03m^2

② 0.3m^2

③ 3m^2

④ 30m^2

✔해설 600cm = 6m, 500cm = 5m이므로 $6 \times 5 = 30\text{m}^2$

Answer 1.③ 2.③ 3.② 4.④ 5.④

6 다음 제시된 숫자의 배열을 보고 규칙을 찾아 빈칸에 들어갈 알맞은 숫자를 고르면?

| 5 2 10 4 20 ( ) 40 8 |

① 30   ② 8

③ 40   ④ 6

✔해설 1, 3, 5, 7항은 ×2의 규칙을, 2, 4, 6, 8항은 +2의 규칙을 가진다. 따라서 빈칸에 들어갈 숫자는 4 + 2 = 6이다.

7 다음은 일정한 규칙에 따라 배열된 수이다. 빈칸에 알맞은 수를 고르면?

| 8 3 2   14 4 3   20 6 3   ( ) 7 4 |

① 25   ② 27

③ 30   ④ 34

✔해설 규칙성을 찾으면 $8 = (3 \times 2) + 2$, $14 = (4 \times 3) + 2$, $20 = (6 \times 3) + 2$이므로 빈칸에 들어갈 수는 $(7 \times 4) + 2 = 30$이다.

8 아래에서 S기업이 물류비용 5%를 추가로 절감할 경우, S 기업은 얼마의 매출액을 증가시키는 것과 동일한 효과를 얻게 되는가?

- S기업 총 매출액 : 100억 원
- 매출액 대비 물류비 비중 : 10%
- 매출액 대비 이익률 : 5%

① 1억 원   ② 1억 1천만 원

③ 10억 원   ④ 11억 원

✔해설 매출액은 100억, 물류비는 10억, 순이익은 5억이 된다. 물류비를 5% 추가 절감하면 10억에서 9억 5천이 되므로 순이익이 5억 5천만 원으로 증가하게 된다. 순이익을 매출액으로 환원하면 110억이므로 10억이 증가하게 된다.

9 △△ 인터넷 사이트에 접속하기 위한 비밀번호의 앞 세 자리는 영문으로, 뒤 네 자리는 숫자로 구성되어 있다. △△ 인터넷 사이트에 접속하려 하는데 비밀번호 끝 두 자리가 생각나지 않아서 접속할 수가 없다. 기억하고 있는 사실이 다음과 같을 때, 사이트 접속 비밀번호를 구하면?

㉠ 비밀번호 :

a	b	c	4	2	?	?

㉡ 네 자리 숫자의 합은 15

㉢ 맨 끝자리의 숫자는 그 바로 앞자리 수의 2배

① abc4200
② abc4212
③ abc4224
④ abc4236

 해설 비밀번호의 끝 두 자리를 순서대로 x, y라 하면

a	b	c	4	2	x	y

문제에 따라 연립방정식으로 나타내어 풀면

$$\begin{cases} y = 2x \\ 4+2+x+y = 15 \end{cases} \Rightarrow \begin{cases} y = 2x \\ x+y = 9 \end{cases}$$

$x = 3$, $y = 6$

따라서 구하는 비밀번호는 [abc4236]이다.

10 다음은 주어진 문제에 대한 갑과 을의 대화이다. 을이 갑의 풀이가 옳지 않다고 했을 때, 책의 쪽수가 될 수 없는 것은?

어떤 책을 하루에 40쪽씩 읽으면 13일째에 다 읽는다고 한다. 이 책은 모두 몇 쪽인가?

갑 : 하루에 40쪽씩 읽고 13일째에 다 읽으니까 $40 \times 13 = 520$(쪽), 즉 이 책의 쪽수는 모두 520 쪽이네.

을 : 꼭 그렇지만은 않아.

① 480쪽
② 485쪽
③ 490쪽
④ 500쪽

해설 12일째까지 $40 \times 12 = 480$쪽을 읽고,
마지막 날인 13일째에는 최소 1쪽에서 최대 40쪽까지 읽을 수 있으므로
이 책의 쪽수는 481쪽 이상 520쪽 이하이다.

11 A사는 1억 원을 투자하여 연간 15%의 수익률을 올리는 것을 목표로 새로운 택배서비스를 시작하였다. 이 때, 택배서비스의 목표수입가격은 얼마가 적당한가? (단, 예상 취급량 30,000개/연, 택배서비스 취급원가 1,500원/개)

① 1,000원　　　　　　　　　　　　② 1,500원

③ 2,000원　　　　　　　　　　　　④ 2,500원

> ✔해설　1억 원을 투자하여 15%의 수익률을 올리므로 수익은 15,000,000원이다. 예상 취급량이 30,000개이므로 15,000,000÷30,000=500(원)이고, 취급원가가 1,500원이므로 목표수입가격은 1,500+500=2,000(원)이 된다.

12 어느 인기 그룹의 공연을 준비하고 있는 기획사는 다음과 같은 조건으로 총 1,500장의 티켓을 판매하려고 한다. 티켓 1,500장을 모두 판매한 금액이 6,000만 원이 되도록 하기 위해 판매해야 할 S석 티켓의 수를 구하면?

> ㈎ 티켓의 종류는 R석, S석, A석 세 가지이다.
> ㈏ R석, S석, A석 티켓의 가격은 각각 10만 원, 5만 원, 2만 원이고, A석 티켓의 수는 R석과 S석 티켓의 수의 합과 같다.

① 450장　　　　　　　　　　　　② 600장

③ 750장　　　　　　　　　　　　④ 900장

> ✔해설　조건 ㈎에서 R석의 티켓의 수를 a, S석의 티켓의 수를 b, A석의 티켓의 수를 c라 놓으면
> $a+b+c=1,500$ …… ㉠
> 조건 ㈏에서 R석, S석, A석 티켓의 가격은 각각 10만 원, 5만 원, 2만 원이므로
> $10a+5b+2c=6,000$ …… ㉡
> A석의 티켓의 수는 R석과 S석 티켓의 수의 합과 같으므로
> $a+b=c$ …… ㉢
> 세 방정식 ㉠, ㉡, ㉢을 연립하여 풀면
> ㉠, ㉢에서 $2c=1,500$ 이므로 $c=750$
> ㉠, ㉡에서 연립방정식
> $\begin{cases} a+b=750 \\ 2a+b=900 \end{cases}$
> 을 풀면 $a=150$, $b=600$ 이다.
> 따라서 구하는 S석의 티켓의 수는 600장이다.

13 그림은 ∠B = 90°인 직각삼각형 ABC의 세 변을 각각 한 변으로 하는 정사각형을 그린 것이다. □ADEB의 넓이는 9이고 □BFGC의 넓이가 4일 때, □ACHI의 넓이는?

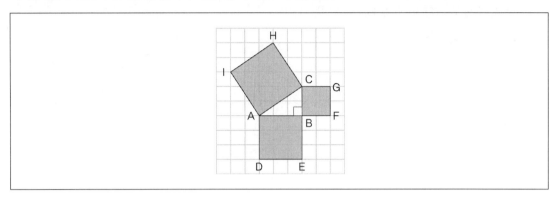

① 13

② 14

③ 15

④ 16

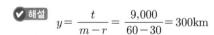 □ADEB의 넓이는 9이고 □BFGC의 넓이가 4이므로, $\overline{AB}$의 길이는 3이고 $\overline{BC}$의 길이는 2이다. 피타고라스의 정리에 의하면 직각삼각형에서 직각을 끼고 있는 두 변의 제곱의 합은 빗변의 길이의 제곱과 같으므로, $\overline{AC}$의 길이를 x라고 할 때, $x^2 = 9 + 4 = 13$이다.

14 아래의 조건을 활용하여 트럭의 철도에 대한 경쟁가능거리한도를 구하면?

- y = 트럭의 경쟁가능 거리 한도
- t = 톤 당 철도운임 : 9,000원
- m = 트럭의 톤 km당 운임 : 60원
- r = 철도의 톤 km당 운임 : 30원

① 100km

② 200km

③ 300km

④ 400km

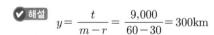 $y = \dfrac{t}{m-r} = \dfrac{9,000}{60-30} = 300km$

15 차고 및 A, B, C 간의 거리는 아래의 표와 같다. 차고에서 출발하여 A, B, C 3개의 수요지를 각각 1대의 차량이 방문하는 경우에 비해, 1대의 차량으로 3개의 수요지를 모두 방문하고 차고지로 되돌아오는 경우, 수송 거리가 최대 몇 km 감소되는가?

구분	A	B	C
차고	10	13	12
A	–	5	10
B	–	–	7

① 24   ② 30

③ 36   ④ 58

✔해설 A, B, C의 장소를 각각 1대의 차량으로 방문할 시의 수송거리는(10 + 13 + 12)×2 =70km, 하나의 차량으로 3곳 수요지를 방문하고 차고지로 되돌아오는 경우의 수송거리 10 + 5 + 7 + 12 = 34km, 그러므로 70-34 = 36km가 된다.

16 다음 ABC무역주식회사는 플라즈마 TV 핵심부품을 항공편으로 미국 뉴욕에 수출할 예정이다. 수출 시 보험과 다른 수송비 등 여타조건은 무시하고 아래 사항만을 고려할 경우에 항공운임은 얼마인가?

> ㉠ 플라즈마 TV 핵심부품이 내장되고 포장된 상자의 무게는 40kg이다.
> ㉡ 상기 상자의 용적은 가로 80cm, 세로 60cm, 높이 70cm인 직육면체이다.
> ㉢ 항공운임은 중량 또는 부피 중 큰 것을 적용하기로 한다.
> ㉣ 요율(최저운임은 US$ 200)
> • 50kg 미만 : US$ 17/kg
> • 50kg 이상~60kg 미만 : US$ 13/kg
> • 60kg 이상~80kg 미만 : US$ 10/kg
> • 80kg 이상~100kg 미만 : US$ 7/kg

① US$ 334   ② US$ 680

③ US$ 720   ④ US$ 728

✔해설 ④ 실제중량 40kg와 용적중량 $\frac{(80 \times 60 \times 70)}{6,000} = 56$kg 중 더 큰 중량인 56kg을 적용하여 항공운임을 계산하면 $56 \times 13 = 728$이다.

17 3개월의 인턴기간 동안 업무평가 점수가 가장 높았던 甲, 乙, 丙, 丁 네 명의 인턴에게 성과급을 지급했다. 제시된 조건에 따라 성과급은 甲 인턴부터 丁 인턴까지 차례로 지급되었다고 할 때, 네 인턴에게 지급된 성과급 총액은 얼마인가?

- 甲 인턴은 성과급 총액의 1/3보다 20만 원 더 받았다.
- 乙 인턴은 甲 인턴이 받고 남은 성과급의 1/2보다 10만 원을 더 받았다.
- 丙 인턴은 乙 인턴이 받고 남은 성과급의 1/3보다 60만 원을 더 받았다.
- 丁 인턴은 丙 인턴이 받고 남은 성과급의 1/2보다 70만 원을 더 받았다.

---

① 860만 원

② 900만 원

③ 940만 원

④ 960만 원

✔해설 丁 인턴은 甲, 乙, 丙 인턴에게 주고 남은 성과급의 1/2보다 70만 원을 더 받았다고 하였으므로, 전체 성과급에서 甲, 乙, 丙 인턴에게 주고 남은 성과급을 x라고 하면

丁 인턴이 받은 성과급 $= \frac{1}{2}x + 70 = x$ (∵ 마지막에 받은 丁 인턴에게 남은 성과급을 모두 주는 것이 되므로), ∴ $x = 140$이다.

丙 인턴은 甲, 乙 인턴에게 주고 남은 성과급의 1/3보다 60만 원을 더 받았다고 하였는데, 여기서 甲, 乙 인턴에게 주고 남은 성과급의 2/3는 丁 인턴이 받은 140만 원 + 丙 인턴이 더 받을 60만 원이 되므로, 丙 인턴이 받은 성과급은 160만 원이다.

乙 인턴은 甲 인턴에게 주고 남은 성과급의 1/2보다 10만 원을 더 받았다고 하였는데, 여기서 甲 인턴에게 주고 남은 성과급의 1/2은 丙, 丁 인턴이 받은 300만 원 + 乙 인턴이 더 받을 10만 원이 되므로, 乙 인턴이 받은 성과급은 320만 원이다.

甲 인턴은 성과급 총액의 1/3보다 20만 원 더 받았다고 하였는데, 여기서 성과급 총액의2/3은 乙, 丙, 丁 인턴이 받은 620만 원 + 甲 인턴이 더 받을 20만 원이 되므로, 甲 인턴이 받은 성과급은 340만 원이다.

따라서 네 인턴에게 지급된 성과급 총액은 340 + 320 + 160 + 140 = 960만 원이다.

18 다음 표는 ⑺, ⑷, ⑸ 세 기업의 남자 사원 400명에 대해 현재의 노동 조건에 만족하는가에 관한 설문 조사를 실시한 결과이다. ㉠~㉣ 중에서 옳은 것은 어느 것인가?

구분	불만	보통	만족	계
⑺ 회사	34	38	50	122
⑷ 회사	73	11	58	142
⑸ 회사	71	41	24	136

㉠ 이 설문 조사에서는 현재의 노동 조건에 대해 불만을 나타낸 사람은 과반수를 넘지 않는다.
㉡ 가장 불만 비율이 높은 기업은 ⑸ 회사이다.
㉢ '보통'이라고 회답한 사람이 가장 적은 ⑷ 회사는 가장 노동조건이 좋은 기업이다.
㉣ 만족이라고 답변한 사람이 가장 많은 ⑷ 회사가 가장 노동조건이 좋은 회사이다.

① ㉠, ㉡   ② ㉠, ㉢
③ ㉠, ㉣   ④ ㉡, ㉢

✔해설 각 회사의 조사 회답 지수를 100%로 하고 각각의 회답을 집계하면 다음과 같은 표가 된다.

구분	불만	보통	만족	계
⑺ 회사	34(27.9)	38(31.1)	50(41.0)	122(100.0)
⑷ 회사	73(51.4)	11(7.7)	58(40.8)	142(100.0)
⑸ 회사	71(52.2)	41(30.1)	24(17.6)	136(100.0)
계	178(44.5)	90(22.5)	132(33.0)	400(100.0)

19 A사는 10대의 화물자동차를 운영하고 있다. 개별 차의 연간 총 운행거리는 50,000km이며, 각 차량은 4개의 타이어를 부착하고 있고, 타이어 교환주기는 25,000km이다. 타이어 한 개의 가격을 10만 원이라 할 때 A사의 연간타이어 소모비용은 얼마인가?

① 800만 원   ② 1,000만 원
③ 1,600만 원   ④ 2,000만 원

✔해설 연간 타이어 소모비용=화물자동차 10대 ×타이어 4개×연간 교환횟수 2회×타이어 한 개의 가격 10만 원=800만 원

20 새로운 철로건설 계획에 따라 A, B, C의 세 가지 노선이 제시되었다. 철로 완공 후 연간 평균 기차 통행량은 2만 대로 추산될 때, 건설비용과 사회적 손실비용이 가장 큰 철로를 바르게 짝지은 것은?

- 각 노선의 총 길이는 터널구간 길이와 교량구간 길이 그리고 일반구간 길이로 구성된다.
- 건설비용은 터널구간, 교량구간, 일반구간 각각 1km당 1,000억 원, 200억 원, 100억 원이 소요된다.
- 운행에 따른 사회적 손실비용은 기차 한 대가 10km를 운행할 경우 1,000원이다.
- 다음 표는 각 노선의 구성을 보여 주고 있다.

노선	터널구간 길이	교량구간 길이	총 길이
A	1.2km	0.5km	10km
B	0	0	20km
C	0.8km	1.5km	15km

	건설비용이 가장 큰 철로	사회적 손실비용이 가장 큰 철로
①	A	B
②	B	C
③	C	A
④	C	B

✔해설 각 노선의 건설비용과 사회적 손실비용을 구하면 다음과 같다.

노선	구분	비용
A	건설비용	$(1.2 \times 1,000) + (0.5 \times 200) + (8.3 \times 100) = 2,130$억 원
	사회적 손실비용	$20,000 \times 1,000 = 20,000,000$원
B	건설비용	$20 \times 100 = 2,000$억 원
	사회적 손실비용	$20,000 \times 1,000 \times 2 = 40,000,000$원
C	건설비용	$(0.8 \times 1,000) + (1.5 \times 200) + (12.7 \times 100) = 2,370$억 원
	사회적 손실비용	$20,000 \times 1,000 \times 1.5 = 30,000,000$원

21 ㈜ A사의 배송센터에 도착한 트럭의 수는 4월에서 8월까지 다음 자료와 같다. 3개월 이동평균법으로 9월에 도착할 트럭의 수를 예측하면?

월	4월	5월	6월	7월	8월
트럭 수	450	200	480	300	420

① 300
② 350
③ 400
④ 450

✔해설 3개월간 이동평균법을 이용하여 9월에 도착할 트럭의 수를 구하면 다음과 같다.

$$\frac{480+300+420}{3}=400$$

22 갑 회사의 5월 중 자재에 관한 거래 내역은 다음과 같다. 선입선출(FIFO) 방법으로 5월에 출고한 자재의 재료비를 구하면 얼마인가?

일자	활동내역	개수	단가
5월 2일	매입	50개	₩100
5월 10일	매입	50개	₩120
5월 15일	출고	60개	
5월 20일	매입	50개	₩140
5월 25일	출고	70개	

① ₩18,000
② ₩15,200
③ ₩9,000
④ ₩7,600

✔해설 선입선출법을 사용하여 먼저 매입한 자재를 먼저 출고하는 방식으로 계산하면
5월 15일 60개 출고 $=50\times100+10\times120=$₩6,200
5월 24일 70개 출고 $=40\times120+30\times140=$₩9,000
∴ 5월 출고 재료비$=$₩15,200

23 아래와 같은 조건의 창고에서 포크리프트는 몇 대가 필요한가?

- 창고의 팰릿 보관능력 : 5,000개
- 창고의 연간 재고 회전율 : 12회
- 포크리프트의 연간 가동 일수 : 300일
- 포크리프트의 1일 작업시간 : 10시간
- 포크리프트 1대가 1개의 팰릿을 처리하는 데 걸리는 시간 : 30분

① 10대 ② 12대
③ 15대 ④ 20대

✔ 해설 창고의 연간 팰릿 개수 = 5,000×12 = 60,000
포크리프트의 연간 처리횟수 = 300일×10시간×(시간당 2개 처리)2 = 6,000
포크리프트의 수 = 60,000/6,000 = 10대

24 다음 자료를 보고 주어진 상황에 대해 물음에 답하시오.

〈근로소득에 대한 간이 세액표〉

월 급여액(천 원) [비과세 및 학자금 제외]		공제대상 가족 수				
이상	미만	1	2	3	4	5
2,500	2,520	38,960	29,280	16,940	13,570	10,190
2,520	2,540	40,670	29,960	17,360	13,990	10,610
2,540	2,560	42,380	30,640	17,790	14,410	11,040
2,560	2,580	44,090	31,330	18,210	14,840	11,460
2,580	2,600	45,800	32,680	18,640	15,260	11,890
2,600	2,620	47,520	34,390	19,240	15,680	12,310
2,620	2,640	49,230	36,100	19,900	16,110	12,730
2,640	2,660	50,940	37,810	20,560	16,530	13,160
2,660	2,680	52,650	39,530	21,220	16,960	13,580
2,680	2,700	54,360	41,240	21,880	17,380	14,010
2,700	2,720	56,070	42,950	22,540	17,800	14,430
2,720	2,740	57,780	44,660	23,200	18,230	14,850
2,740	2,760	59,500	46,370	23,860	18,650	15,280

※ 갑근세는 제시되어 있는 간이 세액표에 따름
※ 주민세＝갑근세의 10%
※ 국민연금＝급여액의 4.50%
※ 고용보험＝국민연금의 10%
※ 건강보험＝급여액의 2.90%
※ 교육지원금＝분기별 100,000원(매 분기별 첫 달에 지급)

강○○ 사원의 12월 급여내역이 다음과 같고 전월과 동일하게 근무하였으며 명절 상여금으로 100,000원을 받게 된다면, 이듬해 1월에 받게 되는 급여는 얼마인가? (단, 원 단위 절삭)

(주) 서원플랜테크 12월 급여내역			
성명	강○○	지급일	12월 12일
기본급여	2,030,000	갑근세	30,640
직무수당	460,000	주민세	3,060
명절 상여금		고용보험	11,430
특별수당		국민연금	114,300
차량지원금	50,000	건강보험	73,660
교육지원		기타	
급여계	2,540,000	공제합계	233,090
		지급총액	2,306,910

① 2,453,910
② 2,463,910
③ 2,473,910
④ 2,483,910

 해설

기본급여	2,030,000	갑근세	46,370
직무수당	460,000	주민세	4,630
명절 상여금	100,000	고용보험	12,330
특별수당		국민연금	123,300
차량지원금	50,000	건강보험	79,460
교육지원	100,000	기타	
급여계	2,740,000	공제합계	266,090
		지급총액	2,473,910

Answer 24.③

25 〈표1〉은 정서 표현 수준을 측정하는 설문지에 대한 참가자 A의 반응이고, 〈표2〉는 전체 조사 대상자(표본)의 정서 표현 영역별 평균값이다. A의 점수를 바르게 나타낸 것은?

〈표1〉

문항	문항 내용	전혀 그렇지 않다	거의 그렇지 않다	가끔 그렇다	자주 그렇다	항상 그렇다
1	나는 주위 사람이 알아차릴 정도로 화를 낸다.	1	2	3	4	⑤
2	나는 친구들 앞에서 잘 웃는다.	1	2	③	4	5
3	나는 혼자 있을 때 과거의 일을 생각하고 크게 웃는다.	1	2	③	4	5
4	나는 일이 뜻대로 되지 않을 땐 실망감을 표현한다.	1	2	3	④	5

* 긍정 정서 표현 점수는 문항 2와 3을, 부정 정서 표현 점수는 문항 1과 4를, 전체 표현 점수는 모든 문항을 합산하여 계산한다.

〈표2〉

정서 표현 영역	표본의 평균값
긍정 정서 표현	8.1
부정 정서 표현	6.3
전체 표현성	14.4

	긍정 정서 표현 점수	부정 정서 표현 점수
①	9	6
②	8	7
③	7	8
④	6	9

✔해설 긍정 정서 표현 점수는 2, 3번 문항의 점수를 합하고, 부정 정서 표현 점수는 1, 4번 문항의 점수를 합하면 되므로 긍정 정서 표현 점수는 6, 부정 정서 표현 점수는 9이다.

26 주어진 자료를 보고 물음에 답하시오.

▶ 타이어 치수 및 호칭 표기법

$\underline{205}$	$\underline{55}$	$\underline{R}$	$\underline{16}$	$\underline{91}$	$\underline{V}$
단면폭	편평비	레이디얼	림내경	하중지수	속도계수

① 단면폭 : 타이어가 지면에 닿는 부분(mm)

② 편평비 : 타이어 단면의 폭에 대한 높이의 비율로서 시리즈라고도 한다. 과거에는 주로 100(높이와 폭이 같음)이었으나 점차 70, 60, 50, 40 등으로 낮아지고 있다. 고성능 타이어일수록 단면높이가 낮아진다. 편평비가 낮으면 고속주행시 안정감이 높고, 편평비가 높을수록 승차감이 좋지만 안정감이 떨어진다.

$$편평비(\%) = \frac{단면높이(H)}{단면폭(W)} \times 100$$

③ 레이디얼구조

　　Z : 방향성 및 고속 주행 타이어

　　R : 레이디얼 타이어

④ 림내경 : 타이어 내경(인치)

⑤ 하중지수 : 타이어 1개가 최대로 지탱할 수 있는 무게

하중지수	kg	하중지수	kg	하중지수	kg	하중지수	kg
62	265	72	355	82	475	92	630
63	272	73	365	83	487	93	650
64	280	74	375	84	500	94	670
65	290	75	387	85	515	95	690
66	300	76	400	86	530	96	710
67	307	77	412	87	545	97	730
68	315	78	425	88	560	98	750
69	325	79	437	89	580	99	775
70	335	80	450	90	600	100	800
71	345	81	462	91	615	101	825

⑥ 속도기호 : 타이어의 최대속도를 표시하는 기호를 말하며 속도기호에 상응하는 속도는 아래 표와 같다.

속도기호	Q	S	H	V	W	Y
속도(km/h)	160	180	210	240	270	300

다음과 같은 차량의 제원을 고려하여 타이어를 구매하려고 할 때, 구매해야 될 타이어 규격으로 적당한 것은?

차량 최대 속도	250km/h
휠 사이즈	20inch
최적 편평비	50
공차중량	2,320kg

① 225/55/ZR 20 88 Y
② 245/50/ZR 20 94 W
③ 235/55/R 19 91 W
④ 단면폭이 230mm이고, 단면높이가 138mm인 타이어

해설 ① 하중지수 88을 kg으로 환산하면 2,240kg이므로 공차중량보다 가볍다.
③ 림내경이 맞지 않다.
④ 편평비가 60으로 제원을 고려하였을 때 적당하지 않다.

|27~28| 다음 상황과 자료를 보고 물음에 답하시오.

발신인	(주)바디버디 권○○ 대리
수신인	갑, 을, 병, 정
내용	안녕하세요! (주)바디버디 권○○ 대리입니다. 올해 상반기 업계 매출 1위 달성을 기념하여 현재 특별 프로모션이 진행되고 있습니다. 이번 기회가 기업용 안마의자를 합리적인 가격으로 구입하실 수 있는 가장 좋은 시기라고 여겨집니다. 아래에 첨부한 설명서와 견적서를 꼼꼼히 살펴보시고 궁금한 사항에 대해서 언제든 문의하시기 바랍니다.
첨부파일	구매 관련 설명서 #1, #2, 견적서 #3, #4, #5

구매 관련 설명서 #1

구분	리스	현금구입(할부)
기기명의	리스회사	구입자
실 운영자	리스이용자(임대인)	구입자
중도 해약	가능	–
부가가치세	면세 거래	–
기간 만료	반납/매입/재 리스	–

구매 관련 설명서 #2

– 절세 효과 : 개인 사업자 및 법인 사업자는 매년 소득에 대한 세금을 납부합니다. 이때, 신고, 소득에 대한 과세대상금액에서 리스료(리스회사에 매월 불입하는 불입금)전액을 임차료 성격으로서 제외시킬 수 있습니다. (법인세법상 리스료의 비용인정 – 법인세법 제18조에 의거 사업용 자산에 대한 임차료로 보아 필요경비로 인정함.)

적용세율(주민세 포함)			
법인 사업자		개인 사업자	
과세표준구간	적용세율	과세표준구간	적용세율
2억 이하	11.2%	1,200만 원 이하	8.8%
2억 초과	22.4%	1,200만 원 초과~4,600만 원 이하	18.7%
		4,600만 원 초과~8,800만 원 이하	28.6%
		8,800만 원 초과	38.5%

– 법인 사업자 절세 예시

예를 들어, ○○법인의 작년 매출액이 5억 원이고 비용이 2억8천만 원이라면 ○○법인은 수익 2억2천만 원을 과세표준으로 계산시 2,688만 원의 법인세가 부가됩니다.

> 과세표준 : 2억 이하 ⇒ 2억 원×11.2%=2,240만 원
>
> 과세표준 : 2억 초과 ⇒ 2천만 원×22.4%=448만 원
>
> 법인세 총액=2,688만 원

만약 ○○법인이 안마의자 리스를 이용하고 1년간 납부한 총 임대료가 2천만 원이었다면, 수익은 2억 원(⇒2억2천만 원−2천만 원)이 되고, 비용은 3억 원(2억8천만 원+2천만 원)이 됩니다.

이에 따라 수익 2억 원을 과세표준으로 하면 법인세 2,240만 원만 부과되어 448만 원(2,688만 원−2,240만 원=448만 원)의 절세효과를 얻으실 수 있습니다.

이를 통상 리스 약정기간인 3년으로 설정하는 경우 448만 원×3년=1,344만 원의 절세 효과를 얻으실 수 있습니다.

물론 리스 이용료가 크면 클수록 절세효과는 더욱 더 크게 누리실 수 있습니다.

견적서 #3

안마의자	모델명	Body Buddy Royal-7	
	선택사양	STMC-5400	색상

가격/원가 구성

가격사항	기본가격	25,000,000	리스종류(기간)	운용리스(39개월)	
	프로모션	3,000,000	등록명의	리스사	
	탁송료		약정	39개월	
	안마의자 가격(리스 이용금액)	22,000,000	만기처리	반납/구매/재 리스	
초기부담금		2,500,000	월 납입금(리스료)	39회	690,000
메모	리스 이용 프로모션 3,000,000 리스 이용시 연이율 8% 적용 설치일로부터 18개월 미만 해지시 위약금 – 남은 약정금액의 20% 설치일로부터 18개월 이후 해지시 위약금 – 남은 약정금액의 10%				

견적서 #4

안마의자	모델명	Body Buddy Royal-7		
	선택사양	STMC-5400	색상	

가격/원가 구성

가격사항	기본가격	25,000,000	할부 기간	39개월	
	프로모션	2,400,000	등록명의	개인	
	탁송료				
	안마의자 가격(할부 이용금액)	22,600,000			
초기부담금		2,500,000	월 납입금(할부금)	39회	590,000
메모	할부 이용 프로모션 2,400,000 할부 이용시 연이율 3% 적용, 선수금 10% 오를 시 할부 연이율 0.5% 하락				

견적서 #5

안마의자	모델명	Body Buddy Royal-7		
	선택사양	STMC-5400	색상	

가격/원가 구성

가격사항	기본가격	25,000,000
	프로모션	1,800,000
	탁송료	
	안마의자 가격	23,200,000
메모	일시불 프로모션 1,800,000	

27 개인이 할부로 안마의자를 구입하는 경우 500만 원의 초기비용을 지불하면 연이율은 몇 %가 적용되는가?

① 2.5%
② 3.0%
③ 3.5%
④ 4.0%

✔해설 할부 이용시 연이율은 3%가 적용되지만, 선수금이 10% 오르는 경우 0.5% 하락하므로 초기비용으로 500만 원을 지불하면 연이율은 2.5%가 적용된다.

28 법인사업자가 안마의자를 리스로 이용하다가 20개월이 된 시점에서 약정을 해지한다면 위약금은 얼마인가?

① 1,291,000원
② 1,301,000원
③ 1,311,000원
④ 1,321,000원

✔해설 설치일로부터 18개월 이후 해지시 위약금은 남은 약정금액의 10%이므로
(690,000원×19회)×0.1=1,311,000원

| 29~30 | 아래의 주간 환율표를 보고 물음에 답하시오.

구분	원/달러	원/유로	원/엔	원/파운드	원/위안
첫째 주	945.54	1211.14	8.54	1770.54	118.16
둘째 주	963.14	1210.64	8.42	1763.55	118.64
셋째 주	934.45	1207.33	8.30	1763.62	119.51
넷째 주	964.54	1113.54	9.12	1663.47	120.64

29 A회사는 첫째 주에 중국에서 7,800켤레의 신발을 단가 200위안에 수입하였고, 일본에 6,400개의 목걸이를 단가 2,000엔에 수출하였다. 수입 금액과 수출 금액의 차이는?

① 101,451,120원
② 75,017,600원
③ 74,146,500원
④ 42,654,000원

✔ 해설 ㉠ 수입 금액 : $7,800 \times 200 \times 118.16 = 184,329,600$(원)
　　　　㉡ 수출 금액 : $6,400 \times 2,000 \times 8.54 = 109,312,000$(원)
　　　　∴ ㉠-㉡ = 75,017,600(원)

30 일본의 넷째 주 환율은 셋째 주 환율에 비해 몇 % 증가하였는가? (단, 소수점 둘째 자리에서 반올림한다)

① 15.5%
② 12.4%
③ 10.0%
④ 9.9%

✔ 해설 $\dfrac{9.12 - 8.30}{8.30} \times 100$
$= \dfrac{0.82}{8.30} \times 100$
∴ 9.87(%)

Answer　29.② 30.④

86 » Part 02. NCS 직업기초능력평가

CHAPTER 03 문제해결능력

1 문제와 문제해결

(1) 문제의 정의와 분류

① 정의 : 문제란 업무를 수행함에 있어서 답을 요구하는 질문이나 의논하여 해결해야 되는 사항이다.

② 문제의 분류

구분	창의적 문제	분석적 문제
문제제시 방법	현재 문제가 없더라도 보다 나은 방법을 찾기 위한 문제 탐구→문제 자체가 명확하지 않음	현재의 문제점이나 미래의 문제로 예견될 것에 대한 문제 탐구→문제 자체가 명확함
해결방법	창의력에 의한 많은 아이디어의 작성을 통해 해결	분석, 논리, 귀납과 같은 논리적 방법을 통해 해결
해답 수	해답의 수가 많으며, 많은 답 가운데 보다 나은 것을 선택	답의 수가 적으며 한정되어 있음
주요특징	주관적, 직관적, 감각적, 정성적, 개별적, 특수성	객관적, 논리적, 정량적, 이성적, 일반적, 공통성

(2) 업무수행과정에서 발생하는 문제 유형

① 발생형 문제(보이는 문제) : 현재 직면하여 해결하기 위해 고민하는 문제이다. 원인이 내재되어 있기 때문에 원인지향적인 문제라고도 한다.
　　㉠ 일탈문제 : 어떤 기준을 일탈함으로써 생기는 문제
　　㉡ 미달문제 : 어떤 기준에 미달하여 생기는 문제

② 탐색형 문제(찾는 문제) : 현재의 상황을 개선하거나 효율을 높이기 위한 문제이다. 방치할 경우 큰 손실이 따르거나 해결할 수 없는 문제로 나타나게 된다.
　　㉠ 잠재문제 : 문제가 잠재되어 있어 인식하지 못하다가 확대되어 해결이 어려운 문제
　　㉡ 예측문제 : 현재로는 문제가 없으나 현 상태의 진행 상황을 예측하여 찾아야 앞으로 일어날 수 있는 문제가 보이는 문제

ⓒ **발견문제** : 현재로서는 담당 업무에 문제가 없으나 선진기업의 업무 방법 등 보다 좋은 제도나 기법을 발견하여 개선시킬 수 있는 문제

③ **설정형 문제(미래 문제)** : 장래의 경영전략을 생각하는 것으로 앞으로 어떻게 할 것인가 하는 문제이다. 문제해결에 창조적인 노력이 요구되어 창조적 문제라고도 한다.

D회사 신입사원으로 입사한 귀하는 신입사원 교육에서 업무수행과정에서 발생하는 문제 유형 중 설정형 문제를 하나씩 찾아오라는 지시를 받았다. 이에 대해 귀하는 교육받은 내용을 다시 복습하려고 한다. 설정형 문제에 해당하는 것은?

① 현재 직면하여 해결하기 위해 고민하는 문제
② 현재의 상황을 개선하거나 효율을 높이기 위한 문제
③ 앞으로 어떻게 할 것인가 하는 문제
④ 원인이 내재되어 있는 원인지향적인 문제

출제의도
업무수행 중 문제가 발생하였을 때 문제 유형을 구분하는 능력을 측정하는 문항이다.

해 설
업무수행과정에서 발생하는 문제 유형으로는 발생형 문제, 탐색형 문제, 설정형 문제가 있으며 ①④는 발생형 문제이며 ②는 탐색형 문제, ③이 설정형 문제이다.

 답 ③

---

(3) 문제해결

① **정의** : 목표와 현상을 분석하고 이 결과를 토대로 과제를 도출하여 최적의 해결책을 찾아 실행·평가해 가는 활동이다.

② **문제해결에 필요한 기본적 사고**
　　㉠ **전략적 사고** : 문제와 해결방안이 상위 시스템과 어떻게 연결되어 있는지를 생각한다.
　　㉡ **분석적 사고** : 전체를 각각의 요소로 나누어 그 의미를 도출하고 우선순위를 부여하여 구체적인 문제해결방법을 실행한다.
　　㉢ **발상의 전환** : 인식의 틀을 전환하여 새로운 관점으로 바라보는 사고를 지향한다.
　　㉣ **내·외부자원의 활용** : 기술, 재료, 사람 등 필요한 자원을 효과적으로 활용한다.

③ **문제해결의 장애요소**
　　㉠ 문제를 철저하게 분석하지 않는 경우
　　㉡ 고정관념에 얽매이는 경우
　　㉢ 쉽게 떠오르는 단순한 정보에 의지하는 경우
　　㉣ 너무 많은 자료를 수집하려고 노력하는 경우

④ 문제해결방법

  ㉠ **소프트 어프로치** : 문제해결을 위해서 직접적인 표현보다는 무언가를 시사하거나 암시를 통하여 의사를 전달하여 문제해결을 도모하고자 한다.

  ㉡ **하드 어프로치** : 상이한 문화적 토양을 가지고 있는 구성원을 가정하고, 서로의 생각을 직설적으로 주장하고 논쟁이나 협상을 통해 서로의 의견을 조정해 가는 방법이다.

  ㉢ **퍼실리테이션(facilitation)** : 촉진을 의미하며 어떤 그룹이나 집단이 의사결정을 잘 하도록 도와주는 일을 의미한다.

2 문제해결능력을 구성하는 하위능력

(1) 사고력

① **창의적 사고** : 개인이 가지고 있는 경험과 지식을 통해 새로운 가치 있는 아이디어를 산출하는 사고 능력이다.

  ㉠ 창의적 사고의 특징

  • 정보와 정보의 조합

  • 사회나 개인에게 새로운 가치 창출

  • 창조적인 가능성

예제 2

M사 홍보팀에서 근무하고 있는 귀하는 입사 5년차로 창의적인 기획안을 제출하기로 유명하다. S부장은 이번 신입사원 교육 때 귀하에게 창의적인 사고란 무엇인지 교육을 맡아달라고 부탁하였다. 창의적인 사고에 대한 귀하의 설명으로 옳지 않은 것은?

① 창의적인 사고는 새롭고 유용한 아이디어를 생산해 내는 정신적인 과정이다.

② 창의적인 사고는 특별한 사람들만이 할 수 있는 대단한 능력이다.

③ 창의적인 사고는 기존의 정보들을 특정한 요구조건에 맞거나 유용하도록 새롭게 조합시킨 것이다.

④ 창의적인 사고는 통상적인 것이 아니라 기발하거나, 신기하며 독창적인 것이다.

출제의도

창의적 사고에 대한 개념을 정확히 파악하고 있는지를 묻는 문항이다.

해 설

흔히 사람들은 창의적인 사고에 대해 특별한 사람들만이 할 수 있는 대단한 능력이라고 생각하지만 그리 대단한 능력이 아니며 이미 알고 있는 경험과 지식을 해체하여 다시 새로운 정보로 결합하여 가치 있는 아이디어를 산출하는 사고라고 할 수 있다.

답 ②

ⓛ 발산적 사고 : 창의적 사고를 위해 필요한 것으로 자유연상법, 강제연상법, 비교발상법 등을 통해 개발할 수 있다.

구분	내용
자유연상법	생각나는 대로 자유롭게 발상 ex) 브레인스토밍
강제연상법	각종 힌트에 강제적으로 연결 지어 발상 ex) 체크리스트
비교발상법	주제의 본질과 닮은 것을 힌트로 발상 ex) NM법, Synectics

Point ≫ 브레인스토밍

ㄱ 진행방법
- 주제를 구체적이고 명확하게 정한다.
- 구성원의 얼굴을 볼 수 있는 좌석 배치와 큰 용지를 준비한다.
- 구성원들의 다양한 의견을 도출할 수 있는 사람을 리더로 선출한다.
- 구성원은 다양한 분야의 사람들로 5~8명 정도로 구성한다.
- 발언은 누구나 자유롭게 할 수 있도록 하며, 모든 발언 내용을 기록한다.
- 아이디어에 대한 평가는 비판해서는 안 된다.

ㄴ 4대 원칙
- 비판엄금(Support) : 평가 단계 이전에 결코 비판이나 판단을 해서는 안 되며 평가는 나중까지 유보한다.
- 자유분방(Silly) : 무엇이든 자유롭게 말하고 이런 바보 같은 소리를 해서는 안 된다는 등의 생각은 하지 않아야 한다.
- 질보다 양(Speed) : 질에는 관계없이 가능한 많은 아이디어들을 생성해내도록 격려한다.
- 결합과 개선(Synergy) : 다른 사람의 아이디어에 자극되어 보다 좋은 생각이 떠오르고, 서로 조합하면 재미있는 아이디어가 될 것 같은 생각이 들면 즉시 조합시킨다.

② 논리적 사고 : 사고의 전개에 있어 전후의 관계가 일치하고 있는가를 살피고 아이디어를 평가하는 사고능력이다.

ㄱ 논리적 사고를 위한 5가지 요소 : 생각하는 습관, 상대 논리의 구조화, 구체적인 생각, 타인에 대한 이해, 설득

ㄴ 논리적 사고 개발 방법
- 피라미드 구조 : 하위의 사실이나 현상부터 사고하여 상위의 주장을 만들어가는 방법
- so what기법 : '그래서 무엇이지?'하고 자문자답하여 주어진 정보로부터 가치 있는 정보를 이끌어 내는 사고 기법

③ 비판적 사고 : 어떤 주제나 주장에 대해서 적극적으로 분석하고 종합하며 평가하는 능동적인 사고이다.

ㄱ 비판적 사고 개발 태도 : 비판적 사고를 개발하기 위해서는 지적 호기심, 객관성, 개방성, 융통성, 지적 회의성, 지적 정직성, 체계성, 지속성, 결단성, 다른 관점에 대한 존중과 같은 태도가 요구된다.

ⓛ 비판적 사고를 위한 태도
- 문제의식 : 비판적인 사고를 위해서 가장 먼저 필요한 것은 바로 문제의식이다. 자신이 지니고 있는 문제와 목적을 확실하고 정확하게 파악하는 것이 비판적인 사고의 시작이다.
- 고정관념 타파 : 지각의 폭을 넓히는 일은 정보에 대한 개방성을 가지고 편견을 갖지 않는 것으로 고정관념을 타파하는 일이 중요하다.

(2) 문제처리능력과 문제해결절차

① 문제처리능력 : 목표와 현상을 분석하고 이를 토대로 문제를 도출하여 최적의 해결책을 찾아 실행·평가하는 능력이다.

② 문제해결절차 : 문제 인식 → 문제 도출 → 원인 분석 → 해결안 개발 → 실행 및 평가
  ㉠ 문제 인식 : 문제해결과정 중 'what'을 결정하는 단계로 환경 분석 → 주요 과제 도출 → 과제 선정의 절차를 통해 수행된다.
  - 3C 분석 : 환경 분석 방법의 하나로 사업환경을 구성하고 있는 요소인 자사(Company), 경쟁사(Competitor), 고객(Customer)을 분석하는 것이다.

예제 3

L사에서 주력 상품으로 밀고 있는 TV의 판매 이익이 감소하고 있는 상황에서 귀하는 B부장으로부터 3C분석을 통해 해결방안을 강구해 오라는 지시를 받았다. 다음 중 3C에 해당하지 않는 것은?

① Customer ② Company
③ Competitor ④ Content

출제의도

3C의 개념과 구성요소를 정확히 숙지하고 있는지를 측정하는 문항이다.

해 설

3C 분석에서 사업 환경을 구성하고 있는 요소인 자사(Company), 경쟁사(Competitor), 고객을 3C(Customer)라고 한다. 3C 분석에서 고객 분석에서는 '고객은 자사의 상품·서비스에 만족하고 있는지'를, 자사 분석에서는 '자사가 세운 달성목표와 현상 간에 차이가 없는지'를 경쟁사 분석에서는 '경쟁기업의 우수한 점과 자사의 현상과 차이가 없는지'에 대한 질문을 통해서 환경을 분석하게 된다.

답 ④

- SWOT 분석 : 기업내부의 강점과 약점, 외부환경의 기회와 위협요인을 분석·평가하여 문제해결 방안을 개발하는 방법이다.

		내부환경요인	
		강점(Strengths)	약점(Weaknesses)
외부환경요인	기회 (Opportunities)	SO 내부강점과 외부기회 요인을 극대화	WO 외부기회를 이용하여 내부약점을 강점으로 전환
	위협 (Threat)	ST 외부위협을 최소화하기 위해 내부강점을 극대화	WT 내부약점과 외부위협을 최소화

ⓛ 문제 도출 : 선정된 문제를 분석하여 해결해야 할 것이 무엇인지를 명확히 하는 단계로, 문제 구조 파악→ 핵심 문제 선정 단계를 거쳐 수행된다.

- Logic Tree : 문제의 원인을 파고들거나 해결책을 구체화할 때 제한된 시간 안에서 넓이와 깊이를 추구하는데 도움이 되는 기술로 주요 과제를 나무모양으로 분해·정리하는 기술이다.

ⓒ 원인 분석 : 문제 도출 후 파악된 핵심 문제에 대한 분석을 통해 근본 원인을 찾는 단계로 Issue 분석→ Data 분석→ 원인 파악의 절차로 진행된다.

ⓡ 해결안 개발 : 원인이 밝혀지면 이를 효과적으로 해결할 수 있는 다양한 해결안을 개발하고 최선의 해결안을 선택하는 것이 필요하다.

ⓜ 실행 및 평가 : 해결안 개발을 통해 만들어진 실행계획을 실제 상황에 적용하는 활동으로 실행계획 수립→ 실행→ Follow-up의 절차로 진행된다.

예제 4

C사는 최근 국내 매출이 지속적으로 하락하고 있어 사내 분위기가 심상치 않다. 이에 대해 Y부장은 이 문제를 극복하고자 문제처리 팀을 구성하여 해결방안을 모색하도록 지시하였다. 문제처리 팀의 문제해결 절차를 올바른 순서로 나열한 것은?

① 문제 인식→ 원인 분석→ 해결안 개발→ 문제 도출→ 실행 및 평가
② 문제 도출→ 문제 인식→ 해결안 개발→ 원인 분석→ 실행 및 평가
③ 문제 인식→ 원인 분석→ 문제 도출→ 해결안 개발→ 실행 및 평가
④ 문제 인식→ 문제 도출→ 원인 분석→ 해결안 개발 → 실행 및 평가

출제의도

실제 업무 상황에서 문제가 일어났을 때 해결 절차를 알고 있는지를 측정하는 문항이다.

해 설

일반적인 문제해결절차는 '문제 인식→ 문제 도출→ 원인 분석→ 해결안 개발 → 실행 및 평가'로 이루어진다.

답 ④

문제해결능력

1 다음 중 업무수행과정에서 발생하는 문제 유형에 대한 설명으로 옳지 않은 것은?

① 발생형 문제는 보이는 문제로, 현재 직면하여 해결하기 위해 고민하는 문제이다.

② 발생형 문제는 원인이 내재되어 있는 문제로, 일탈문제와 미달문제가 있다.

③ 탐색형 문제는 찾는 문제로, 시급하지 않아 방치하더라도 문제가 되지 않는다.

④ 설정형 문제는 장래의 경영전략을 생각하는 것으로 앞으로 어떻게 할 것인가 하는 미래 문제이다.

> ✔해설 ③ 탐색형 문제는 현재의 상황을 개선하거나 효율을 높이기 위한 문제로, 방치할 경우 큰 손실이 따르거나 해결할 수 없는 문제로 나타나게 된다.

2 아이디어를 얻기 위해 의도적으로 시험할 수 있는 7가지 규칙인 SCAMPER 기법에 대한 설명으로 옳지 않은 것은?

① S : 기존의 것을 다른 것으로 대체해 보라.

② C : 제거해 보라.

③ A : 다른 데 적용해 보라.

④ M : 변경, 축소, 확대해 보라.

> ✔해설 S = Substitute : 기존의 것을 다른 것으로 대체해 보라.
> C = Combine : A와 B를 합쳐 보라.
> A = Adapt : 다른 데 적용해 보라.
> M = Modify, Minify, Magnify : 변경, 축소, 확대해 보라.
> P = Put to other uses : 다른 용도로 써 보라.
> E = Eliminate : 제거해 보라.
> R = Reverse, Rearrange : 거꾸로 또는 재배치해 보라.

Answer 1.③ 2.②

3 정원이는 이번 여름휴가에 친구들이랑 걸어서 부산으로 여행을 계획하고 있다. 그러던 중 여러 가지 상황이 변수 (날씨, 직장 등)로 작용하여 여러 가지 교통수단을 생각하게 되었다. 이 때 아래의 표를 참조하여 보완적 평가방식을 활용해 정원이와 친구들이 부산까지 가는 데 있어 효율적으로 이동이 가능한 교통운송 수단을 고르면 어떤 대안의 선택이 가능하게 되겠는가? (보완적 평가방식 : 각 상표에 있어 어떤 속성의 약점을 다른 속성의 강점에 의해 보완하여 전반적인 평가를 내리는 방식을 말함)

평가의 기준	중요도	교통운송수단에 관한 평가			
		비행기	기차	고속버스	승용차
경제성	20	4	5	4	3
디자인	30	4	4	5	7
승차감	40	7	5	7	8
속도	50	9	8	5	6

① 기차   ② 비행기

③ 고속버스   ④ 승용차

 보완적 평가방식은 각 상표에 있어 어떤 속성의 약점을 다른 속성의 강점에 의해 보완하여 전반적인 평가를 내리는 방식을 의미한다. 한 가지 예로서 비행기의 경우 속성별 평가점수가 4, 4, 7, 9점이며, 각 속성이 평가에서 차지하는 중요도는 20, 30, 40, 50이므로, 이러한 가중치를 각 속성별 평가점수에 곱한 후에 이를 모두 더하면 930이 된다. 이러한 방식으로 계산하면 그 결과는 아래와 같다.

• 비행기 : $(20 \times 4) + (30 \times 4) + (40 \times 7) + (50 \times 9) = 930$

• 기차 : $(20 \times 5) + (30 \times 4) + (40 \times 5) + (50 \times 8) = 820$

• 고속버스 : $(20 \times 4) + (30 \times 5) + (40 \times 7) + (50 \times 5) = 760$

• 승용차 : $(20 \times 3) + (30 \times 7) + (40 \times 8) + (50 \times 6) = 890$

그러므로 정원이는 가장 높은 값이 나온 비행기를 교통운송 수단으로 선택하게 된다.

4 다음은 3C 분석을 위한 도표이다. 빈칸에 들어갈 질문으로 옳지 않은 것은?

구분	내용
고객/시장(Customer)	• 우리의 현재와 미래의 고객은 누구인가? • _____ ㉠ _____ • 성장 가능성이 있는 사업인가? • 시장의 주 고객들의 속성과 특성은 어떠한가?
경쟁사(Competitor)	• _____ ㉡ _____ • 현재의 경쟁사들의 강점과 약점은 무엇인가? • _____ ㉢ _____
자사(Company)	• 해당 사업이 기업의 목표와 일치하는가? • 기존 사업의 마케팅과 연결되어 시너지효과를 낼 수 있는가? • _____ ㉣ _____

① ㉠ : 새로운 경쟁사들이 시장에 진입할 가능성은 없는가?

② ㉡ : 고객들은 경쟁사에 대해 어떤 이미지를 가지고 있는가?

③ ㉢ : 경쟁사의 최근 수익률 동향은 어떠한가?

④ ㉣ : 인적 · 물적 · 기술적 자원을 보유하고 있는가?

✔해설 ① 새로운 경쟁사들이 시장에 진입할 가능성은 경쟁사(Competitor) 분석에 들어가야 할 질문이다.

5 甲회사 인사부에 근무하고 있는 H부장은 각 과의 요구를 모두 충족시켜 신규직원을 배치하여야 한다. 각 과의 요구가 다음과 같을 때 홍보과에 배정되는 사람은 누구인가?

〈신규직원 배치에 대한 각 과의 요구〉
• 관리과 : 5급이 1명 배정되어야 한다.
• 홍보과 : 5급이 1명 배정되거나 6급이 2명 배정되어야 한다.
• 재무과 : B가 배정되거나 A와 E가 배정되어야 한다.
• 총무과 : C와 D가 배정되어야 한다.

〈신규직원〉
• 5급 2명(A, B)
• 6급 4명(C, D, E, F)

---

① A

② B

③ C와 D

④ E와 F

> **✔ 해설** 주어진 조건을 보면 관리과와 재무과에는 반드시 각각 5급이 1명씩 배정되고, 총무과에는 6급 2명이 배정된다. 인원수를 따져보면 홍보과에는 5급을 배정할 수 없기 때문에 6급이 2명 배정된다. 6급 4명 중에 C와 D는 총무과에 배정되므로 홍보과에 배정되는 사람은 E와 F이다. 각 과별로 배정되는 사람을 정리하면 다음과 같다.

관리과	A
홍보과	E, F
재무과	B
총무과	C, D

┃6~7┃ 다음은 ○○협회에서 주관한 학술세미나 일정에 관한 것으로 다음 세미나를 준비하는 데 필요한 일, 각각의 일에 걸리는 시간, 일의 순서 관계를 나타낸 표이다. 제시된 표를 바탕으로 물음에 답하시오. (단, 모든 작업은 동시에 진행할 수 없다)

■ 세미나 준비 현황

구분	작업	작업시간(일)	먼저 행해져야 할 작업
가	세미나 장소 세팅	1	바
나	현수막 제작	2	다, 마
다	세미나 발표자 선정	1	라
라	세미나 기본계획 수립	2	없음
마	세미나 장소 선정	3	라
바	초청자 확인	2	라

6 현수막 제작을 시작하기 위해서는 최소 며칠이 필요하겠는가?

① 3일 ② 4일

③ 5일 ④ 6일

✔ **해설** 현수막을 제작하기 위해서는 라, 다, 마가 선행되어야 한다. 따라서 세미나 기본계획 수립(2일) + 세미나 발표자 선정(1일) + 세미나 장소 선정(3일) = 최소한 6일이 소요된다.

7 세미나 기본계획 수립에서 세미나 장소 세팅까지 모든 작업을 마치는 데 필요한 시간은?

① 10일 ② 11일

③ 12일 ④ 13일

✔ **해설** 각 작업에 걸리는 시간을 모두 더하면 총 11일이다.

8 사과 사탕, 포도 사탕, 딸기 사탕이 각각 2개씩 있다. 甲~戊 다섯 명의 사람 중 한 명이 사과 사탕 1개와 딸기 사탕 1개를 함께 먹고, 다른 네 명이 남은 사탕을 각각 1개씩 먹었다. 모두 진실을 말하였다고 할 때, 사과 사탕 1개와 딸기 사탕 1개를 함께 먹은 사람과 戊가 먹은 사탕을 옳게 짝지은 것은?

> 甲 : 나는 포도 사탕을 먹지 않았어.
> 乙 : 나는 사과 사탕만을 먹었어.
> 丙 : 나는 사과 사탕을 먹지 않았어.
> 丁 : 나는 사탕을 한 종류만 먹었어.
> 戊 : 너희 말을 다 듣고 아무리 생각해봐도 나는 딸기 사탕을 먹은 사람 두 명 다 알 수는 없어.

① 甲, 포도 사탕 1개
② 甲, 딸기 사탕 1개
③ 丙, 포도 사탕 1개
④ 丙, 딸기 사탕 1개

✔ 해설 甲~戊가 먹은 사탕을 정리하면 다음과 같다.

구분	甲	乙	丙	丁	戊
맛	사과 + 딸기	사과	포도 or 딸기	포도 or 딸기	포도
개수	2개	1개	1개	1개	1개

9 다음으로부터 바르게 추론한 것으로 옳은 것을 보기에서 고르면?

> • 5개의 갑, 을, 병, 정, 무 팀이 있다.
> • 현재 '갑'팀은 0개, '을'팀은 1개, '병'팀은 2개, '정'팀은 2개, '무'팀은 3개의 프로젝트를 수행하고 있다.
> • 8개의 새로운 프로젝트 a, b, c, d, e, f, g, h를 5개의 팀에게 분배하려고 한다.
> • 5개의 팀은 새로운 프로젝트 1개 이상을 맡아야 한다.
> • 기존에 수행하던 프로젝트를 포함하여 한 팀이 맡을 수 있는 프로젝트 수는 최대 4개이다.
> • 기존의 프로젝트를 포함하여 4개의 프로젝트를 맡은 팀은 2팀이다.
> • 프로젝트 a, b는 한 팀이 맡아야 한다.
> • 프로젝트 c, d, e는 한 팀이 맡아야 한다.

<보기>
㉠ a를 '을'팀이 맡을 수 없다.
㉡ f를 '갑'팀이 맡을 수 있다.
㉢ 기존에 수행하던 프로젝트를 포함해서 2개의 프로젝트를 맡는 팀이 있다.

① ㉠   ② ㉡
③ ㉢   ④ ㉠㉢

✔해설 ㉠ a를 '을'팀이 맡는 경우 : 4개의 프로젝트를 맡은 팀이 2팀이라는 조건에 어긋난다. 따라서 a를 '을'팀이 맡을 수 없다.

갑	c, d, e	0→3개
을	a, b	1→3개
병		2→3개
정		2→3개
무		3→4개

㉡ f를 '갑'팀이 맡는 경우 : a, b를 '병'팀 혹은 '정'팀이 맡게 되는데 4개의 프로젝트를 맡은 팀이 2팀이라는 조건에 어긋난다. 따라서 f를 '갑'팀이 맡을 수 없다.

갑	f	0→1개
을	c, d, e	1→4개
병	a, b	2→4개
정	.	2→3개
무		3→4개

㉢ a, b를 '갑'팀이 맡는 경우 기존에 수행하던 프로젝트를 포함해서 2개의 프로젝트를 맡게 된다.

갑	a, b	0→2개
을	c, d, e	1→4개
병		2→3개
정		2→3개
무		3→4개

| 10~11 | 다음 5개의 팀에 인터넷을 연결하기 위해 작업을 하려고 한다. 5개의 팀 사이에 인터넷을 연결하기 위한 시간이 다음과 같을 때 제시된 표를 바탕으로 물음에 답하시오(단, 가팀과 나팀이 연결되고 나팀과 다팀이 연결되면 가팀과 다팀이 연결된 것으로 간주한다).

구분	가	나	다	라	마
가	–	3	6	1	2
나	3	–	1	2	1
다	6	1	–	3	2
라	1	2	3	–	1
마	2	1	2	1	–

10 가팀과 다팀을 인터넷 연결하기 위해 필요한 최소의 시간은?

① 7시간 　　　　　　　　　　② 6시간

③ 5시간 　　　　　　　　　　④ 4시간

 가팀, 다팀을 연결하는 방법은 2가지가 있는데,
　ⓐ 가팀과 나팀, 나팀과 다팀 연결 : 3 + 1 = 4시간
　ⓑ 가팀과 다팀 연결 : 6시간
즉, 1안이 더 적게 걸리므로 4시간이 답이 된다.

11 다팀과 마팀을 인터넷 연결하기 위해 필요한 최소의 시간은?

① 1시간 　　　　　　　　　　② 2시간

③ 3시간 　　　　　　　　　　④ 4시간

 다팀, 마팀을 연결하는 방법은 2가지가 있는데,
　ⓐ 다팀과 라팀, 라팀과 마팀 연결 : 3 + 1 = 4시간
　ⓑ 다팀과 마팀 연결 : 2시간
즉, 2안이 더 적게 걸리므로 2시간이 답이 된다.

12 에너지 신산업에 대한 다음과 같은 정의를 참고할 때, 다음 중 에너지 신산업 분야의 사업으로 보기에 가장 적절하지 않은 것은 어느 것인가?

> 2015년 12월, 세계 195개국은 프랑스 파리에서 UN 기후변화협약을 체결, 파리기후변화협약에 따른 신기후체제의 출범으로 온실가스 감축은 선택이 아닌 의무가 되었으며, 이에 맞춰 친환경 에너지시스템인 에너지 신산업이 대두되었다. 에너지 신산업은 기후변화 대응, 미래 에너지 개발, 에너지 안보, 수요 관리 등 에너지 분야의 주요 현안을 효과적으로 해결하기 위한 '문제해결형 산업'이다. 에너지 신산업 정책으로는 전력 수요관리, 에너지관리 통합서비스, 독립형 마이크로그리드, 태양광 렌탈, 전기 차 서비스 및 유료충전, 화력발전 온배수열 활용, 친환경에너지타운, 스마트그리드 확산사업 등이 있다.

① 분산형 전원으로 에너지 자립 도시 건립을 위한 디젤 발전기 추가 보급 사업

② 전기차 확대보급을 실시하기 위하여 전기차 충전소 미비 지역에 충전소 보급 사업

③ 신개념 건축물에 대한 관심도 제고를 위한 고효율 제로에너지 빌딩 확대 사업

④ 폐열과 폐냉기의 재활용을 통한 에너지 사용량 감축과 친환경 에너지 창출 유도 산업

✔ 해설 디젤 발전은 내연력을 통한 발전이므로 친환경과 지속가능한 에너지 정책을 위한 발전 형태로 볼 수 없다. 오히려 디젤 발전을 줄여 신재생에너지원을 활용한 전력 생산 및 공급 방식이 에너지 신산업 정책에 부합한다고 볼 수 있다.

13 다음 글과 표를 근거로 판단할 때 세 사람 사이의 관계가 모호한 경우는?

- 조직 내에서 두 사람 사이의 관계는 '동갑'과 '위아래' 두 가지 경우로 나뉜다.
- 두 사람이 태어난 연도가 같은 경우 입사년도에 상관없이 '동갑' 관계가 된다.
- 두 사람이 태어난 연도가 다른 경우 '위아래' 관계가 된다. 이때 생년이 더 빠른 사람이 '윗사람', 더 늦은 사람이 '아랫사람'이 된다.
- 두 사람이 태어난 연도가 다르더라도 입사년도가 같고 생년월일의 차이가 1년 미만이라면 '동갑' 관계가 된다.
- 두 사람 사이의 관계를 바탕으로 임의의 세 사람(A~C) 사이의 관계는 '명확'과 '모호' 두 가지 경우로 나뉜다.
- A와 B, A와 C가 '동갑' 관계이고 B와 C 또한 '동갑' 관계인 경우 세 사람 사이의 관계는 '명확'하다.
- A와 B가 '동갑' 관계이고 A가 C의 '윗사람', B가 C의 '윗사람'인 경우 세 사람 사이의 관계는 '명확'하다.
- A와 B, A와 C가 '동갑' 관계이고 B와 C가 '위아래' 관계인 경우 세 사람 사이의 관계는 '모호'하다.

이름	생년월일	입사년도
甲	1992. 4. 11.	2017
乙	1991. 10. 3.	2017
丙	1991. 3. 1.	2017
丁	1992. 2. 14.	2017
戊	1993. 1 7.	2018

① 甲, 乙, 丙　　　　　　　　　② 甲, 乙, 丁
③ 甲, 丁, 戊　　　　　　　　　④ 乙, 丁, 戊

✔해설　① 乙과 甲, 乙과 丙이 '동갑' 관계이고 甲과 丙이 '위아래' 관계이므로 甲, 乙, 丙의 관계는 '모호'하다.

┃14~15┃ 인사팀에 근무하는 S는 2021년도에 새롭게 변경된 사내 복지 제도에 따라 경조사 지원 내역을 정리하는 업무를 담당하고 있다. 다음을 바탕으로 물음에 답하시오.

❒ 2021년도 변경된 사내 복지 제도

종류	주요 내용
주택 지원	• 사택 지원(가~사 총 7동 175가구) 최소 1년 최장 3년 • 지원 대상 – 입사 3년 차 이하 1인 가구 사원 중 무주택자(가~다동 지원) – 입사 4년 차 이상 본인 포함 가구원이 3인 이상인 사원 중 무주택자(라~사동 지원)
경조사 지원	• 본인/가족 결혼, 회갑 등 각종 경조사 시 • 경조금, 화환 및 경조휴가 제공
학자금 지원	• 대학생 자녀의 학자금 지원
기타	• 상병 휴가, 휴직, 4대 보험 지원

❒ 2021년도 1/4분기 지원 내역

이름	부서	직위	내역	변경 전	변경 후	금액(천원)
A	인사팀	부장	자녀 대학진학	지원 불가	지원 가능	2,000
B	총무팀	차장	장인상	변경 내역 없음		100
C	연구1팀	차장	병가	실비 지급	추가 금액 지원	50 (실비 제외)
D	홍보팀	사원	사택 제공(가-102)	변경 내역 없음		–
E	연구2팀	대리	결혼	변경 내역 없음		100
F	영업1팀	차장	모친상	변경 내역 없음		100
G	인사팀	사원	사택 제공(바-305)	변경 내역 없음		–
H	보안팀	대리	부친 회갑	변경 내역 없음		100
I	기획팀	차장	결혼	변경 내역 없음		100
J	영업2팀	과장	생일	상품권	기프트 카드	50
K	전략팀	사원	생일	상품권	기프트 카드	50

Answer 　13.①

14 당신은 S가 정리해 온 2021년도 1/4분기 지원 내역을 확인하였다. 다음 중 잘못 구분된 사원은?

지원 구분	이름
주택 지원	D, G
경조사 지원	B, E, H, I, J, K
학자금 지원	A
기타	F, C

① B   ② D
③ F   ④ H

> ✔해설 지원 구분에 따르면 모친상과 같은 경조사는 경조사 지원에 포함되어야 한다. 따라서 F의 구분이 잘못되었다.

15 S는 2021년도 1/4분기 지원 내역 중 변경 사례를 참고하여 새로운 사내 복지 제도를 정리해 추가로 공시하려 한다. 다음 중 S가 정리한 내용으로 옳지 않은 것은?

① 복지 제도 변경 전후 모두 생일에 현금을 지급하지 않습니다.
② 복지 제도 변경 후 대학생 자녀에 대한 학자금을 지원해드립니다.
③ 변경 전과 달리 미혼 사원의 경우 입주 가능한 사택동 제한이 없어집니다.
④ 변경 전과 같이 경조사 지원금은 직위와 관계없이 동일한 금액으로 지원됩니다.

> ✔해설 ③ 2021년 변경된 사내 복지 제도에 따르면 1인 가구 사원에게는 가~사 총 7동 중 가~다동이 지원된다.

16 다음 글에서 언급된 밑줄 친 '합리적 기대이론'에 대한 설명으로 적절하지 않은 것은 무엇인가?

> 과거에 중앙은행들은 자신이 가진 정보와 향후의 정책방향을 외부에 알리지 않는 이른바 비밀주의를 오랜 기간 지켜왔다. 통화정책 커뮤니케이션이 활발하지 않았던 이유는 여러 가지가 있었지만 무엇보다도 통화정책 결정의 영향이 파급되는 경로가 비교적 단순하고 분명하여 커뮤니케이션의 필요성이 크지 않았기 때문이었다. 게다가 중앙은행에게는 권한의 행사와 그로 인해 나타난 결과에 대해 국민에게 설명할 어떠한 의무도 부과되지 않았다.
>
> 중앙은행의 소극적인 의사소통을 옹호하는 주장 가운데는 비밀주의가 오히려 금융시장의 발전을 가져올 수 있다는 견해가 있었다. 중앙은행이 모호한 표현을 이용하여 자신의 정책의도를 이해하기 어렵게 설명하면 금리의 변화 방향에 대한 불확실성이 커지고 그 결과 미래 금리에 대한 시장의 기대가 다양하게 형성된다. 이처럼 미래의 적정금리에 대한 기대의 폭이 넓어지면 금융거래가 더욱 역동적으로 이루어짐으로써 시장의 규모가 커지는 등 금융시장이 발전하게 된다는 것이다. 또한 통화정책의 효과를 극대화하기 위해 커뮤니케이션을 자제해야 한다는 생각이 통화정책 비밀주의를 오래도록 유지하게 한 요인이었다. <u>합리적 기대이론</u>에 따르면 사전에 예견된 통화정책은 경제주체의 기대 변화를 통해 가격조정이 정책의 변화 이전에 이루어지기 때문에 실질생산량, 고용 등의 변수에 변화를 가져올 수 없다. 따라서 단기간 동안이라도 실질변수에 변화를 가져오기 위해서는 통화정책이 예상치 못한 상황에서 수행되어야 한다는 것이다.
>
> 이 외에 통화정책결정에 있어 중앙은행의 독립성이 확립되지 않은 경우 비밀주의를 유지하는 것이 외부의 압력으로부터 중앙은행을 지키는 데 유리하다는 견해가 있다. 중앙은행의 통화정책이 공개되면 이해관계가 서로 다른 집단이나 정부 등이 정책결정에 간섭할 가능성이 커지고 이들의 간섭이 중앙은행의 독립적인 정책수행을 어렵게 할 수 있다는 것이다.

① 사람들은 현상을 충분히 합리적으로 판단할 수 있으므로 어떠한 정책 변화도 미리 합리적으로 예상하여 행동한다.

② 경제주체들이 자신의 기대형성 방식이 잘못되었다는 것을 알면서도 그런 방식으로 계속 기대를 형성한다고 가정하는 것이다.

③ 예상하지 못한 정책 충격만이 단기적으로 실질변수에 영향을 미친다.

④ 1년 후의 물가가 10% 오를 것으로 예상될 때 10% 이하의 금리로 돈을 빌려 주면 손실을 보게 되기 때문에, 대출 금리를 10% 이상으로 인상시켜 놓게 된다.

✔해설 제시 글을 통해 알 수 있는 합리적 기대이론의 의미는, 가계나 기업 등 경제주체들은 활용가능한 모든 정보를 활용해 경제상황의 변화를 합리적으로 예측한다는 것으로, 이에 따르면 공개된 금융, 재정 정책은 합리적 기대이론에 의한 경제주체들의 선제적 반응으로 무력화되고 만다. 보기 ②에서 언급된 내용은 이와 정반대로 움직이는 경제주체의 모습을 설명한 것으로, 경제주체들이 드러난 정보를 무시하고 과거의 실적치만으로 기대를 형성하는 기대오류를 범한다고 보는 견해이다.

Answer 14.③ 15.③ 16.②

17 K지점으로부터 은행, 목욕탕, 편의점, 미용실, 교회 건물이 각각 다음과 같은 조건에 맞게 위치해 있다. 모두 K지점으로부터 일직선상에 위치해 있다고 할 때, 다음 설명 중 올바른 것은 어느 것인가? (언급되지 않은 다른 건물은 없다고 가정한다)

> • K지점으로부터 50m 이상 떨어져 있는 건물은 목욕탕, 미용실, 은행이다.
> • 목욕탕과 교회 건물 사이에는 편의점을 포함한 2개의 건물이 있다.
> • 5개의 건물은 각각 K지점에서 15m, 40m, 60m, 70m, 100m 떨어진 거리에 있다.

① 목욕탕과 편의점과의 거리는 40m이다.
② 연이은 두 건물 간의 거리가 가장 먼 것은 은행과 편의점이다.
③ 미용실과 편의점의 사이에는 1개의 건물이 있다.
④ K지점에서 미용실이 가장 멀리 있다면 은행과 교회는 45m 거리에 있다.

✔ 해설 5개의 건물이 위치한 곳을 그림과 기호로 표시하면 다음과 같다.

첫 번째 조건을 통해 목욕탕, 미용실, 은행은 C, D, E 중 한 곳, 교회와 편의점은 A, B 중 한 곳임을 알 수 있다.

두 번째 조건에 의하면 목욕탕과 교회 사이에 편의점과 또 하나의 건물이 있어야 한다. 이 조건을 충족하려면 A가 교회, B가 편의점이어야 하며 또한 D가 목욕탕이어야 한다. C와 E는 어느 곳이 미용실과 은행의 위치인지 주어진 조건만으로 알 수 없다.

따라서 보기 ④에서 언급된 바와 같이 미용실이 E가 된다면 은행은 C가 되어 교회인 A와 45m 거리에 있게 된다.

18 ○○기관의 김 대리는 甲, 乙, 丙, 丁, 戊 인턴 5명의 자리를 배치하고자 한다. 다음의 조건에 따를 때 옳지 않은 것은?

- 최상의 업무 효과를 내기 위해서는 성격이 서로 잘 맞는 사람은 바로 옆자리에 앉혀야 하고, 서로 잘 맞지 않는 사람은 바로 옆자리에 앉혀서는 안 된다.
- 丙과 乙의 성격은 서로 잘 맞지 않는다.
- 甲과 乙의 성격은 서로 잘 맞는다.
- 甲과 丙의 성격은 서로 잘 맞는다.
- 戊와 丙의 성격은 서로 잘 맞지 않는다.
- 丁의 성격과 서로 잘 맞지 않는 사람은 없다.
- 丁은 햇빛 알레르기가 있어 창문 옆(1번) 자리에는 앉을 수 없다.

■ 자리 배치도

창문	1	2	3	4	5

① 甲은 3번 자리에 앉을 수 있다.
② 乙은 5번 자리에 앉을 수 있다.
③ 丙은 2번 자리에 앉을 수 있다.
④ 丁은 3번 자리에 앉을 수 없다.

✔해설 ③ 丙이 2번 자리에 앉을 경우, 丁은 햇빛 알레르기가 있어 1번 자리에 앉을 수 없으므로 3, 4, 5번 중 한 자리에 앉아야 하며, 丙과 성격이 서로 잘 맞지 않는 戊는 4, 5번 중 한 자리에 앉아야 한다. 이 경우 성격이 서로 잘 맞은 甲과 乙이 떨어지게 되므로 최상의 업무 효과를 낼 수 있는 배치가 되기 위해서는 丙은 2번 자리에 앉을 수 없다.
① 창문－戊－乙－甲－丙－丁 순으로 배치할 경우 甲은 3번 자리에 앉을 수 있다.
② 창문－戊－丁－丙－甲－乙 순으로 배치할 경우 乙은 5번 자리에 앉을 수 있다.
④ 丁이 3번 자리에 앉을 경우, 甲과 성격이 서로 잘 맞는 乙, 丙 중 한 명은 甲과 떨어지게 되므로 최상의 업무 효과를 낼 수 있는 배치가 되기 위해서는 丁은 3번 자리에 앉을 수 없다.

Answer 17.④ 18.③

19 다음은 주식회사 서원각의 팀별 성과급 지급 기준이다. Y팀의 성과평가결과가 다음과 같다면 지급되는 성과급의 1년 총액은?

> 〈성과급 지급 방법〉
> (가) 성과급 지급은 성과평가 결과와 연계함.
> (나) 성과평가는 유용성, 안전성, 서비스 만족도의 총합으로 평가함. 단, 유용성, 안전성, 서비스 만족도의 가중치를 각각 0.4, 0.4, 0.2로 부여함.
> (다) 성과평가 결과를 활용한 성과급 지급 기준

성과평가 점수	성과평가 등급	분기별 성과급 지급액	비고
9.0 이상	A	100만 원	성과평가 등급이 A이면 직전분기 차감액의 50%를 가산하여 지급
8.0 이상 9.0 미만	B	90만 원 (10만 원 차감)	
7.0 이상 8.0 미만	C	80만 원 (20만 원 차감)	
7.0 미만	D	40만 원 (60만 원 차감)	

구분	1/4 분기	2/4 분기	3/4 분기	4/4 분기
유용성	8	8	10	8
안전성	8	6	8	8
서비스 만족도	6	8	10	8

① 350만 원　　　　　　　② 360만 원

③ 370만 원　　　　　　　④ 380만 원

✔ **해설** 먼저 아래 표를 항목별로 가중치를 부여하여 계산하면,

구분	1/4 분기	2/4 분기	3/4 분기	4/4 분기
유용성	$8 \times \dfrac{4}{10} = 3.2$	$8 \times \dfrac{4}{10} = 3.2$	$10 \times \dfrac{4}{10} = 4.0$	$8 \times \dfrac{4}{10} = 3.2$
안전성	$8 \times \dfrac{4}{10} = 3.2$	$6 \times \dfrac{4}{10} = 2.4$	$8 \times \dfrac{4}{10} = 3.2$	$8 \times \dfrac{4}{10} = 3.2$
서비스 만족도	$6 \times \dfrac{2}{10} = 1.2$	$8 \times \dfrac{2}{10} = 1.6$	$10 \times \dfrac{2}{10} = 2.0$	$8 \times \dfrac{2}{10} = 1.6$
합계	7.6	7.2	9.2	8
성과평가 등급	C	C	A	B
성과급 지급액	80만 원	80만 원	110만 원	90만 원

성과평가 등급이 A이면 직전분기 차감액의 50%를 가산하여 지급한다고 하였으므로, 3/4분기의 성과급은 직전분기 차감액 20만 원의 50%인 10만 원을 가산하여 지급한다.

∴ $80 + 80 + 110 + 90 = 360$(만 원)

20 다음 〈상황〉과 〈조건〉을 근거로 판단할 때 옳은 것은?

〈상황〉

　A대학교 보건소에서는 4월 1일(월)부터 한 달 동안 재학생을 대상으로 금연교육 4회, 금주교육 3회, 성교육 2회를 실시하려는 계획을 가지고 있다.

〈조건〉

- 금연교육은 정해진 같은 요일에만 주 1회 실시하고, 화, 수, 목요일 중에 해야 한다.
- 금주교육은 월요일과 금요일을 제외한 다른 요일에 시행하며, 주 2회 이상은 실시하지 않는다.
- 성교육은 4월 10일 이전, 같은 주에 이틀 연속으로 실시한다.
- 4월 22일부터 26일까지 중간고사 기간이고, 이 기간에 보건소는 어떠한 교육도 실시할 수 없다.
- 보건소의 교육은 하루에 하나만 실시할 수 있고, 토요일과 일요일에는 교육을 실시할 수 없다.
- 보건소는 계획한 모든 교육을 반드시 4월에 완료하여야 한다.

① 금연교육이 가능한 요일은 화요일과 수요일이다.

② 4월 30일에도 교육이 있다.

③ 금주교육은 4월 마지막 주에도 실시된다.

④ 성교육이 가능한 일정 조합은 두 가지 이상이다.

✔해설 · 화, 수, 목 중에 실시해야 하는 금연교육을 4회 실시하기 위해서는 반드시 화요일에 해야 한다.
- 금주교육을 수, 목 중에 실시하여야 하므로 10일 이전, 같은 주에 이틀 연속으로 성교육을 실시할 수 있는 날짜는 4~5일뿐이다.
상황과 조건에 따라 A대학교 보건소의 교육 일정을 정리해 보면 다음과 같다.

월	화	수	목	금	토	일
1	금연 2	3	성 4	성 5	X 6	X 7
8	금연 9	10	11	12	X 13	X 14
15	금연 16	17	18	19	X 20	X 21
중 22	간 23	고 24	사 25	주 26	X 27	X 28
29	금연 30					

- 금주교육은 (3, 10, 17), (3, 10, 18), (3, 11, 17), (3, 11, 18) 중 실시할 수 있다.

21 다음에 제시된 내용을 바탕으로 할 때, A가 문자를 보내야하는 사원은 몇 명인가?

'올해의 K인상' 후보에 총 5명(甲~戊)이 올랐다. 수상자는 120명의 신입사원 투표에 의해 결정되며 투표규칙은 다음과 같다.

- 투표권자는 한 명당 한 장의 투표용지를 받고, 그 투표용지에 1순위와 2순위 각 한 명의 후보자를 적어야 한다.
- 투표권자는 1순위와 2순위로 동일한 후보자를 적을 수 없다.
- 투표용지에 1순위로 적힌 후보자에게는 5점이, 2순위로 적힌 후보자에게는 3점이 부여된다.
- '올해의 K인상'은 개표 완료 후, 총 점수가 가장 높은 후보자가 수상하게 된다.
- 기권표와 무효표는 없다.

현재 투표까지 중간집계 점수는 다음과 같다.

후보자	중간집계 점수
甲	360점
乙	15점
丙	170점
丁	70점
戊	25점

---

① 50명

② 45명

③ 40명

④ 35명

> **해설** 1명의 투표권자가 후보자에게 줄 수 있는 점수는 1순위 5점, 2순위 3점으로 총 8점이다. 현재 투표까지 중간집계 점수가 640이므로 80명이 투표에 참여하였으며, 아직 투표에 참여하지 않은 사원은 120−80=40명이다. 따라서 신입사원 A는 40명의 사원에게 문자를 보내야 한다.

22 다음은 T전자회사가 기획하고 있는 '전자제품 브랜드 인지도에 관한 설문조사'를 위하여 작성한 설문지의 표지 글이다. 다음 표지 글을 참고할 때, 설문조사의 항목에 포함되기에 가장 적절하지 <u>않은</u> 것은?

[전자제품 브랜드 인지도에 관한 설문조사]

안녕하세요? T전자회사 홍보팀입니다.

저희 T전자에서는 고객들에게 보다 나은 제품을 제공하기 위하여 전자제품 브랜드 인지도에 대한 고객 분들의 의견을 청취하고자 합니다. 전자제품 브랜드에 대한 여러분의 의견을 수렴하여 더 좋은 제품과 서비스를 공급하고자 하는 것이 이 설문조사의 목적입니다. 바쁘시더라도 잠시 시간을 내어 본 설문조사에 응해주시면 감사하겠습니다. 응답해 주신 사항에 대한 철저한 비밀 보장을 약속드립니다. 감사합니다.

T전자회사 홍보팀 담당자 홍길동

전화번호 : 1588-0000

---

① 귀하는 T전자회사의 브랜드인 'Think-U'를 알고 계십니까?

㉠ 예 　　　　　㉡ 아니오

② 귀하가 주로 이용하는 전자제품은 어느 회사 제품입니까?

㉠ T전자회사　　㉡ R전자회사　　㉢ M전자회사　　㉣ 기타 (　　　)

③ 귀하에게 전자제품 브랜드 선택에 가장 큰 영향을 미치는 요인은 무엇입니까?

㉠ 광고　　　　㉡ 지인 추천　　㉢ 기존 사용 제품　　㉣ 기타 (　　　)

④ 귀하가 일상생활에 가장 필수적이라고 생각하시는 전자제품은 무엇입니까?

㉠ TV　　　　　㉡ 통신기기　　㉢ 청소용품　　㉣ 주방용품

✔해설 설문조사지는 조사의 목적에 적합한 결과를 얻을 수 있는 문항으로 작성되어야 한다. 제시된 설문조사는 보다 나은 제품과 서비스 공급을 위하여 브랜드 인지도를 조사하는 것이 목적이므로, 자사 자사의 제품이 고객들에게 얼마나 인지되어 있는지, 어떻게 인지되었는지, 전자제품의 품목별 선호 브랜드가 동일한지 여부 등 인지도 관련 문항이 포함되어야 한다.

④ 특정 제품의 필요성을 묻고 있으므로 자사의 브랜드 인지도 제고와의 연관성이 낮아 설문조사 항목으로 가장 적절하지 않다.

Answer　21.③　22.④

23 다음은 무농약농산물과 저농약농산물 인증기준에 대한 자료이다. 자신이 신청한 인증을 받을 수 있는 사람을 모두 고르면?

무농약농산물과 저농약농산물의 재배방법은 각각 다음과 같다.

1) 무농약농산물의 경우 농약을 사용하지 않고, 화학비료는 권장량의 2분의 1 이하로 사용하여 재배한다.
2) 저농약농산물의 경우 화학비료는 권장량의 2분의 1 이하로 사용하고, 농약은 살포시기를 지켜 살포 최대횟수의 2분의 1 이하로 사용하여 재배한다.

〈농산물별 관련 기준〉

종류	재배기간 내 화학비료 권장량(kg/ha)	재배기간 내 농약살포 최대횟수	농약 살포시기
사과	100	4	수확 30일 전까지
감	120	4	수확 14일 전까지
복숭아	50	5	수확 14일 전까지

甲 : 5㎢의 면적에서 재배기간 동안 농약을 전혀 사용하지 않고 20t의 화학비료를 사용하여 사과를 재배하였으며, 이 사과를 수확하여 무농약농산물 인증신청을 하였다.

乙 : 3ha의 면적에서 재배기간 동안 농약을 1회 살포하고 50kg의 화학비료를 사용하여 복숭아를 재배하였다. 하지만 수확시기가 다가오면서 병충해 피해가 나타나자 농약을 추가로 1회 살포하였고, 열흘 뒤 수확하여 저농약농산물 인증신청을 하였다.

丙 : 가로와 세로가 각각 100m, 500m인 과수원에서 감을 재배하였다. 재배기간 동안 총 2회(올해 4월 말과 8월 초) 화학비료 100kg씩을 뿌리면서 병충해 방지를 위해 농약도 함께 살포하였다. 추석을 맞아 9월 말에 감을 수확하여 저농약농산물 인증신청을 하였다.

※ 1ha=10,000㎡, 1t=1,000kg

① 甲, 乙 　　　　　　　　　② 甲, 丙
③ 乙, 丙 　　　　　　　　　④ 甲, 乙, 丙

✔ **해설** 甲 : 5㎢는 500ha이므로 사과를 수확하여 무농약농산물 인증신청을 하려면 농약을 사용하지 않고, 화학비료는 50,000kg(=50t)의 2분의 1 이하로 사용하여 재배해야 한다.

乙 : 복숭아의 농약 살포시기는 수확 14일 전까지이다. 저농약농산물 인증신청을 위한 살포시기를 지키지 못 하였으므로 인증을 받을 수 없다.

丙 : 5ha(100m×500m)에서 감을 수확하여 저농약농산물 인증신청을 하려면 화학비료는 600kg의 2분의 1 이하로 사용하고, 농약은 살포시기를 지켜(수확 14일 전까지) 살포 최대횟수인 4회의 2분의 1 이하로 사용하여 재배해야 한다.

24 다음은 A그룹 근처의 〈맛집 정보〉이다. 주어진 평가 기준에 따라 가장 높은 평가를 받은 곳으로 신년회를 예약하라는 지시를 받았다. A그룹의 신년회 장소는?

〈맛집 정보〉

평가항목\음식점	음식종류	이동거리	가격(1인 기준)	맛 평점(★ 5개 만점)	방 예약 가능 여부
자금성	중식	150m	7,500원	★★☆	○
샹젤리제	양식	170m	8,000원	★★★	○
경복궁	한식	80m	10,000원	★★★★	○
도쿄타워	일식	350m	9,000원	★★★★☆	×

※ ☆은 ★의 반 개이다.

〈평가 기준〉

• 평가항목 중 이동거리, 가격, 맛 평점에 대하여 각 항목별로 4, 3, 2, 1점을 각각의 음식점에 하나씩 부여한다.
 −이동거리가 짧은 음식점일수록 높은 점수를 준다.
 −가격이 낮은 음식점일수록 높은 점수를 준다.
 −맛 평점이 높은 음식점일수록 높은 점수를 준다.
• 평가항목 중 음식종류에 대하여 일식 5점, 한식 4점, 양식 3점, 중식 2점을 부여한다.
• 방 예약이 가능한 경우 가점 1점을 부여한다.
• 총점은 음식종류, 이동거리, 가격, 맛 평점의 4가지 평가항목에서 부여 받은 점수와 가점을 합산하여 산출한다.

---

① 자금성
② 샹젤리제
③ 경복궁
④ 도쿄타워

✔ **해설** 평가 기준에 따라 점수를 매기면 다음과 같다.

평가항목\음식점	음식종류	이동거리	가격(1인 기준)	맛 평점(★ 5개 만점)	방 예약 가능 여부	총점
자금성	2	3	4	1	1	11
샹젤리제	3	2	3	2	1	11
경복궁	4	4	1	3	1	13
도쿄타워	5	1	2	4	−	12

따라서 A그룹의 신년회 장소는 경복궁이다.

Answer 23.② 24.③

25 새로 부임한 상사와 다음과 같은 업무갈등을 느끼고 있다. 이를 해결하기 위한 방안으로 가장 바람직하지 않은 것은?

> 새로 부임한 상사의 지시 스타일은 세부지시를 구체적으로 말하지 않는 편이다. 그래서 어떤 업무의 경우, 자신의 경험적 판단으로 업무를 수행하다 보니 상사의 의도와 다른 결과를 초래하곤 하였다.
> 이러한 문제 상황이 발생했을 때 상황을 설명하려고 하면 상사의 표정이 좋지 않은 것 같아 마음이 편하지가 않다.

① 새로 부임한 상사의 언어 습관을 관찰하여 이를 수용하고자 한다.

② 지시가 끝난 후에라도 명확하지 않은 경우 다시 한 번 복창하여 커뮤니케이션의 오해를 없앤다.

③ 상사의 비언어적 커뮤니케이션을 관찰하면서 보고할 때는 결론부터 먼저 설명하고 상황설명의 정도를 파악한다.

④ 전임상사와의 다름을 인정하고 상사가 불편해 하지 않도록 최소한의 업무관계를 유지하도록 노력한다.

> ✔ 해설 정확한 업무처리를 위해서는 문제를 회피하는 것을 옳지 않다. 새로 부임한 상사의 지시 스타일에 맞춰 가는 것이 필요하다.

26 표는 A씨의 금융 상품별 투자 보유 비중 변화를 나타낸 것이다. (가)에서 (나)로 변경된 내용으로 옳은 설명을 고르면?

금융 상품		(가) 보유 비중(%)	(나) 보유 비중(%)
주식	○○(주)	30	20
	△△(주)	20	0
저축	보통예금	10	20
	정기적금	20	20
채권	국 · 공채	20	40

□ 직접금융 종류에 해당하는 상품 투자 보유 비중이 낮아졌다.
　□ 수익성보다 안정성이 높은 상품 투자 보유 비중이 높아졌다.
　□ 배당 수익을 받을 수 있는 자본 증권 투자 보유 비중이 높아졌다.
　□ 일정 기간 동안 일정 금액을 예치하는 예금 보유 비중이 낮아졌다.

① ㉠㉡　　　　　　　　　　　　② ㉠㉢

③ ㉡㉢　　　　　　　　　　　　④ ㉡㉣

> ✔해설 주식, 채권은 직접 금융 시장에서 자금을 조달하며, 주식은 수익성이 높으며, 저축과 채권은 주식보다
> 는 안정성이 높다.

27 다음은 ○○기업의 구인 의뢰서이다. 이에 대한 옳은 설명은?

○○기업과 함께 할 인재를 모십니다.

1. 회사 현황
　가. 생산 품목 : 공장 자동화 생산 설비품
　나. 종업원 현황 : 110명(상시)
2. 근무 형태
　가. 근무 시간 : 09 : 00 ~ 18 : 00, 주 5일 근무
　나. 주 2회 시간외 근무(희망자) : 19 : 00 ~ 23 : 00
3. 급여 및 복지
　가. 기본급 : 150만원(수습 기간 3개월은 80 %)
　나. 시간외 근무 수당 : 8만원(1회 당)
　다. 상여금 : 명절(추석 및 설) 휴가비 기본급의 100 %
　라. 기타 : 4대 보험, 중식 및 기숙사 제공
4. 모집 인원
　가. 특성화고, 마이스터고 관련 학과 재학생 및 졸업생 00명
　나. 관련 직종 자격증 소지자 우대함

① 기업의 형태는 대기업이다.　　　② 법정 복리 후생을 제공하고 있다.

③ 기준 외 임금은 제시되어 있지 않다.　④ 시간급 형태의 임금을 지급하고 있다.

> ✔해설 종업원 현황에서 110명은 중소기업에 해당되며, 4대 보험은 기업이 제공하고 있는 법정 복리 후생이다.

Answer 25.④ 26.① 27.②

28 다음은 늘푸른 테니스회 모임의 회원명단이다. 적당한 분류법에 대한 설명 중 가장 적절한 것은?

금철영	손영자	한미숙	정민주	허민홍
김상진	나영주	채진경	박일주	송나혜
남미영	송진주	이기동	임창주	이종하
백승일	하민영	박종철	강철민	고대진

① 남녀 구분한 후 명칭별로 정리하여 색인 카드가 필요하다.
② 지역별로 분류한 다음에 명칭별로 구분하여 장소에 따른 문서의 집합이 가능하다.
③ 명칭별 분류에 따라 정리하여 색인이 불필요하다.
④ 주민등록번호별 정리방법을 이용하여 회원의 보안성을 유지하도록 한다.

✔해설 명칭 파일링 시스템(Alphabetic Filing System) … 문서 등을 알파벳순이나 자모순으로 배열한 것으로 가이드 배열이 단순·간편하고 유지비용이 저렴하며 직접검색이 용이하다. 하지만 보안의 위험이 크고 배열 오류가 발생하기 쉽다.

29 최근 K회사의 주가가 급락하고 있는 상황에서 고객관리부로 주주들의 전화가 빗발치고 있다. 이러한 상황에서의 전화응대로 가장 적절한 것은?

① 주주의 알 권리를 충족시켜드리기 위해 주가가 급락하고 있는 이유에 대해 자신이 알고 있는 정보를 최대한 설명해드린다.
② 주주는 회사를 둘러싼 이해관계자들 중에 가장 중요한 존재이므로 전화가 올 때마다 상사와 바로 연결해드린다.
③ 불만 주주들의 의견을 들은 후 주식담당자에게 전화를 돌려드린다.
④ 관련 전화가 너무 많이 올 경우, 업무손실을 막기 위해 본인 담당업무가 아니라는 것을 공손하게 말한 후 전화를 끊는다.

✔해설 주주들의 불만을 공감하고 경청한 뒤 정중히 사과하고 부서 담당자에게 연결해 문제를 해결하도록 한다.

30 M사의 총무팀에서는 A 부장, B 차장, C 과장, D 대리, E 대리, F 사원이 각각 매 주말마다 한 명씩 사회봉사활동에 참여하기로 하였다. 이들이 다음 〈보기〉에 따라 사회봉사활동에 참여할 경우, 두 번째 주말에 참여할 수 있는 사람으로 짝지어진 것은 어느 것인가?

〈보기〉

1. B 차장은 A 부장보다 먼저 봉사활동에 참여한다.
2. C 과장은 D 대리보다 먼저 봉사활동에 참여한다.
3. B 차장은 첫 번째 주 또는 세 번째 주에 봉사활동에 참여한다.
4. E 대리는 C 과장보다 먼저 봉사활동에 참여하며, E 대리와 C 과장이 참여하는 주말 사이에는 두 번의 주말이 있다.

---

① A 부장, B 차장
② D 대리, E 대리
③ E 대리, F 사원
④ B 차장, C 과장, D 대리

✔해설 〈보기〉에 주어진 조건대로 고정된 순서를 정리하면 다음과 같다.
- B 차장 > A 부장
- C 과장 > D 대리
- E 대리 > ? > ? > C 과장

따라서 E 대리 > ? > ? > C 과장 > D 대리의 순서가 성립되며, 이 상태에서 경우의 수를 따져보면 다음과 같다.

㉠ B 차장이 첫 번째인 경우라면, 세 번째와 네 번째는 A 부장과 F 사원(또는 F 사원과 A 부장)이 된다.
- B 차장 > E 대리 > A 부장 > F 사원 > C 과장 > D 대리
- B 차장 > E 대리 > F 사원 > A 부장 > C 과장 > D 대리

㉡ B 차장이 세 번째인 경우는 E 대리의 바로 다음인 경우와 C 과장의 바로 앞인 두 가지의 경우가 있을 수 있다.
- E 대리의 바로 다음인 경우 : F 사원 > E 대리 > B 차장 > A 부장 > C 과장 > D 대리
- C 과장의 바로 앞인 경우 : E 대리 > F 사원 > B 차장 > C 과장 > D 대리 > A 부장

따라서 위에서 정리된 바와 같이 가능한 네 가지의 경우에서 두 번째로 사회봉사활동을 갈 수 있는 사람은 E 대리와 F 사원 밖에 없다.

Answer 28.③ 29.③ 30.③

CHAPTER 04

자원관리능력

1 자원과 자원관리

(1) 자원

① **자원의 종류** … 시간, 돈, 물적자원, 인적자원

② **자원의 낭비요인** … 비계획적 행동, 편리성 추구, 자원에 대한 인식 부재, 노하우 부족

(2) 자원관리 기본 과정

① 필요한 자원의 종류와 양 확인

② 이용 가능한 자원 수집하기

③ 자원 활용 계획 세우기

④ 계획대로 수행하기

예제 1

당신은 A출판사 교육훈련 담당자이다. 조직의 효율성을 높이기 위해 전사적인 시간관리에 대한 교육을 실시하기로 하였지만 바쁜 일정 상 직원들을 집합교육에 동원할 수 있는 시간은 제한적이다. 다음 중 귀하가 최우선의 교육 대상으로 삼아야 하는 것은 어느 부분인가?

구분	긴급한 일	긴급하지 않은 일
중요한 일	제1사분면	제2사분면
중요하지 않은 일	제3사분면	제4사분면

출제의도

주어진 일들을 중요도와 긴급도에 따른 시간관리 매트릭스에서 우선순위를 구분할 수 있는가를 측정하는 문항이다.

해 설

교육훈련에서 최우선 교육대상으로 삼아야 하는 것은 긴급하지 않지만 중요한 일이다. 이를 긴급하지 않다고 해서 뒤로 미루다보면 급박하게 처리해야하는 업무가 증가하여 효율적인 시간관리가 어려워진다.

① 중요하고 긴급한 일로 위기사항이나 급박한 문제, 기간이 정해진 프로젝트 등이 해당되는 제1사분면
② 긴급하지는 않지만 중요한 일로 인간관계구축이나 새로운 기회의 발굴, 중장기 계획 등이 포함되는 제2사분면
③ 긴급하지만 중요하지 않은 일로 잠깐의 급한 질문, 일부 보고서, 눈 앞의 급박한 사항이 해당되는 제3사분면
④ 중요하지 않고 긴급하지 않은 일로 하찮은 일이나 시간낭비거리, 즐거운 활동 등이 포함되는 제4사분면

구분	긴급한 일	긴급하지 않은 일
중요한 일	위기사항, 급박한 문제, 기간이 정해진 프로젝트	인간관계구축, 새로운 기회의 발굴, 중장기계획
중요 하지 않은 일	잠깐의 급한 질문, 일부 보고서, 눈앞의 급박한 사항	하찮은 일, 우편물, 전화, 시간낭비거리, 즐거운 활동

답 ②

2 자원관리능력을 구성하는 하위능력

(1) 시간관리능력

① 시간의 특성
  ㉠ 시간은 매일 주어지는 기적이다.
  ㉡ 시간은 똑같은 속도로 흐른다.
  ㉢ 시간의 흐름은 멈추게 할 수 없다.
  ㉣ 시간은 꾸거나 저축할 수 없다.
  ㉤ 시간은 사용하기에 따라 가치가 달라진다.

② 시간관리의 효과
  ㉠ 생산성 향상
  ㉡ 가격 인상
  ㉢ 위험 감소
  ㉣ 시장 점유율 증가

③ 시간계획

　㉠ 개념 : 시간 자원을 최대한 활용하기 위하여 가장 많이 반복되는 일에 가장 많은 시간을 분배하고, 최단시간에 최선의 목표를 달성하는 것을 의미한다.

　㉡ 60 : 40의 Rule

계획된 행동(60%)	계획 외의 행동(20%)	자발적 행동(20%)
총 시간		

예제 2

유아용품 홍보팀의 사원 은이씨는 일산 킨텍스에서 열리는 유아용품박람회에 참여하고자 한다. 당일 회의 후 출발해야 하며 회의 종료 시간은 오후 3시이다.

장소	일시
일산 킨텍스 제2전시장	2016. 1. 20(금) PM 15:00~19:00 * 입장가능시간은 종료 2시간 전까지

오시는 길
지하철 : 4호선 대화역(도보 30분 거리)
버스 : 8109번, 8407번(도보 5분 거리)

• 회사에서 버스정류장 및 지하철역까지 소요시간

출발지	도착지	소요시간	
회사	×× 정류장	도보	15분
		택시	5분
	지하철역	도보	30분
		택시	10분

• 일산 킨텍스 가는 길

교통편	출발지	도착지	소요시간
지하철	강남역	대화역	1시간 25분
버스	×× 정류장	일산 킨텍스 정류장	1시간 45분

위의 제시 상황을 보고 은이씨가 선택할 교통편으로 가장 적절한 것은?

① 도보 – 지하철　　　　　② 도보 – 버스
③ 택시 – 지하철　　　　　④ 택시 – 버스

출제의도

주어진 여러 시간정보를 수집하여 실제 업무 상황에서 시간자원을 어떻게 활용할 것인지 계획하고 할당하는 능력을 측정하는 문항이다.

해 설

④ 택시로 버스정류장까지 이동해서 버스를 타고 가게 되면 택시(5분), 버스(1시간 45분), 도보(5분)으로 1시간 55분이 걸린다.

① 도보-지하철 : 도보(30분), 지하철(1시간 25분), 도보(30분)이므로 총 2시간 25분이 걸린다.

② 도보-버스 : 도보(15분), 버스(1시간 45분), 도보(5분)이므로 총 2시간 5분이 걸린다.

③ 택시-지하철 : 택시(10분), 지하철(1시간 25분), 도보(30분)이므로 총 2시간 5분이 걸린다.

답 ④

(2) 예산관리능력

① 예산과 예산관리
  ㉠ 예산 : 필요한 비용을 미리 헤아려 계산하는 것이나 그 비용
  ㉡ 예산관리 : 활동이나 사업에 소요되는 비용을 산정하고, 예산을 편성하는 것뿐만 아니라 예산을 통제하는 것 모두를 포함한다.

② 예산의 구성요소

비용	직접비용	재료비, 원료와 장비, 시설비, 여행(출장) 및 잡비, 인건비 등
	간접비용	보험료, 건물관리비, 광고비, 통신비, 사무비품비, 각종 공과금 등

③ 예산수립 과정 : 필요한 과업 및 활동 구명 → 우선순위 결정 → 예산 배정

예제 3

당신은 가을 체육대회에서 총무를 맡으라는 지시를 받았다. 다음과 같은 계획에 따라 예산을 진행하였으나 확보된 예산이 생각보다 적게 되어 불가피하게 비용 항목을 줄여야 한다. 다음 중 귀하가 비용 항목을 없애기에 가장 적절한 것은 무엇인가?

〈○○산업공단 춘계 1차 워크숍〉

1. 해당부서 : 인사관리팀, 영업팀, 재무팀
2. 일   정 : 2016년 4월 21일~23일(2박 3일)
3. 장   소 : 강원도 속초 ○○연수원
4. 행사내용 : 바다열차탑승, 체육대회, 친교의 밤 행사, 기타

① 숙식비   ② 식비
③ 교통비   ④ 기념품비

출제의도

업무에 소요되는 예산 중 꼭 필요한 것과 예산을 감축해야할 때 삭제 또는 감축이 가능한 것을 구분해내는 능력을 묻는 문항이다.

해 설

한정된 예산을 가지고 과업을 수행할 때에는 중요도를 기준으로 예산을 사용한다. 위와 같이 불가피하게 비용 항목을 줄여야 한다면 기본적인 항목인 숙박비, 식비, 교통비는 유지되어야 하기에 항목을 없애기 가장 적절한 정답은 ④번이 된다.

답 ④

(3) 물적관리능력

① 물적자원의 종류

    ㉠ **자연자원** : 자연상태 그대로의 자원 ex) 석탄, 석유 등

    ㉡ **인공자원** : 인위적으로 가공한 자원 ex) 시설, 장비 등

② **물적자원관리** … 물적자원을 효과적으로 관리할 경우 경쟁력 향상이 향상되어 과제 및 사업의 성공으로 이어지며, 관리가 부족할 경우 경제적 손실로 인해 과제 및 사업의 실패 가능성이 커진다.

③ **물적자원 활용의 방해요인**

    ㉠ 보관 장소의 파악 문제

    ㉡ 훼손

    ㉢ 분실

④ 물적자원관리 과정

과정	내용
사용 물품과 보관 물품의 구분	• 반복 작업 방지 • 물품활용의 편리성
동일 및 유사 물품으로의 분류	• 동일성의 원칙 • 유사성의 원칙
물품 특성에 맞는 보관 장소 선정	• 물품의 형상 • 물품의 소재

S호텔의 외식사업부 소속인 K씨는 예약일정 관리를 담당하고 있다. 아래의 예약 일정과 정보를 보고 K씨의 판단으로 옳지 않은 것은?

출제의도

주어진 정보와 일정표를 토대로 이용 가능한 물적자원을 확보하여 이를 정확하게 안내할 수 있는 능력을 측정하는 문항이다. 고객이 제공한 정보를 정확하게 파악하고 그 조건 안에서 가능한 자원을 제공할 수 있어야 한다.

〈S호텔 일식 뷔페 1월 ROOM 예약 일정〉

* 예약 : ROOM 이름(시작시간)

SUN	MON	TUE	WED	THU	FRI	SAT
					1	2
					백합(16)	장미(11) 백합(15)
3	4	5	6	7	8	9
라일락(15)		백향목(10) 백합(15)	장미(10) 백향목(17)	백합(11) 라일락(18)	백향목(15)	장미(10) 라일락(15)

ROOM 구분	수용가능인원	최소투입인력	연회장 이용시간
백합	20	3	2시간
장미	30	5	3시간
라일락	25	4	2시간
백향목	40	8	3시간

- 오후 9시에 모든 업무를 종료함
- 한 타임 끝난 후 1시간씩 세팅 및 정리
- 동 시간 대 서빙 투입인력은 총 10명을 넘을 수 없음

안녕하세요, 1월 첫째 주 또는 둘째 주에 신년회 행사를 위해 ROOM을 예약하려고 하는데요, 저희 동호회의 총 인원은 27명이고 오후 8시쯤 마무리하려고 합니다. 신정과 주말, 월요일은 피하고 싶습니다. 예약이 가능할까요?

① 인원을 고려했을 때 장미ROOM과 백향목ROOM이 적합하겠군.
② 만약 2명이 안 온다면 예약 가능한 ROOM이 늘어나겠구나.
③ 조건을 고려했을 때 예약 가능한 ROOM은 5일 장미ROOM뿐이겠구나.
④ 오후 5시부터 8시까지 가능한 ROOM을 찾아야해.

해 설

③ 조건을 고려했을 때 5일 장미ROOM과 7일 장미ROOM이 예약 가능하다.
① 참석 인원이 27명이므로 30명 수용 가능한 장미ROOM과 40명 수용 가능한 백향목ROOM 두 곳이 적합하다.
② 만약 2명이 안 온다면 총 참석인원 25명이므로 라일락ROOM, 장미ROOM, 백향목ROOM이 예약 가능하다.
④ 오후 8시에 마무리하려고 계획하고 있으므로 적절하다.

답 ③

(4) 인적자원관리능력

① **인맥** … 가족, 친구, 직장동료 등 자신과 직접적인 관계에 있는 사람들인 핵심인맥과 핵심인맥들로부터 알게 된 파생인맥이 존재한다.

② **인적자원의 특성** … 능동성, 개발가능성, 전략적 자원

③ **인력배치의 원칙**
- ㉠ **적재적소주의** : 팀의 효율성을 높이기 위해 팀원의 능력이나 성격 등과 가장 적합한 위치에 배치하여 팀원 개개인의 능력을 최대로 발휘해 줄 것을 기대하는 것
- ㉡ **능력주의** : 개인에게 능력을 발휘할 수 있는 기회와 장소를 부여하고 그 성과를 바르게 평가하며 평가된 능력과 실적에 대해 그에 상응하는 보상을 주는 원칙
- ㉢ **균형주의** : 모든 팀원에 대한 적재적소를 고려

④ **인력배치의 유형**
- ㉠ **양적 배치** : 부문의 작업량과 조업도, 여유 또는 부족 인원을 감안하여 소요인원을 결정하여 배치하는 것
- ㉡ **질적 배치** : 적재적소의 배치
- ㉢ **적성 배치** : 팀원의 적성 및 흥미에 따라 배치하는 것

예제 5

최근 조직개편 및 연봉협상 과정에서 직원들의 불만이 높아지고 있다. 온갖 루머가 난무한 가운데 인사팀원인 당신에게 사내 게시판의 직원 불만사항에 대한 진위여부를 파악하고 대안을 세우라는 팀장의 지시를 받았다. 다음 중 당신이 조치를 취해야 하는 직원은 누구인가?

① 사원 A는 팀장으로부터 업무 성과가 탁월하다는 평가를 받았는데도 조직개편으로 인한 부서 통합으로 인해 승진을 못한 것이 불만이다.
② 사원 B는 회사가 예년에 비해 높은 영업 이익을 얻었는데도 불구하고 연봉 인상에 인색한 것이 불만이다.
③ 사원 C는 회사가 급여 정책을 변경해서 고정급 비율을 낮추고 기본급과 인센티브를 지급하는 제도로 바꾼 것이 불만이다.
④ 사원 D는 입사 동기인 동료가 자신보다 업무 실적이 좋지 않고 불성실한 근무태도를 가지고 있는데, 팀장과의 친분으로 인해 자신보다 높은 평가를 받은 것이 불만이다.

출제의도

주어진 직원들의 정보를 통해 시급하게 진위여부를 가리고 조치하여 인력배치를 해야 하는 사항을 확인하는 문제이다.

해 설

사원 A, B, C는 각각 조직 정책에 대한 불만이기에 논의를 통해 조직적으로 대처하는 것이 옳지만, 사원 D는 팀장의 독단적인 전횡에 대한 불만이기 때문에 조사하여 시급히 조치할 필요가 있다. 따라서 가장 적절한 답은 ④번이 된다.

답 ④

자원관리능력

1 다음은 시간계획 법칙 중 하나인 60 : 40의 Rule이다. ㉠~㉢의 내용이 알맞게 짝지어진 것은?

㉠(60%)	㉡(20%)	㉢(20%)
총 시간		

	㉠	㉡	㉢
①	계획된 행동	계획 외의 행동	자발적 행동
②	계획 외의 행동	계획된 행동	자발적 행동
③	자발적 행동	계획 외의 행동	계획된 행동
④	계획된 행동	계획 외의 행동	부차적 행동

✔ **해설** 60 : 40의 Rule

계획된 행동(60%)	계획 외의 행동(20%)	자발적 행동(20%)
총 시간		

Answer 1.①

2 실제중량이 5kg이며, 가로, 세로, 높이가 각각 30.5cm, 55cm, 24.5cm의 박스 3개를 항공화물로 운송하고자 할 때 운임적용 중량은? (단, 계산결과는 반올림하여 정수로 산정한다)

① 15kg

② 20kg

③ 21kg

④ 42kg

✔ 해설 용적(부피)중량에 의한 방법은 용적계산 (가로×세로×높이)의 방식으로 계산하며, 직육면체 또는 정육면체가 아닌 경우 (최대 가로×최대 세로×최대 높이)로 계산한다. 가볍고 용적이 큰 화물에 대해 용적을 중량으로 환산하는 방법은 (가로×세로×높이÷6,000)이며, 높이 중량단계의 낮은 요율을 적용하여 운임이 낮아질 경우 그대로 이 운임을 적용하므로 $30.5×55×24.5×3÷6,000=20.549375 ≒ 21kg$이 된다.

3 〈그림 1〉은 배송센터에서 각 수요처까지 개별왕복운송 방법으로 수송하는 것을 나타내고 있다. 만약 〈그림 2〉의 형태로 순회 운송하는 방법을 채택할 경우 〈그림 1〉의 경우보다 운송거리는 얼마나 단축되는가? (단, 운송구간 위의 숫자는 편도운송거리 km이다)

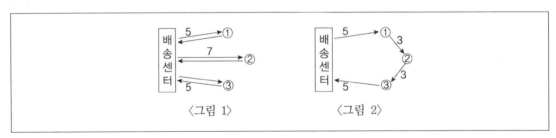

① 16km

② 20km

③ 14km

④ 18km

✔ 해설 〈그림 1〉=(5×2)+(7×2)+(5×2)=34, 〈그림 2〉=5+3+3+5=16, 둘의 차이는 18km이다.

4 다음 글과 〈조건〉을 근거로 판단할 때, 중국으로 출장 가는 사람으로 짝지어진 것은?

C회사에서는 업무상 외국 출장이 잦은 편이다. 인사부 A씨는 매달 출장 갈 직원들을 정하는 업무를 맡고 있다. 이번 달에는 총 4국가로 출장을 가야 하며 인원은 다음과 같다.

미국	영국	중국	일본
1명	4명	3명	4명

출장을 갈 직원은 이과장, 김과장, 신과장, 류과장, 임과장, 장과장, 최과장이 있으며, 개인별 출장 가능한 국가는 다음과 같다.

국가＼직원	이과장	김과장	신과장	류과장	임과장	장과장	최과장
미국	○	×	○	×	×	×	×
영국	○	×	○	○	○	×	×
중국	×	○	○	○	○	×	○
일본	×	×	○	×	○	○	○

※ ○ : 출장 가능, × : 출장 불가능
※ 어떤 출장도 일정이 겹치진 않는다.

〈조건〉
• 한 사람이 두 국가까지만 출장 갈 수 있다.
• 모든 사람은 한 국가 이상 출장을 가야 한다.

① 김과장, 최과장, 류과장
② 김과장, 신과장, 류과장
③ 신과장, 류과장, 임과장
④ 김과장, 임과장, 최과장

> **해설** 모든 사람이 한 국가 이상 출장을 가야 한다고 했으므로 김과장은 꼭 중국을 가야 하며, 장과장은 꼭 일본을 가야 한다. 또한 영국으로 4명이 출장을 가야 되고, 출장 가능 직원도 4명이므로 이과장, 신과장, 류과장, 임과장이 영국을 가야한다. 4개 국가 출장에 필요한 직원은 12명인데 김과장과 장과장이 1개 국가 밖에 못가므로 나머지 5명이 2개 국가씩 출장가야 한다는 것에 주의한다.
>
> | | 출장가는 직원 |
> |------|------|
> | 미국(1명) | 이과장 |
> | 영국(4명) | 류과장, 이과장, 신과장, 임과장 |
> | 중국(3명) | 김과장, 최과장, 류과장 |
> | 일본(4명) | 장과장, 최과장, 신과장, 임과장 |

Answer 2.③ 3.④ 4.①

〈프로젝트의 단위활동〉

활동	직전 선행활동	활동시간(일)
A	−	3
B	−	5
C	A	3
D	B	2
E	C, D	4

〈프로젝트의 PERT 네트워크〉

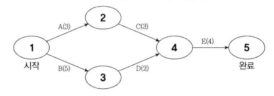

이 프로젝트의 단위활동과 PERT 네트워크를 보면
• A와 B활동은 직전 선행활동이 없으므로 동시에 시작할 수 있다.
• A활동 이후에 C활동을 하고, B활동 이후에 D활동을 하며, C와 D활동이 끝난 후 E활동을 하므로 한 눈에 볼 수 있는 표로 나타내면 다음과 같다.

A(3일)		C(3일)			E(4일)
B(5일)			D(2일)		

∴ 이 프로젝트를 끝내는 데는 최소한 11일이 걸린다.

5 R회사에 근무하는 J대리는 Z프로젝트의 진행을 맡고 있다. J대리는 이 프로젝트를 효율적으로 끝내기 위해 위의 예제를 참고하여 일의 흐름도를 다음과 같이 작성하였다. 이 프로젝트를 끝내는 데 최소한 며칠이 걸리겠는가?

〈Z프로젝트의 단위활동〉

활동	직전 선행활동	활동시간(일)
A	–	7
B	–	5
C	A	4
D	B	2
E	B	4
F	C, D	3
G	C, D, E	2
H	F, G	2

〈Z프로젝트의 PERT 네트워크〉

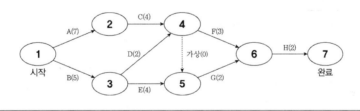

① 15일   ② 16일

③ 17일   ④ 18일

✔ 해설

A(7일)		C(4일)		F(3일)		H(2일)
B(5일)	D(2일)			G(2일)		
	E(4일)					

Answer   5.②

6 위의 문제에서 A활동을 7일에서 3일로 단축시킨다면 전체 일정은 며칠이 단축되겠는가?

① 1일
② 2일
③ 3일
④ 4일

 해설

A(3일)		C(4일)		F(3일)		H(2일)
B(5일)			D(2일)			
		E(4일)			G(2일)	

총 13일이 소요되므로 전체일정은 3일이 단축된다.

7 Z회사는 오늘을 포함하여 30일 동안에 자동차를 생산할 계획이며 Z회사의 하루 최대투입가능 근로자 수는 100명이다. 다음 〈공정표〉에 근거할 때 Z회사가 벌어들일 수 있는 최대 수익은 얼마인가? (단, 작업은 오늘부터 개시되며 각 근로자는 자신이 투입된 자동차의 생산이 끝나야만 다른 자동차의 생산에 투입될 수 있고 1일 필요 근로자 수 이상의 근로자가 투입되더라도 자동차당 생산 소요기간은 변하지 않는다)

〈공정표〉

자동차	소요기간	1일 필요 근로자 수	수익
A	5일	20명	15억 원
B	10일	30명	20억 원
C	10일	50명	40억 원
D	15일	40명	35억 원
E	15일	60명	45억 원
F	20일	70명	85억 원

① 150억 원
② 155억 원
③ 160억 원
④ 165억 원

해설 30일 동안 최대 수익을 올릴 수 있는 진행공정은 다음과 같다.

F(20일, 70명)			C(10일, 50명)
B(10일, 30명)	A(5일, 20명)		

F(85억)＋B(20억)＋A(15억)＋C(40억)＝160억

8 A 기업은 자사 컨테이너 트럭과 외주를 이용하여 B 지점에서 C 지점까지 월 평균 1,600 TEU의 물량을 수송하는 서비스를 제공하고 있다. 아래의 운송조건에서 40feet용 트럭의 1일 평균 필요 외주 대수는?

> • 1일 차량가동횟수 : 1일 2회
> • 보유차량 대수 : 40feet 컨테이너 트럭 11대
> • 차량 월 평균 가동일 수 : 25일

① 2대   ② 3대
③ 4대   ④ 5대

> ✔️해설 하루 40feet 컨테이너에 대한 트럭의 적재량 = $2 \times 40 = 80$
> 월 평균 트럭소요 대수 = $1,600 \times 20 \div 2,000 = 16$
> 월 평균 40feet 컨테이너 트럭의 적재량 = $25 \times 80 = 2,000$
> ∴ 1일 평균 필요 외주 대수는 16−11=5대이다.

9 다음은 ○○그룹 자원관리팀에 근무하는 현수의 상황이다. A자원을 구입하는 것과 B자원을 구입하는 것에 대한 분석으로 옳지 않은 것은?

> 현수는 새로운 프로젝트를 위해 B자원을 구입하였다. 그런데 B자원을 주문한 날 상사가 A자원을 구입하라고 지시하자 고민하다가 결국 상사를 설득시켜 그대로 B자원을 구입하기로 결정했다. 단, 여기서 두 자원을 구입하기 위해 지불해야 할 금액은 각각 50만 원씩으로 같지만 ○○그룹에게 있어 A자원의 실익은 100만 원이고 B자원의 실익은 150만 원이다. 그리고 자원을 주문한 이상 주문 취소는 불가능하다.

① 상사를 설득시켜 그대로 B자원을 구입하기로 결정한 현수의 선택은 합리적이다.
② B자원의 구입으로 인한 기회비용은 100만 원이다.
③ B자원을 구입하기 위해 지불한 50만 원은 회수할 수 없는 매몰비용이다.
④ ○○그룹에게 있어 더 큰 실제의 이익을 주는 자원은 A자원이다.

> ✔️해설 ④ ○○그룹에게 있어 A자원의 실익은 100만 원이고 B자원의 실익은 150만 원이므로 더 큰 실제의 이익을 주는 자원은 B자원이다.

10 다음 자료에 대한 분석으로 옳지 않은 것은?

> △△그룹에는 총 50명의 직원이 근무하고 있으며 자판기 총 설치비용과 사내 전 직원이 누리는 총 만족감을 돈으로 환산한 값은 아래 표와 같다. (단, 자판기로부터 각 직원이 누리는 만족감의 크기는 동일하며 설치비용은 모든 직원이 똑같이 부담한다)

자판기 수(개)	총 설치비용(만 원)	총 만족감(만 원)
3	150	210
4	200	270
5	250	330
6	300	360
7	350	400

① 자판기를 7개 설치할 경우 각 직원들이 부담해야 하는 설치비용은 7만 원이다.
② 자판기를 최적으로 설치하였을 때 전 직원이 누리는 총 만족감은 400만 원이다.
③ 자판기를 4개 설치할 경우 더 늘리는 것이 합리적이다.
④ 자판기를 한 개 설치할 때마다 추가되는 비용은 일정하다.

✔ 해설 ② △△그룹에서 자판기의 최적 설치량은 5개이며 이때 전 직원이 누리는 총 만족감은 330만 원이다.

11 다음은 전력수급 현황을 나타내고 있는 자료이다. 다음 자료에 대한 〈보기〉의 설명 중 올바른 것만을 모두 고른 것은 어느 것인가?

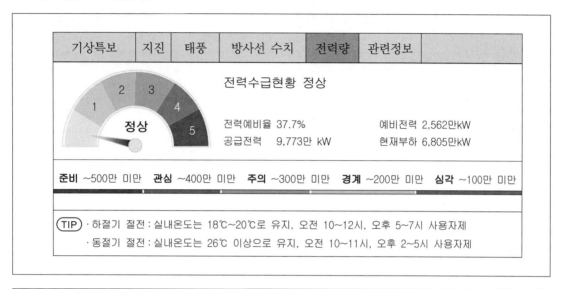

기상특보	지진	태풍	방사선 수치	전력량	관련정보	

전력수급현황 정상

전력예비율 37.7%　　　　예비전력 2,562만kW
공급전력　9,773만 kW　　　현재부하 6,805만kW

준비 ~500만 미만　**관심** ~400만 미만　**주의** ~300만 미만　**경계** ~200만 미만　**심각** ~100만 미만

(TIP) · 하절기 절전 : 실내온도는 18℃~20℃로 유지, 오전 10~12시, 오후 5~7시 사용자제
· 동절기 절전 : 실내온도는 26℃ 이상으로 유지, 오전 10~11시, 오후 2~5시 사용자제

〈보기〉
가. 공급능력에 대한 예비전력의 비율이 전력예비율이다.
나. 예비전력이 현재의 10분의 1 수준이라면 주의단계에 해당된다.
다. 오전 10~11시경은 여름과 겨울에 모두 전력소비가 많은 시간대이다.
라. 일정한 공급능력 상황에서 현재부하가 올라가면 전력예비율은 낮아지게 된다.

① 나, 다, 라　　　　　　　　　② 가, 다, 라
③ 가, 나, 라　　　　　　　　　④ 가, 나, 다

✔ 해설　㉮ 전력예비율은 현재부하에 대한 예비전력의 비율이 된다. (2,562÷6,805×100=약 37.7%)
㉯ 현재의 예비전력이 2,562만kW이므로 10분의 1 수준이면 약 250만kW가 되므로 300만kW미만의 주의단계에 해당된다.
㉰ 하절기와 동절기에 모두 사용자제가 요구되는 시간대이므로 전력소비가 많은 때이다.
㉱ 전력예비율은 예비전력÷현재부하에 대한 비율이므로 일정한 공급능력 상황에서 현재부하가 올라가면 전력예비율은 낮아지게 된다.

Answer　10.② 11.①

12~13 푸르미펜션을 운영하고 있는 K씨는 P씨에게 예약 문의전화를 받았다. 아래의 예약일정과 정보를 보고 K씨가 P씨에게 안내할 사항으로 옳은 것을 고르시오.

〈푸르미펜션 1월 예약 일정〉

일	월	화	수	목	금	토
					1	2
					• 매 가능 • 난 가능 • 국 완료 • 죽 가능	• 매 가능 • 난 완료 • 국 완료 • 죽 가능
3	4	5	6	7	8	9
• 매 완료 • 난 가능 • 국 완료 • 죽 가능	• 매 가능 • 난 가능 • 국 가능 • 죽 가능	• 매 가능 • 난 가능 • 국 가능 • 죽 가능	• 매 가능 • 난 가능 • 국 가능 • 죽 가능	• 매 가능 • 난 가능 • 국 가능 • 죽 가능	• 매 완료 • 난 가능 • 국 완료 • 죽 완료	• 매 완료 • 난 가능 • 국 완료 • 죽 완료
10	11	12	13	14	15	16
• 매 가능 • 난 완료 • 국 완료 • 죽 가능	• 매 가능 • 난 가능 • 국 가능 • 죽 가능	• 매 가능 • 난 가능 • 국 가능 • 죽 가능	• 매 가능 • 난 가능 • 국 가능 • 죽 가능	• 매 가능 • 난 가능 • 국 가능 • 죽 가능	• 매 가능 • 난 완료 • 국 완료 • 죽 가능	• 매 가능 • 난 완료 • 국 완료 • 죽 가능

※ 완료 : 예약완료, 가능 : 예약가능

〈푸르미펜션 이용요금〉

(단위 : 만 원)

객실명	인원		이용요금			
			비수기		성수기	
	기준	최대	주중	주말	주중	주말
매	12	18	23	28	28	32
난	12	18	25	30	30	35
국	15	20	26	32	32	37
죽	30	35	30	34	34	40

※ 주말 : 금-토, 토-일, 공휴일 전날-당일
　성수기 : 7~8월, 12~1월
※ 기준인원초과 시 1인당 추가 금액 : 10,000원

K씨 : 감사합니다. 푸르미펜션입니다.

P씨 : 안녕하세요. 회사 워크숍 때문에 예약문의를 좀 하려고 하는데요. 1월 8~9일이나 15~16일에 "국"실에 예약이 가능할까요? 웬만하면 8~9일로 예약하고 싶은데….

K씨 : 인원이 몇 명이시죠?

P씨 : 일단 15명 정도이고요 추가적으로 3명 정도 더 올 수도 있습니다.

K씨 : _____ ㉠ _____

P씨 : 기준 인원이 12명으로 되어있던데 너무 좁지는 않겠습니까?

K씨 : 두 방 모두 "국"실보다 방 하나가 적긴 하지만 총 면적은 비슷합니다. 하지만 화장실 등의 이용이 조금 불편하실 수는 있겠군요. 흠…. 8~9일로 예약하시면 비수기 가격으로 해드리겠습니다.

P씨 : 아, 그렇군요. 그럼 8~9일로 예약 하겠습니다. 그럼 가격은 어떻게 됩니까?

K씨 : _____ ㉡ _____ 인원이 더 늘어나게 되시면 1인당 10,000원씩 추가로 결재하시면 됩니다. 일단 10만 원만 홈페이지의 계좌로 입금하셔서 예약 완료하시고 차액은 당일에 오셔서 카드나 현금으로 계산하시면 됩니다.

---

12 ㉠에 들어갈 K씨의 말로 가장 알맞은 것은?

① 죄송합니다만 1월 8~9일, 15~16일 모두 예약이 모두 차서 이용 가능한 방이 없습니다.

② 1월 8~9일이나 15~16일에는 "국"실 예약이 모두 차서 예약이 어렵습니다. 15명이시면 1월 8~9일에는 "난"실, 15~16일에는 "매"실에 예약이 가능하신데 어떻게 하시겠습니까?

③ 1월 8~9일에는 "국"실 예약 가능하시고 15~16일에는 예약이 완료되었습니다. 15명이시면 15~16일에는 "매"실에 예약이 가능하신데 어떻게 하시겠습니까?

④ 1월 8~9일에는 "국"실 예약이 완료되었고 15~16일에는 예약 가능하십니다. 15명이시면 8~9일에는 "난"실에 예약이 가능하신데 어떻게 하시겠습니까?

> ✔해설 8~9일, 15~16일 모두 "국"실은 모두 예약이 완료되었다. 워크숍 인원이 15~18명이라고 했으므로 "매"실 또는 "난"실을 추천해주는 것이 좋다. 8~9일에는 "난"실, 15~16일에는 "매"실의 예약이 가능하다.

13 ⓛ에 들어갈 K씨의 말로 가장 알맞은 것은?

① 그럼 1월 8~9일로 "난"실 예약 도와드리겠습니다. 15인일 경우 기본 30만 원에 추가 3인 하셔서 총 33만 원입니다.

② 그럼 1월 8~9일로 "난"실 예약 도와드리겠습니다. 15인일 경우 기본 35만 원에 추가 3인 하셔서 총 38만 원입니다.

③ 그럼 1월 8~9일로 "매"실 예약 도와드리겠습니다. 15인일 경우 기본 28만 원에 추가 3인 하셔서 총 31만 원입니다.

④ 그럼 1월 8~9일로 "매"실 예약 도와드리겠습니다. 15인일 경우 기본 32만 원에 추가 3인 하셔서 총 35만 원입니다.

> ✔해설 8~9일로 예약하겠다고 했으므로 예약 가능한 방은 "난"실이다. 1월은 성수기이지만 비수기 가격으로 해주기로 했으므로 비수기 주말 가격인 기본 30만 원에 추가 3만 원으로 안내해야 한다.

14 A씨와 B씨는 내일 있을 시장동향 설명회에 발표할 준비를 함께 하게 되었다. 우선 오전 동안 자료를 수집하고 오후 1시에 함께 회의하여 PPT작업과 도표로 작성해야 할 자료 등을 정리하고 각자 다음과 같은 업무를 나눠서 하려고 한다. 회의를 제외한 모든 업무는 혼자서 할 수 있는 일이고, 발표원고 작성은 PPT가 모두 작성되어야 시작할 수 있다. 각 영역당 소요시간이 다음과 같을 때 옳지 않은 것은? (단, 두 사람은 가장 빨리 작업을 끝낼 수 있는 방법을 선택한다)

업무	소요시간
회의	1시간
PPT 작성	2시간
PPT 검토	2시간
발표원고 작성	3시간
도표 작성	3시간

① 7시까지 발표 준비를 마칠 수 있다.

② 두 사람은 같은 시간에 준비를 마칠 수 있다.

③ A가 도표작성 능력이 떨어지고 두 사람의 PPT 활용 능력이 비슷하다면 발표원고는 A가 작성하게 된다.

④ 도표를 작성한 사람이 발표원고를 작성한다.

> ✔해설 ④ PPT작성이 도표작성보다 더 먼저 끝나므로 PPT를 작성한 사람이 발표원고를 작성하는 것이 일을 더 빨리 끝낼 수 있다.

▌15～16 ▌ D회사에서는 1년에 1명을 선발하여 해외연수를 보내주는 제도가 있다. 김부장, 최과장, 오과장, 홍대리 4명이 지원한 가운데 〈선발 기준〉과 〈지원자 현황〉은 다음과 같다. 다음을 보고 물음에 답하시오.

〈선발 기준〉

구분	점수	비고
외국어 성적	50점	
근무 경력	20점	15년 이상이 만점 대비 100%, 10년 이상 15년 미만이 70%, 10년 미만이 50%이다. 단, 근무경력이 최소 5년 이상인 자만 선발 자격이 있다.
근무 성적	10점	
포상	20점	3회 이상이 만점 대비 100%, 1～2회가 50%, 0회가 0%이다.
계	100점	

〈지원자 현황〉

구분	김부장	최과장	오과장	홍대리
근무경력	30년	20년	10년	3년
포상	2회	4회	0회	5회

※ 외국어 성적은 김부장과 최과장이 만점 대비 50%이고, 오과장이 80%, 홍대리가 100%이다.
※ 근무 성적은 최과장이 만점이고, 김부장, 오과장, 홍대리는 만점 대비 90%이다.

15 위의 선발기준과 지원자 현황에 따를 때 가장 높은 점수를 받은 사람이 선발된다면 선발되는 사람은?

① 김부장　　　　　　　　　　② 최과장
③ 오과장　　　　　　　　　　④ 홍대리

	김부장	최과장	오과장	홍대리
외국어 성적	25점	25점	40점	근무경력이 5년 미만이므로 선발 자격이 없다.
근무 경력	20점	20점	14점	
근무 성적	9점	10점	9점	
포상	10점	20점	0점	
계	64점	75점	63점	

16 회사 규정의 변경으로 인해 선발기준이 다음과 같이 변경되었다면, 새로운 선발기준 하에서 선발되는 사람은? (단, 가장 높은 점수를 받은 사람이 선발된다)

구분	점수	비고
외국어 성적	40점	
근무 경력	40점	30년 이상이 만점 대비 100%, 20년 이상 30년 미만이 70%, 20년 미만이 50%이다. 단, 근무경력이 최소 5년 이상인 자만 선발 자격이 있다.
근무 성적	10점	
포상	10점	3회 이상이 만점 대비 100%, 1~2회가 50%, 0회가 0%이다.
계	100점	

① 김부장　　　　　　　　　　　　② 최과장
③ 오과장　　　　　　　　　　　　④ 홍대리

 해설

	김부장	최과장	오과장	홍대리
외국어 성적	20점	20점	32점	근무경력이 5년 미만이므로 선발 자격이 없다.
근무 경력	40점	28점	20점	
근무 성적	9점	10점	9점	
포상	5점	10점	0점	
계	74점	68점	61점	

17 다음 상황에서 총 순이익 200억 중에 Y사가 150억을 분배 받았다면 Y사의 연구개발비는 얼마인가?

X사와 Y사는 신제품을 공동개발하여 판매한 총 순이익을 다음과 같은 기준에 의해 분배하기로 약정하였다.

- 1번째 기준 : X사와 Y사는 총 순이익에서 각 회사 제조원가의 10%에 해당하는 금액을 우선 각자 분배 받는다.
- 2번째 기준 : 총 순수익에서 위의 1번째 기준에 의해 분배 받은 금액을 제외한 나머지 금액에 대한 분배는 각 회사가 연구개발을 지출한 비용에 비례하여 분배액을 정한다.

〈신제품 개발과 판례에 따른 연구개발비용과 총 순이익〉

(단위 : 억 원)

구분	X사	Y사
제조원가	200	600
연구개발비	100	( )
총 순이익	200	

---

① 200억 원   ② 250억 원

③ 300억 원   ④ 350억 원

✔해설 1번째 기준에 의해 X사는 200억의 10%인 20억을 분배 받고, Y사는 600억의 10%인 60억을 분배 받는다. Y가 분배 받은 금액이 총 150억이라고 했으므로 X사가 분배 받은 금액은 50억이다. X사가 두 번째 기준에 의해 분배 받은 금액은 30억이고, Y사가 두 번째 기준에 의해 분배 받은 금액은 90억이다. 두 번째 기준은 연구개발비용에 비례하여 분배 받은 것이므로 X사의 연구개발비의 3배로 계산하면 300억이다.

18 다음은 어느 회사의 성과상여금 지급기준이다. 다음 기준에 따를 때 성과상여금을 가장 많이 받는 사원과 가장 적게 받는 사원의 금액 차이는 얼마인가?

〈성과상여금 지급기준〉

지급원칙
• 성과상여금은 적용대상사원에 대하여 성과(근무성적, 업무난이도, 조직 기여도의 평점 합) 순위에 따라 지급한다.

성과상여금 지급기준액

5급 이상	6급~7급	8급~9급	계약직
500만원	400만원	200만원	200만원

지급등급 및 지급률
• 5급 이상

지급등급	S등급	A등급	B등급	C등급
성과 순위	1위	2위	3위	4위 이하
지급률	180%	150%	120%	80%

• 6급 이하 및 계약직

지급등급	S등급	A등급	B등급
성과 순위	1위~2위	3~4위	5위 이하
지급률	150%	130%	100%

지급액 산정방법
개인별 성과상여금 지급액은 지급기준액에 해당등급의 지급율을 곱하여 산정한다.

〈소속사원 성과 평점〉

사원	평점			직급
	근무성적	업무난이도	조직기여도	
수현	8	5	7	계약직
이현	10	6	9	계약직
서현	8	8	6	4급
진현	5	5	8	5급
준현	9	9	10	6급
지현	9	10	8	7급

① 260만원　　　　　　　　　　② 340만원

③ 400만원　　　　　　　　　　④ 450만원

✔ 해설　사원별로 성과상여금을 계산해보면 다음과 같다.

사원	평점 합	순위	산정금액
수현	20	5	200만원×100%＝200만원
이현	25	3	200만원×130%＝260만원
서현	22	4	500만원×80%＝400만원
진현	18	6	500만원×80%＝400만원
준현	28	1	400만원×150%＝600만원
지현	27	2	400만원×150%＝600만원

가장 많이 받은 금액은 600만원이고 가장 적게 받은 금액은 200만원이므로 이 둘의 차는 400만원이다.

19 인사부에서 근무하는 H씨는 다음 〈상황〉과 〈조건〉에 근거하여 부서 배정을 하려고 한다. 〈상황〉과 〈조건〉을 모두 만족하는 부서 배정은 어느 것인가?

〈상황〉

총무부, 영업부, 홍보부에는 각각 3명, 2명, 4명의 인원을 배정하여야 한다. 이번에 선발한 인원으로는 5급이 A, B, C가 있으며, 6급이 D, E, F가 있고 7급이 G, H, I가 있다.

〈조건〉

조건1 : 총무부에는 5급이 2명 배정되어야 한다.
조건2 : B와 C는 서로 다른 부서에 배정되어야 한다.
조건3 : 홍보부에는 7급이 2명 배정되어야 한다.
조건4 : A와 I는 같은 부서에 배정되어야 한다.

	총무부	영업부	홍보부
①	A, C, I	D, E	B, F, G, H
②	A, B, E	D, G	C, F, H, I
③	A, B, I	C, D, G	E, F, H
④	B, C, H	D, E	A, F, G, I

✔ 해설　② A와 I가 같은 부서에 배정되어야 한다는 조건4를 만족하지 못한다.
　　　③ 홍보부에 4명이 배정되어야 한다는 〈상황〉에 부합하지 못한다.
　　　④ B와 C가 서로 다른 부서에 배정되어야 한다는 조건2를 만족하지 못한다.

20 G회사에서 근무하는 S씨는 직원들의 출장비를 관리하고 있다. 이 회사의 규정이 다음과 같을 때 S씨가 甲 부장에게 지급해야 하는 총일비와 총 숙박비는 각각 얼마인가? (국가 간 이동은 모두 항공편으로 한다고 가정한다)

여행일수의 계산

여행일수는 여행에 실제로 소요되는 일수에 의한다. 국외여행의 경우에는 국내 출발일은 목적지를, 국내 도착일은 출발지를 여행하는 것으로 본다.

여비의 구분계산

• 여비 각 항목은 구분하여 계산한다.
• 같은 날에 여비액을 달리하여야 할 경우에는 많은 액을 기준으로 지급한다.

일비 · 숙박비의 지급

• 국외여행자의 경우는 〈국외여비정액표〉에 따라 지급한다.
• 일비는 여행일수에 따라 지급한다.
• 숙박비는 숙박하는 밤의 수에 따라 지급한다. 다만 항공편 이동 중에는 따로 숙박비를 지급하지 아니한다.

〈국외여비정액표〉

(단위 : 달러)

구분	여행국가	일비	숙박비
부장	A국	80	233
	B국	70	164

〈甲의 여행일정〉

1일째	(06:00) 출국
2일째	(07:00) A국 도착
	(18:00) 만찬
3일째	(09:00) 회의
	(15:00) A국 출국
	(17:00) B국 도착
4일째	(09:00) 회의
	(18:00) 만찬
5일째	(22:00) B국 출국
6일째	(20:00) 귀국

	총일비(달러)	총숙박비(달러)
①	450	561
②	450	610
③	460	610
④	460	561

✔해설 ㉠ 1일째와 2일째는 일비가 각각 80달러이고, 3일째는 여비액이 다를 경우 많은 액을 기준으로 삼는다
했으므로 80달러, 4~6일째는 각각 70달러이다. 따라서 총일비는 450달러이다.
㉡ 1일째에서 2일째로 넘어가는 밤에는 항공편에서 숙박했고, 2일째에서 3일째 넘어가는 밤에는 숙박비
가 233달러이다. 3일째에서 4일로 넘어가는 밤과 4일째에서 5일째로 넘어가는 밤에는 각각 숙박비가
164달러이다. 5일째에서 6일로 넘어가는 밤에는 항공편에서 숙박했다. 따라서 총숙박비는 561달러이다.

▌21~22 ▌ 공장 주변지역의 농경수 오염에 책임이 있는 기업이 총 70억원의 예산을 가지고 피해 현황 심
사와 보상을 진행한다고 한다. 다음 글을 읽고 물음에 답하시오.

총 500건의 피해가 발생했고, 기업측에서는 실제 피해 현황을 심사하여 보상하기로 하였다. 심사에 소요되는
비용은 보상 예산에서 사용한다. 심사를 통해 좀 더 정확한 피해 규모를 파악할 수 있지만, 그에 따라 소요되는
비용 또한 증가하게 된다.

	1일째	2일째	3일째	4일째
일별 심사 비용(억원)	0.5	0.7	0.9	1.1
일별 보상대상 제외건수	50	45	40	35

• 보상금 총액=예산−심사 비용
• 표는 누적수치가 아닌, 하루에 소요되는 비용을 말함
• 일별 심사 비용은 매일 0.2억씩 증가하고 제외건수는 매일 5건씩 감소함
• 제외건수가 0이 되는 날, 심사를 중지하고 보상금을 지급함

21 기업측이 심사를 중지하는 날까지 소요되는 일별 심사 비용은 총 얼마인가?

① 15억원　　　　　　　　　　　　② 15.5억원

③ 16억원　　　　　　　　　　　　④ 16.5억원

✔해설 제외건수가 매일 5건씩 감소한다고 했으므로 11일째 되는 날 제외건수가 0이 되고 일별 심사 비용은
총 16.5억원이 된다.

Answer　20.① 21.④

22 심사를 중지하고 총 500건에 대해서 보상을 한다고 할 때, 보상대상자가 받는 건당 평균 보상금은 대략 얼마인가?

① 약 1천만원

② 약 2천만원

③ 약 3천만원

④ 약 4천만원

✔ 해설 (70억－16.5억)/500건＝1,070만원

23 S기관은 업무처리시 오류 발생을 줄이기 위해 2020년부터 오류 점수를 계산하여 인사고과에 반영한다고 한다. 이를 위해 매월 직원별로 오류 건수를 조사하여 오류 점수를 다음과 같이 계산한다고 할 때, 가장 높은 오류 점수를 받은 사람은 누구인가?

〈오류 점수 계산 방식〉

• 일반 오류는 1건당 10점, 중대 오류는 1건당 20점씩 오류 점수를 부과하여 이를 합산한다.
• 전월 우수사원으로 선정된 경우, 합산한 오류 점수에서 80점을 차감하여 월별 최종 오류 점수를 계산한다.

〈S기관 벌점 산정 기초자료〉

직원	오류 건수(건)		전월 우수사원 선정 여부
	일반 오류	중대 오류	
A	5	20	미선정
B	10	20	미선정
C	15	15	선정
D	20	10	미선정

① A

② B

③ C

④ D

✔ 해설 ① A : 450점
② B : 500점
③ C : 370점
④ D : 400점

24 J회사 관리부에서 근무하는 L씨는 소모품 구매를 담당하고 있다. 2021년 5월 중에 다음 조건 하에서 A4 용지와 토너를 살 때, 총 비용이 가장 적게 드는 경우는? (단, 2021년 5월 1일에는 A4용지와 토너는 남 아 있다고 가정하며, 다 썼다는 말이 없으면 그 소모품들은 남아있다고 가정한다)

- A4용지 100장 한 묶음의 정가는 1만 원, 토너는 2만 원이다. (A4용지는 100장 단위로 구매함)
- J회사와 거래하는 ◇◇오피스는 매달 15일에 전 품목 20% 할인 행사를 한다.
- ◇◇오피스에서는 5월 5일에 A사 카드를 사용하면 정가의 10%를 할인해 준다.
- 총 비용이란 소모품 구매가격과 체감비용(소모품을 다 써서 느끼는 불편)을 합한 것이다.
- 체감비용은 A4용지와 토너 모두 하루에 500원이다.
- 체감비용을 계산할 때, 소모품을 다 쓴 당일은 포함하고 구매한 날은 포함하지 않는다.
- 소모품을 다 쓴 당일에 구매하면 체감비용은 없으며, 소모품이 남은 상태에서 새 제품을 구입 할 때도 체감비용은 없다.

① 3일에 A4용지만 다 써서, 5일에 A사 카드로 A4용지와 토너를 살 경우
② 13일에 토너만 다 써서 당일 토너를 사고, 15일에 A4용지를 살 경우
③ 10일에 A4용지와 토너를 다 써서 15일에 A4용지와 토너를 같이 살 경우
④ 3일에 A4용지만 다 써서 당일 A4용지를 사고, 13일에 토너를 다 써서 15일에 토너만 살 경우

 해설 ① 1,000원(체감비용)+27,000원=28,000원
② 20,000원(토너)+8,000원(A4용지)=28,000원
③ 5,000원(체감비용)+24,000원=29,000원
④ 10,000원(A4용지)+1,000원(체감비용)+16,000원(토너)=27,000원

25 다음에서 설명하는 예산제도는 무엇인가?

> 이것은 정부 예산이 여성과 남성에게 미치는 영향을 평가하고 이를 반영함으로써 예산에 뒷받침되는 정책과 프로그램이 성별 형평성을 담보하고, 편견과 고정관념을 배제하며, 남녀 차이를 고려하여 의도하지 않은 예산의 불평등한 배분효과를 파악하고, 이에 대한 개선안을 제시함으로써 궁극적으로 예산의 배분규칙을 재정립할 수 있도록 하는 제도이다. 또한 정책의 공정성을 높일 수 있으며, 남녀의 차이를 고려하므로 정책이 더 효율적이고 양성 평등한 결과를 기대할 수 있다. 그리하여 남성과 여성이 동등한 수준의 삶의 질을 향유할 수 있다는 장점이 있다.

① 품목별예산제도
② 성인지예산제도
③ 영기준예산제도
④ 성과주의예산제도

✔ **해설** ① 품목별 예산제도 : 지출대상을 품목별로 분류해 그 지출대상과 한계를 명확히 규정하는 통제지향적 예산제도
③ 영기준예산제도 : 모든 예산항목에 대해 전년도 예산을 기준으로 잠정적인 예산을 책정하지 않고 모든 사업계획과 활동에 대해 법정경비 부분을 제외하고 영 기준(zero-base)을 적용하여 과거의 실적이나 효과, 정책의 우선순위를 엄격히 심사해 편성한 예산제도
④ 성과주의예산제도 : 예산을 기능별, 사업계획별, 활동별로 분류하여 예산의 지출과 성과의 관계를 명백히 하기 위한 예산제도

26 다음은 신입직원인 동성과 성종이 기록한 일기의 한 부분이다. 이에 대한 설명으로 옳지 않은 것은?

동성의 일기

2021. 2. 5 금
　… 중국어 실력이 부족하여 하루 종일 중국어를 해석하는데 온 시간을 투자하였고 동료에게 무시를 당했다. 평소 중국어 공부를 소홀히 한 것이 후회스럽다.

2021. 2. 13 토
　… 주말이지만 중국어 학원을 등록하여 오늘부터 중국어 수업을 들었다. 회사 업무도 업무지만 중국어는 앞으로 언젠가는 필요할 것이니까 지금부터라도 차근차근 배워야겠다.

성종의 일기

2021. 2. 21 일
　오늘은 고등학교 동창들과 만든 테니스 모임이 있는 날이다. 여기서 친구들과 신나게 운동을 하면 지금까지 쌓였던 피로가 한 순간에 날아간다. 지난 한주의 스트레스를 오늘 여기서 다 날려 버리고 내일 다시 새로운 한주를 시작해야지.

2021. 2. 26 금
　업무가 끝난 후 오랜만에 대학 친구들과 회식을 하였다. 그 중에서 한 친구는 자신의 아들이 이번에 ○○대학병원 인턴으로 가게 됐는데 직접 환자를 수술하는 상황에 처하자 두려움이 생겨 의사를 선택한 것에 대해 후회를 하고 있다며 아들 걱정을 하였다. 그에 비하면 나는 비록 작은 회사에 다니지만 그래도 내 적성과 맞는 직업을 택해 매우 다행이라는 생각이 문득 들었다.

---

① 성종은 비공식조직의 순기능을 경험하고 있다.
② 동성은 재사회화 과정을 거치고 있다.
③ 성종은 적성과 직업의 불일치 상황에 놓여 있다.
④ 동성은 업무수행에 있어 비공식적 제재를 받았다.

✔ 해설　③ 직업불일치 상황에 놓여 있는 것은 성종의 친구 아들이다.

Answer 25.② 26.③

27 다음 사례에 대한 분석으로 옳은 것은?

> 자택근무로 일하고 있는 지수는 컴퓨터로 그림 작업을 하고 있다. 수입은 시간당 7천 원이고 작업하는 시간에 따라 '피로도'라는 비용이 든다. 지수가 하루에 작업하는 시간과 그에 따른 수입(편익) 및 피로도(비용)의 정도를 각각 금액으로 환산하면 다음과 같다.
>
> (단위 : 원)
>
> | 시간 | 3 | 4 | 5 | 6 | 7 |
> |------|------|------|------|------|------|
> | 총 편익 | 21,000 | 28,000 | 35,000 | 42,000 | 49,000 |
> | 총 비용 | 11,000 | 15,000 | 22,000 | 28,000 | 36,000 |
>
> * 순편익＝총 편익－총 비용

① 지수는 하루에 6시간 일하는 것이 가장 합리적이다.

② 지수가 1시간 더 일할 때마다 추가로 발생하는 비용은 일정하다.

③ 지수는 자택근무로 하루에 최대로 얻을 수 있는 순편익이 15,000원이다.

④ 지수가 1시간 더 일할 때마다 추가로 발생하는 편익은 계속 증가한다.

> ✔해설 ② 1시간 더 일할 때마다 추가로 발생하는 비용은 일정하지 않다.
> ③ 지수가 자택근무로 하루에 최대로 얻을 수 있는 순편익은 14,000원이다.
> ④ 1시간 더 일할 때마다 추가로 발생하는 편익은 항상 일정하다.

28 물적 자원 활용의 방해요인 중 다음 사례에 해당되는 것끼리 바르게 묶인 것은?

> 건설회사에 다니는 박과장은 하나의 물건을 오랫동안 사용하지 못하고 수시로 바꾸는 것으로 동료들에게 유명하다. 며칠 전에도 사무실에서 작업공구를 사용하고 아무 곳에 놓았다가 잊어버려 새로 구입하였고 오늘은 며칠 전에 구입했던 핸드폰을 만지다 떨어뜨려 A/S센터에 수리를 맡기기도 했다. 박과장은 이렇게 물건을 사용하고 제자리에 두기만 하면 오랫동안 잃어버리지 않고 사용할 수 있는데도 평소 아무 생각 없이 물건을 방치하여 새로 구입한 적이 허다하고 조금만 조심해서 사용하면 굳이 비싼 돈을 들여 다시 수리를 맡기지 않아도 될 것을 함부로 다루다가 망가뜨려 수리를 맡긴 적이 한두 번이 아니다. 박과장은 이러한 일로 매달 월급의 3분의 1을 소비하며 매일 자기 자신의 행동에 대해 후회하고 있다.

① 구입하지 않은 경우, 훼손 및 파손된 경우
② 보관 장소를 파악하지 못한 경우, 훼손 및 파손된 경우
③ 구입하지 않은 경우, 분실한 경우
④ 보관 장소를 파악하지 못한 경우, 분실한 경우

✔ 해설 물적 자원 활용의 방해요인으로는 물품의 보관 장소를 파악하지 못한 경우, 물품이 훼손 및 파손된 경우, 물품을 분실한 경우로 나눌 수 있다. 해당 사례는 물품의 보관 장소를 파악하지 못한 경우와 물품이 훼손 및 파손된 경우에 속한다.

Answer 27.① 28.②

29 다음은 ☆☆ 기업의 직원별 과제 수행 결과에 대한 평가표이다. 가장 나쁜 평가를 받은 사람은 누구인가?

⟨직원별 과제 수행 결과 평가표⟩

성명	과제 수행 결과	점수
정은	정해진 기한 내에서 작업 완료	
석준	주어진 예산 한도 내에서 작업 완료	
환욱	계획보다 적은 인원을 투입하여 작업 완료	
영재	예상보다 더 많은 양의 부품을 사용하여 작업 완료	

① 정은

② 석준

③ 환욱

④ 영재

✔해설 정해진 기한 내에 인적, 물적, 금전적 자원 한도 내에서 작업이 완료되는 경우 과제 수행 결과에 대한 평가가 좋게 이루어진다. 따라서 정은, 석준, 환욱은 좋은 평가를 받게 되고 영재는 예상보다 많은 양의 물적 자원을 사용하였으므로 가장 나쁜 평가를 받게 된다.

30 다음 사례에 나타난 자원 낭비 요인으로 옳지 않은 것은?

> 진수는 평소 시간에 대해서 중요하게 생각한 적이 없다. '시간이란 누구에게나 무한하게 있는 것으로 사람들은 왜 그렇게 시간을 중요하게 생각하는지 모르겠다.' 이것이 진수의 생각이다. 따라서 그는 어떤 일이나 약속을 하더라도 그때그때 기분에 따라서 행동을 하지 결코 계획을 세워 행동한 적이 없고 그 결과 중요한 약속을 지키지 못하거나 일을 그르친 적이 한두 번이 아니었다. 그리고 약간의 노하우만 있으면 쉽고 빨리 할 수 있는 일들도 진수는 다른 사람들에 비해 어렵고 오랜 시간을 들여 행하는 편이다. 이러한 이유로 사람들은 점점 진수를 신뢰하지 못하게 되었고 진수의 인간관계는 멀어지게 되었다.

① 비계획적 행동
② 편리성 추구
③ 자원에 대한 인식 부재
④ 노하우 부족

✔ 해설 ① 「그는 어떤 일이나 약속을 하더라도 그때그때 기분에 따라서 행동을 하지 결코 계획을 세워 행동한 적이 없다.」→ 비계획적 행동
③ 「진수는 평소 시간에 대해서 중요하게 생각한 적이 없다. '시간이란 누구에게나 무한하게 있는 것으로 사람들은 왜 그렇게 시간을 중요하게 생각하는지 모르겠다.'」→ 자원에 대한 인식 부재
④ 「약간의 노하우만 있으면 쉽고 빨리 할 수 있는 일들도 진수는 다른 사람들에 비해 어렵고 오랜 시간을 들여 행하는 편이다.」→ 노하우 부족

1 정보화사회와 정보능력

(1) 정보와 정보화사회

① 자료 · 정보 · 지식

구분	특징
자료(Data)	객관적 실제의 반영이며, 그것을 전달할 수 있도록 기호화한 것
정보(Information)	자료를 특정한 목적과 문제해결에 도움이 되도록 가공한 것
지식(Knowledge)	정보를 집적하고 체계화하여 장래의 일반적인 사항에 대비해 보편성을 갖도록 한 것

② **정보화사회** : 필요로 하는 정보가 사회의 중심이 되는 사회

(2) 업무수행과 정보능력

① 컴퓨터의 활용 분야

　㉠ 기업 경영 분야에서의 활용 : 판매, 회계, 재무, 인사 및 조직관리, 금융 업무 등

　㉡ 행정 분야에서의 활용 : 민원처리, 각종 행정 통계 등

　㉢ 산업 분야에서의 활용 : 공장 자동화, 산업용 로봇, 판매시점관리시스템(POS) 등

　㉣ 기타 분야에서의 활용 : 교육, 연구소, 출판, 가정, 도서관, 예술 분야 등

② 정보처리과정

　㉠ **정보 활용 절차** : 기획 → 수집 → 관리 → 활용

　㉡ 5W2H : 정보 활용의 전략적 기획

　• WHAT(무엇을?) : 정보의 입수대상을 명확히 한다.

　• WHERE(어디에서?) : 정보의 소스(정보원)를 파악한다.

　• WHEN(언제까지) : 정보의 요구(수집)시점을 고려한다.

　• WHY(왜?) : 정보의 필요목적을 염두에 둔다.

　• WHO(누가?) : 정보활동의 주체를 확정한다.

　• HOW(어떻게) : 정보의 수집방법을 검토한다.

• HOW MUCH(얼마나?) : 정보수집의 비용성(효용성)을 중시한다.

<table>
<tr><td>

예제 1

5W2H는 정보를 전략적으로 수집·활용할 때 주로 사용하는 방법이다. 5W2H에 대한 설명으로 옳지 않은 것은?

① WHAT : 정보의 수집방법을 검토한다.
② WHERE : 정보의 소스(정보원)를 파악한다.
③ WHEN : 정보의 요구(수집)시점을 고려한다.
④ HOW : 정보의 수집방법을 검토한다.

</td><td>

출제의도

방대한 정보들 중 꼭 필요한 정보와 수집 방법 등을 전략적으로 기획하고 정보수집이 이루어질 때 효과적인 정보 수집이 가능해진다. 5W2H는 이러한 전략적 정보 활용 기획의 방법으로 그 개념을 이해하고 있는지를 묻는 질문이다.

해 설

5W2H의 'WHAT'은 정보의 입수대상을 명확히 하는 것이다. 정보의 수집방법을 검토하는 것은 HOW(어떻게)에 해당되는 내용이다.

답 ①

</td></tr>
</table>

(3) 사이버공간에서 지켜야 할 예절

① 인터넷의 역기능
  ㉠ 불건전 정보의 유통
  ㉡ 개인 정보 유출
  ㉢ 사이버 성폭력
  ㉣ 사이버 언어폭력
  ㉤ 언어 훼손
  ㉥ 인터넷 중독
  ㉦ 불건전한 교제
  ㉧ 저작권 침해

② 네티켓(netiquette) : 네트워크(network) + 에티켓(etiquette)

(4) 정보의 유출에 따른 피해사례

① 개인정보의 종류

    ㉠ **일반 정보** : 이름, 주민등록번호, 운전면허정보, 주소, 전화번호, 생년월일, 출생지, 본적지, 성별, 국적 등

    ㉡ **가족 정보** : 가족의 이름, 직업, 생년월일, 주민등록번호, 출생지 등

    ㉢ **교육 및 훈련 정보** : 최종학력, 성적, 기술자격증/전문면허증, 이수훈련 프로그램, 서클 활동, 상벌사항, 성격/행태보고 등

    ㉣ **병역 정보** : 군번 및 계급, 제대유형, 주특기, 근무부대 등

    ㉤ **부동산 및 동산 정보** : 소유주택 및 토지, 자동차, 저축현황, 현금카드, 주식 및 채권, 수집품, 고가의 예술품 등

    ㉥ **소득 정보** : 연봉, 소득의 원천, 소득세 지불 현황 등

    ㉦ **기타 수익 정보** : 보험가입현황, 수익자, 회사의 판공비 등

    ㉧ **신용 정보** : 대부상황, 저당, 신용카드, 담보설정 여부 등

    ㉨ **고용 정보** : 고용주, 회사주소, 상관의 이름, 직무수행 평가 기록, 훈련기록, 상벌기록 등

    ㉩ **법적 정보** : 전과기록, 구속기록, 이혼기록 등

    ㉪ **의료 정보** : 가족병력기록, 과거 의료기록, 신체장애, 혈액형 등

    ㉫ **조직 정보** : 노조가입, 정당가입, 클럽회원, 종교단체 활동 등

    ㉬ **습관 및 취미 정보** : 흡연/음주량, 여가활동, 도박성향, 비디오 대여기록 등

② 개인정보 유출방지 방법

    ㉠ 회원 가입 시 이용 약관을 읽는다.

    ㉡ 이용 목적에 부합하는 정보를 요구하는지 확인한다.

    ㉢ 비밀번호는 정기적으로 교체한다.

    ㉣ 정체불명의 사이트는 멀리한다.

    ㉤ 가입 해지 시 정보 파기 여부를 확인한다.

    ㉥ 남들이 쉽게 유추할 수 있는 비밀번호는 자제한다.

2 정보능력을 구성하는 하위능력

(1) 컴퓨터활용능력

① 인터넷 서비스 활용

  ㉠ 전자우편(E-mail) 서비스 : 정보 통신망을 이용하여 다른 사용자들과 편지나 여러 정보를 주고받는 통신 방법

  ㉡ 인터넷 디스크/웹 하드 : 웹 서버에 대용량의 저장 기능을 갖추고 사용자가 개인용 컴퓨터의 하드 디스크와 같은 기능을 인터넷을 통하여 이용할 수 있게 하는 서비스

  ㉢ 메신저 : 인터넷에서 실시간으로 메시지와 데이터를 주고받을 수 있는 소프트웨어

  ㉣ 전자상거래 : 인터넷을 통해 상품을 사고팔거나 재화나 용역을 거래하는 사이버 비즈니스

② 정보검색 : 여러 곳에 분산되어 있는 수많은 정보 중에서 특정 목적에 적합한 정보만을 신속하고 정확하게 찾아내어 수집, 분류, 축적하는 과정

  ㉠ 검색엔진의 유형

   • 키워드 검색 방식 : 찾고자 하는 정보와 관련된 핵심적인 언어인 키워드를 직접 입력하여 이를 검색 엔진에 보내어 검색 엔진이 키워드와 관련된 정보를 찾는 방식

   • 주제별 검색 방식 : 인터넷상에 존재하는 웹 문서들을 주제별, 계층별로 정리하여 데이터베이스를 구축한 후 이용하는 방식

   • 통합형 검색방식 : 사용자가 입력하는 검색어들이 연계된 다른 검색 엔진에게 보내고 이를 통하여 얻어진 검색 결과를 사용자에게 보여주는 방식

  ㉡ 정보 검색 연산자

기호	연산자	검색조건
*, &	AND	두 단어가 모두 포함된 문서를 검색
|	OR	두 단어가 모두 포함되거나 두 단어 중에서 하나만 포함된 문서를 검색
-, !	NOT	'-' 기호나 '!' 기호 다음에 오는 단어는 포함하지 않는 문서를 검색
~, near	인접검색	앞/뒤의 단어가 가깝게 있는 문서를 검색

③ 소프트웨어의 활용

  ㉠ 워드프로세서

   • 특징 : 문서의 내용을 화면으로 확인하면서 쉽게 수정 가능, 문서 작성 후 인쇄 및 저장 가능, 글이나 그림의 입력 및 편집 가능

   • 기능 : 입력기능, 표시기능, 저장기능, 편집기능, 인쇄기능 등

ⓒ 스프레드시트
- 특징 : 쉽게 계산 수행, 계산 결과를 차트로 표시, 문서를 작성하고 편집 가능
- 기능 : 계산, 수식, 차트, 저장, 편집, 인쇄기능 등

예제 2

귀하는 커피 전문점을 운영하고 있다. 아래와 같이 엑셀 워크시트로 4개 지점의 원두 구매 수량과 단가를 이용하여 금액을 산출하고 있다. 귀하가 다음 중 D3셀에서 사용하고 있는 함수식으로 옳은 것은? (단, 금액 = 수량 × 단가)

	A	B	C	D	E
1	지점	원두	수량(100g)	금액	
2	A	케냐	15	150000	
3	B	콜롬비아	25	175000	
4	C	케냐	30	300000	
5	D	브라질	35	210000	
6					
7		원두	100g당 단가		
8		케냐	10,000		
9		콜롬비아	7,000		
10		브라질	6,000		
11					

① =C3*VLOOKUP(B3, $B$8:$C$10, 1, 1)
② =B3*HLOOKUP(C3, $B$8:$C$10, 2, 0)
③ =C3*VLOOKUP(B3, $B$8:$C$10, 2, 0)
④ =C3*HLOOKUP($B$8:$C$10, 2, B3)

ⓒ 프레젠테이션
- 특징 : 각종 정보를 사용자 또는 대상자에게 쉽게 전달
- 기능 : 저장, 편집, 인쇄, 슬라이드 쇼 기능 등
ⓔ 유틸리티 프로그램 : 파일 압축 유틸리티, 바이러스 백신 프로그램

④ 데이터베이스의 필요성
  ㉠ 데이터의 중복을 줄인다.
  ㉡ 데이터의 무결성을 높인다.
  ㉢ 검색을 쉽게 해준다.
  ㉣ 데이터의 안정성을 높인다.
  ㉤ 개발기간을 단축한다.

(2) 정보처리능력

① **정보원** : 1차 자료는 원래의 연구성과가 기록된 자료이며, 2차 자료는 1차 자료를 효과적으로 찾아보기 위한 자료 또는 1차 자료에 포함되어 있는 정보를 압축·정리한 형태로 제공하는 자료이다.

    ㉠ **1차 자료** : 단행본, 학술지와 논문, 학술회의자료, 연구보고서, 학위논문, 특허정보, 표준 및 규격 자료, 레터, 출판 전 배포자료, 신문, 잡지, 웹 정보자원 등

    ㉡ **2차 자료** : 사전, 백과사전, 편람, 연감, 서지데이터베이스 등

② **정보분석 및 가공**

    ㉠ **정보분석의 절차** : 분석과제의 발생 → 과제(요구)의 분석 → 조사항목의 선정 → 관련정보의 수집(기존자료 조사/신규자료 조사) → 수집정보의 분류 → 항목별 분석 → 종합·결론 → 활용·정리

    ㉡ **가공** : 서열화 및 구조화

③ **정보관리**

    ㉠ 목록을 이용한 정보관리

    ㉡ 색인을 이용한 정보관리

    ㉢ 분류를 이용한 정보관리

예제 3

인사팀에서 근무하는 J씨는 회사가 성장함에 따라 직원 수가 급증하기 시작하면서 직원들의 정보관리 방법을 모색하던 중 다음과 같은 A사의 직원 정보관리 방법을 보게 되었다. J씨는 A사가 하고 있는 이 방법을 회사에도 도입하고자 한다. 이 방법은 무엇인가?

> A사의 인사부서에 근무하는 H씨는 직원들의 개인정보를 관리하는 업무를 담당하고 있다. A사에서 근무하는 직원은 수천 명에 달하기 때문에 H씨는 주요 키워드나 주제어를 가지고 직원들의 정보를 구분하여 관리하여, 찾을 때도 쉽고 내용을 수정할 때도 이전보다 훨씬 간편할 수 있도록 했다.

① 목록을 활용한 정보관리
② 색인을 활용한 정보관리
③ 분류를 활용한 정보관리
④ 1:1 매칭을 활용한 정보관리

출제의도

본 문항은 정보관리 방법의 개념을 이해하고 있는가를 묻는 문제이다.

해 설

주어진 자료의 A사에서 사용하는 정보관리는 주요 키워드나 주제어를 가지고 정보를 관리하는 방식인 색인을 활용한 정보관리이다. 디지털 파일에 색인을 저장할 경우 추가, 삭제, 변경 등이 쉽다는 점에서 정보관리에 효율적이다.

답 ②

정보능력

1 한컴오피스 훈글 프로그램에서 단축키 Alt + V는 어떤 작업을 실행하는가?

① 불러오기
② 모두 선택
③ 저장하기
④ 다른 이름으로 저장하기

> ✔ **해설** 단축키 Alt + V는 다른 이름으로 저장하기를 실행한다.
> ① 불러오기 : Alt + O
> ② 모두 선택 : Ctrl + A
> ③ 저장하기 : Alt + S

2 바쁜 업무 일정을 마친 선영이는 혼자 제주도를 여행하기로 하고 제주공항에 도착해 간단한 점심을 먹고 숙소에 들어와서 날씨를 참조하며 다음 일정을 체크해 보고 있는 상황이다. 이에 대한 예측 및 분석으로 가장 옳지 않은 것을 고르면? (휴가일정 : 10월 13일~15일, 휴가지 도착시간 10월 13일 오전 10시 기준)

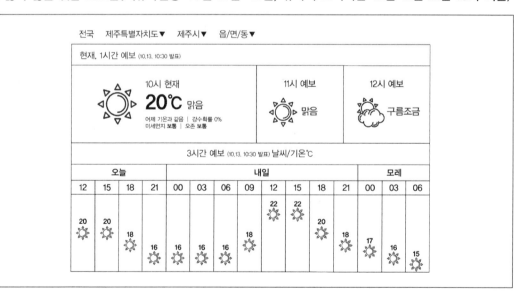

① 휴가 첫날인 오늘 오후 15시에 비해 밤 21시에는 4도 정도 떨어질 예정이다.

② 휴가 첫날은 온도의 높낮이에 관계없이 맑은 날씨로 인해 제주 해안을 볼 수 있다.

③ 휴가 마지막 날은 첫날에 비해 다소 구름이 낄 것이다.

④ 휴가가 끝나는 10월 13일의 미세먼지는 "아주 나쁨"이다.

> ✔해설 미세먼지에 대한 것은 휴가 첫날인 10월 13일 선영이가 휴가일정을 체크하는 현재 시간에 "보통"임을 알 수 있으며 10월 14일~15일까지의 미세먼지에 대한 정보는 제시된 자료상에서는 알 수 없다.

3 다음 설명에 해당하는 엑셀 기능은?

> 입력한 데이터 정보를 기반으로 하여 데이터를 미니 그래프 형태의 시각적 표시로 나타내 주는 기능

① 클립아트　　　　　　　　② 스파크라인

③ 하이퍼링크　　　　　　　④ 워드아트

> ✔해설 제시된 내용은 엑셀에서 제공하는 스파크라인 기능에 대한 설명이다.

4 다음 중 컴퓨터 보안 위협의 형태와 그 내용에 대한 설명이 올바르게 연결되지 않은 것은 어느 것인가?

① 피싱(Phishing) – 유명 기업이나 금융기관을 사칭한 가짜 웹 사이트나 이메일 등으로 개인의 금융정보와 비밀번호를 입력하도록 유도하여 예금 인출 및 다른 범죄에 이용하는 수법

② 스푸핑(Spoofing) – 악의적인 목적으로 임의로 웹 사이트를 구축해 일반 사용자의 방문을 유도한 후 시스템 권한을 획득하여 정보를 빼가거나 암호와 기타 정보를 입력하도록 속이는 해킹 수법

③ 디도스(DDoS) – 시스템에 불법적인 행위를 수행하기 위하여 다른 프로그램으로 위장하여 특정 프로그램을 침투시키는 행위

④ 스니핑(Sniffing) – 네트워크 주변을 지나다니는 패킷을 엿보면서 아이디와 패스워드를 알아내는 행위

> ✔해설 디도스(DDoS)는 분산 서비스 거부 공격으로, 특정 사이트에 오버플로우를 일으켜서 시스템이 서비스를 거부하도록 만드는 것이다.
> 한편, 보기에 제시된 설명은 '트로이 목마'를 의미하는 내용이다.

5 S회사에서 근무하고 있는 김 대리는 최근 업무 때문에 HTML을 배우고 있다. 아직 초보라서 신입사원 H씨로부터 도움을 많이 받고 있지만, H씨가 자리를 비운 사이 김 대리가 HTML에서 사용할 수 있는 tag를 써보았다. 잘못된 것은 무엇인가?

① 김 대리는 줄을 바꾸기 위해 〈br〉를 사용하였다.

② 김 대리는 글자의 크기, 모양, 색상을 설정하기 위해 〈font〉를 사용하였다.

③ 김 대리는 표를 만들기 위해 〈table〉을 사용하였다.

④ 김 대리는 이미지를 삽입하기 위해 〈form〉을 사용하였다.

> ✔해설 ④ HTML에서 이미지를 삽입하기 위해서는 〈img〉 태그를 사용한다.

6 U회사의 보안과에서 근무하는 J 과장은 회사 내 컴퓨터 바이러스 예방 교육을 담당하고 있으며 한 달에 한 번 직원들을 교육시키고 있다. J 과장의 교육 내용으로 옳지 않은 것은?

① 중요한 자료나 프로그램은 항상 백업을 해두셔야 합니다.

② 램에 상주하는 바이러스 예방 프로그램을 설치하셔야 합니다.

③ 최신 백신프로그램을 사용하여 디스크검사를 수행하셔야 합니다.

④ 의심 가는 메일은 반드시 열어본 후 삭제하셔야 합니다.

✔해설 ④ 의심가는 메일은 열어보지 않고 삭제해야 한다.

7 다음 중 아래 시트에서 야근일수를 구하기 위해 [B9] 셀에 입력할 함수로 옳은 것은?

	A	B	C	D	E
1	4월 야근 현황				
2	날짜	도준영	전아롱	이진주	강석현
3	4월15일		V		V
4	4월16일	V		V	
5	4월17일	V	V	V	
6	4월18일		V	V	V
7	4월19일	V		V	
8	4월20일	V			
9	야근일수				
10					

① =COUNTBLANK(B3:B8)

② =COUNT(B3:B8)

③ =COUNTA(B3:B8)

④ =SUM(B3:B8)

✔해설 COUNTBLANK 함수는 비어있는 셀의 개수를 세어준다. COUNT 함수는 숫자가 입력된 셀의 개수를 세어주는 반면 COUNTA 함수는 숫자는 물론 문자가 입력된 셀의 개수를 세어준다. 즉, 비어있지 않은 셀의 개수를 세어주기 때문에 이 문제에서는 COUNTA 함수를 사용해야 한다.

Answer 4.③ 5.④ 6.④ 7.③

8 다음 자료는 '발전량' 필드를 기준으로 발전량과 발전량이 많은 순위를 엑셀로 나타낸 표이다. 태양광의 발전량 순위를 구하기 위한 함수식으로 'C3'셀에 들어가야 할 알맞은 것은 어느 것인가?

	A	B	C
1	<에너지원별 발전량(단위: Mwh)>		
2	에너지원	발전량	순위
3	태양광	88	2
4	풍력	100	1
5	수력	70	4
6	바이오	75	3
7	양수	65	5

① =ROUND(B3,$B$3:$B$7,0)

② =ROUND(B3,$B$3:$B$7,1)

③ =RANK(B3,$B$3:$B$7,1)

④ =RANK(B3,$B$3:$B$7,0)

✔ 해설 지정 범위에서 인수의 순위를 구하는 경우 'RANK' 함수를 사용한다. 이 경우, 수식은 '=RANK(인수, 범위, 결정 방법)'이 된다. 결정 방법은 0 또는 생략하면 내림차순, 0 이외의 값은 오름차순으로 표시하게 된다.

▎9~10▎ 다음 사례를 읽고 물음에 답하시오.

NS그룹의 오 대리는 상사로부터 스마트폰 신상품에 대한 기획안을 제출하라는 업무를 받았다. 이에 오 대리는 먼저 기획안을 작성하기 위해 필요한 정보가 무엇인지 생각을 하였는데 이번에 개발하고자 하는 신상품이 노년층을 주 고객층으로 한 실용적이면서도 조작이 간편한 제품이기 때문에 우선 50~60대의 취향을 파악할 필요가 있었다. 따라서 오 대리는 50~60대 고객들이 현재 사용하고 있는 스마트폰의 모델과 좋아하는 디자인, 사용하면서 불편해 하는 사항, 지불 가능한 액수 등에 대한 정보가 필요함을 깨달았고 이러한 정보는 사내에 저장된 고객정보를 통해 얻을 수 있음을 인식하였다. 오 대리는 다음 주까지 기획안을 작성하여 제출해야 하기 때문에 이번 주에 모든 정보를 수집하기로 마음먹었고 기획안 작성을 위해서는 방대한 고객정보 중에서도 특히 노년층에 대한 정보만 선별할 필요가 있었다. 이렇게 사내에 저장된 고객정보를 이용할 경우 따로 정보수집으로 인한 비용이 들지 않는다는 사실도 오 대리에게는 장점으로 작용하였다. 여기까지 생각이 미치자 오 대리는 고객정보를 얻기 위해 고객센터에 근무하는 조 대리에게 관련 자료를 요청하였고 가급적 연령에 따라 분류해 줄 것을 당부하였다.

9 다음 중 오 대리가 수집하고자 하는 고객정보 중에서 반드시 포함되어야 할 사항으로 옳지 않은 것은?

① 연령

② 사용하고 있는 모델

③ 거주지

④ 사용 시 불편사항

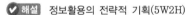 **해설** 오 대리가 수집하고자 하는 고객정보에는 고객의 연령과 현재 사용하고 있는 스마트폰의 모델, 좋아하는 디자인, 사용하면서 불편해 하는 사항, 지불 가능한 액수 등에 대한 정보가 반드시 필요하다.

10 다음 〈보기〉의 사항들 중 위 사례에 포함된 사항은 모두 몇 개인가?

〈보기〉
• WHAT(무엇을?)   • WHERE(어디에서?)
• WHEN(언제까지?)   • WHY(왜?)
• WHO(누가?)   • HOW(어떻게?)
• HOW MUCH(얼마나?)

① 3개   ② 4개

③ 7개   ④ 6개

해설 정보활용의 전략적 기획(5W2H)

㉠ WHAT(무엇을?) : 50~60대 고객들이 현재 사용하고 있는 스마트폰의 모델과 좋아하는 디자인, 사용하면서 불편해 하는 사항, 지불 가능한 액수 등에 대한 정보

㉡ WHERE(어디에서?) : 사내에 저장된 고객정보

㉢ WHEN(언제까지?) : 이번 주

㉣ WHY(왜?) : 스마트폰 신상품에 대한 기획안을 작성하기 위해

㉤ WHO(누가?) : 오 대리

㉥ HOW(어떻게?) : 고객센터에 근무하는 조 대리에게 관련 자료를 요청

㉦ HOW MUCH(얼마나?) : 따로 정보수집으로 인한 비용이 들지 않는다.

11 검색엔진을 사용하여 인터넷에서 이순신 장군이 지은 책이 무엇인지 알아보려고 한다. 정보검색 연산자를 사용할 때 가장 적절한 검색식은 무엇인가? (단, 사용하려는 검색엔진은 AND 연산자로 '&', OR 연산자로 '+', NOT 연산자로 '!', 인접검색 연산자로 '~'을 사용한다.)

① 이순신 + 책   ② 장군 & 이순신

③ 책 ! 장군   ④ 이순신 & 책

> ✔해설   이순신 장군이 지은 책을 검색하는 것이므로 많은 책들 중에서 이순신과 책이 동시에 들어있는 웹문서를 검색해야 한다. 따라서 AND 연산자를 사용하면 된다.

12 다음은 K쇼핑몰의 날짜별 판매상품 정보 중 일부이다. 다음의 파일에 표시된 대분류 옆의 ▼를 누르면 많은 종류의 상품 중 보고 싶은 대분류(예를 들어, 셔츠)만을 한 눈에 볼 수 있다. 이 기능은 무엇인가?

	A	B	C	D	E	F	G
1	날짜 ▾	상품코드 ▾	대분류 ▾	상품명 ▾	사이즈▾	원가 ▾	판매가▾
2	2013-01-01	9E2S_NB4819	셔츠	플라워 슬리브리스 롱 셔츠	55	16,000	49,000
3	2013-01-01	9E2S_PT4845	팬츠	내추럴 스트링 배기 팬츠	44	20,000	57,800
4	2013-01-01	9E2S_OPS5089	원피스	뉴클래식컬러지퍼원피스	44	23,000	65,500
5	2013-01-01	9E2S_SK5085	스커트	더블플라운스밴딩스커트	44	12,000	41,500
6	2013-01-01	9E2S_VT4980	베스트	드로잉 포켓 베스트	44	19,000	55,500
7	2013-01-01	9E2S_PT5053	팬츠	라이트모드롤업9부팬츠	44	10,000	38,200
8	2013-01-02	9E2S_CD4943	가디건	라인 패턴 니트 볼레로	55	9,000	36,000
9	2013-01-02	9E2S_OPS4801	원피스	러블리 레이스 롱 체크 원피스	55	29,000	79,800
10	2013-01-02	9E2S_BL4906	블라우스	러블리 리본 플라워 블라우스	44	15,000	46,800
11	2013-01-02	9E2S_OPS4807	원피스	러블리 벌룬 쉬폰 원피스	55	25,000	70,000
12	2013-01-02	9E2S_OPS4789	원피스	러블리브이넥 레이스 원피스	55	25,000	70,000
13	2013-01-03	9E2S_OPS5088	원피스	레오파드사틴포켓원피스	44	21,000	60,500
14	2013-01-04	9E2S_OPS4805	원피스	로맨틱 언밸런스 티어드 원피스	55	19,000	55,500
15	2013-01-04	9E2S_BL4803	블라우스	로맨팅 셔링 베스트 블라우스	44	14,000	43,500
16	2013-01-04	9E2S_TS4808	티셔츠	루즈핏스트라이프슬리브리스	44	8,000	33,000

① 조건부 서식   ② 찾기

③ 필터   ④ 정렬

> ✔해설   특정한 데이터만을 골라내는 기능을 필터라고 하며 이 작업을 필터링이라 부른다.
> ① 원하는 기준에 따라 서식을 변경하는 기능으로 특정 셀을 강조할 수 있다.
> ② 원하는 단어를 찾는 기능이다.
> ④ 무작위로 섞여있는 열을 기준에 맞춰 정렬하는 기능으로 오름차순 정렬, 내림차순 정렬 등이 있다.

13 엑셀 사용 시 발견할 수 있는 다음과 같은 오류 메시지 중 설명이 올바르지 않은 것은 어느 것인가?

① #DIV/0! - 수식에서 어떤 값을 0으로 나누었을 때 표시되는 오류 메시지
② #N/A - 함수나 수식에 사용할 수 없는 데이터를 사용했을 경우 발생하는 오류 메시지
③ #NULL! - 잘못된 인수나 피연산자를 사용했을 경우 발생하는 오류 메시지
④ #NUM! - 수식이나 함수에 잘못된 숫자 값이 포함되어 있을 경우 발생하는 오류 메시지

> ✔해설 '#NULL!'은 교차하지 않은 두 영역의 교차점을 참조 영역으로 지정하였을 경우 발생하는 오류 메시지
> 이며, 잘못된 인수나 피연산자를 사용했을 경우 발생하는 오류 메시지는 #VALUE! 이다.

14 그 성격이 가장 다른 정보원은?

① 단행본   ② 학술회의자료
③ 백과사전   ④ 특허정보

> ✔해설 ③ 2차 자료
> ①②④ 1차 자료
> ※ 정보원
> ㉠ 1차 자료 : 원래의 연구 성과가 기록된 자료로 단행본, 학술지, 연구보고서, 학위논문, 신문·잡지
> 등이 해당한다.
> ㉡ 2차 자료 : 1차 자료를 압축·정리하여 사용하기 효과적인 형태로 제공하는 자료로 사전, 백과사
> 전, 편람, 연감, 서지데이터베이스 등이 해당한다.

15 다음 표에 제시된 통계함수와 함수의 기능이 서로 잘못 짝지어진 것은 어느 것인가?

함수명	기능
㉠ AVERAGEA	텍스트로 나타낸 숫자, 논리 값 등을 포함, 인수의 평균을 구함
㉡ COUNT	인수 목록에서 공백이 아닌 셀과 값의 개수를 구함
㉢ COUNTIFS	범위에서 여러 조건을 만족하는 셀의 개수를 구함
㉣ LARGE(범위, k번째)	범위에서 k번째로 큰 값을 구함
㉤ RANK	지정 범위에서 인수의 순위를 구함

① ㉠   ② ㉡

③ ㉢   ④ ㉣

✔해설 'COUNT' 함수는 인수 목록에서 숫자가 들어 있는 셀의 개수를 구할 때 사용되는 함수이며, 인수 목록에서 공백이 아닌 셀과 값의 개수를 구할 때 사용되는 함수는 'COUNTA' 함수이다.

16 박 대리는 보고서를 작성하던 도중 모니터에 '하드웨어 충돌'이라는 메시지 창이 뜨자 혼란에 빠지고 말았다. 이 문제점을 해결하기 위해 할 수 있는 행동으로 옳은 것은?

① [F8]을 누른 후 메뉴가 표시되면 '부팅 로깅'을 선택한 후 문제의 원인을 찾는다.

② 사용하지 않는 Windows 구성 요소를 제거한다.

③ [Ctrl] + [Alt] + [Delete] 또는 [Ctrl] + [Shift] + [Esc]를 누른 후 [Windows 작업 관리자]의 '응용 프로그램'탭에서 응답하지 않는 프로그램을 종료한다.

④ [시스템] → [하드웨어]에서 〈장치 관리자〉를 클릭한 후 '장치 관리자'창에서 확인하여 중복 설치된 장치를 제거 후 재설치한다.

✔해설 ① 부팅이 안 될 때 문제해결을 위한 방법이다.
② 디스크 용량 부족 시 대처하는 방법이다.
③ 응답하지 않는 프로그램 발생 시 대처방법이다.

17 다음 중 컴퓨터의 기능에 관한 설명으로 옳지 않은 것은?

① 제어기능 : 주기억장치에 저장되어 있는 명령을 해독하여 필요한 장치에 신호를 보내어 자료 처리가 이루어지도록 하는 기능이다.

② 기억기능 : 처리 대상으로 입력된 자료와 처리결과로 출력된 정보를 기억하는 기능이다.

③ 연산기능 : 주기억장치에 저장되어 있는 자료들에 대하여 산술 및 논리연산을 행하는 기능이다.

④ 입력기능 : 자료를 처리하기 위해서 필요한 논리연산을 행하는 기능이다.

 해설 입력기능은 자료를 처리하기 위해서 필요한 자료를 받아들이는 기능이다.

18 다음에서 설명하고 있는 문자 자료 표현은 무엇인가?

• BCD코드의 확장코드이다.
• 8비트로 28(256)가지의 문자 표현이 가능하다.(zone : 4bit, digit : 4bit)
• 주로 대형 컴퓨터에서 사용되는 범용코드이다.
• EBCDIC 코드는 바이트 단위 코드의 기본으로 하나의 문자를 표현한다.

---

① BCD 코드　　　　　　　　　　② ASCII 코드

③ 가중치 코드　　　　　　　　　④ EBCDIC 코드

해설 ① 기본코드로 6비트를 사용하고 6비트로 26(64)가지의 문자 표현이 가능하다.
② BCD코드와 EBCDIC코드의 중간 형태로 미국표준협회(ISO)가 제안한 코드이다.
③ 비트의 위치에 따라 고유한 값을 갖는 코드이다.

19 다음에서 설명하고 있는 것은 무엇인가?

> 1945년 폰노이만(Von Neumann, J)에 의해 개발되었다. 프로그램 데이터를 기억장치 안에 기억시켜 놓은 후 기억된 프로그램에 명령을 순서대로 해독하면서 실행하는 방식으로, 오늘날의 컴퓨터 모두에 적용되고 있는 방식이다.

① IC칩 내장방식   ② 송팩 방식
③ 적외선 방식   ④ 프로그램 내장방식

✔ 해설   제시된 내용은 폰 노이만에 의해 소개된 '프로그램 내장방식'이다. 이 개념은 데이터뿐만 아니라 컴퓨터의 명령을 컴퓨터의 내부 기억 장치 내에 기억하는 것으로, 이 명령은 더 빠르게 접근되고, 더 쉽게 변경된다.

20 T회사에서 근무하고 있는 N씨는 엑셀을 이용하여 작업을 하고자 한다. 엑셀에서 바로가기 키에 대한 설명이 다음과 같을 때 괄호 안에 들어갈 내용으로 알맞은 것은?

> 통합 문서 내에서 (㉠) 키는 다음 워크시트로 이동하고 (㉡) 키는 이전 워크시트로 이동한다.

	㉠	㉡
①	〈Ctrl〉+〈Page Down〉	〈Ctrl〉+〈Page Up〉
②	〈Shift〉+〈Page Down〉	〈Shift〉+〈Page Up〉
③	〈Tab〉+←	〈Tab〉+→
④	〈Alt〉+〈Shift〉+↑	〈Alt〉+〈Shift〉+↓

✔ 해설   엑셀 통합 문서 내에서 다음 워크시트로 이동하려면 〈Ctrl〉+〈Page Down〉을 눌러야 하며, 이전 워크시트로 이동하려면 〈Ctrl〉+〈Page Up〉을 눌러야 한다.

21 다음 워크시트에서 [A1] 셀에 '111'를 입력하고 마우스로 채우기 핸들을 아래로 드래그하여 숫자가 증가하도록 입력하려고 한다. 이 때 같이 눌러야 하는 키는 무엇인가?

	A
1	111
2	112
3	113
4	114
5	115
6	116
7	117
8	118
9	119
10	120

① F1
② Ctrl
③ Alt
④ Shift

✔해설 마우스로 채우기 핸들을 아래로 드래그하여 숫자가 증가되도록 하려면 〈Ctrl〉을 같이 눌러줘야 한다.

22 주기억장치 관리기법 중 "Best Fit" 기법 사용 시 8K의 프로그램은 주기억장치 영역 중 어느 곳에 할당되는가?

영역1	9K
영역2	15K
영역3	10K
영역4	30K

① 영역1
② 영역2
③ 영역3
④ 영역4

✔해설 "Best fit"은 가장 낭비가 적은 부분에 할당하기 때문에 영역1에 할당한다.

Answer 19.④ 20.① 21.② 22.①

23 다음 순서도에서 인쇄되는 S의 값은? (단, $[x]$는 x보다 크지 않은 최대의 정수이다)

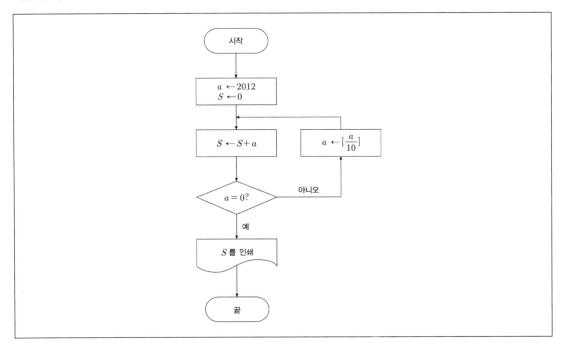

① 2230
② 2235
③ 2240
④ 2245

✔ 해설 a, S의 값의 변화과정을 표로 나타내면

a	S
2012	0
2012	$0+2012$
201	$0+2012+201$
20	$0+2012+201+20$
2	$0+2012+201+20+2$
0	$0+2012+201+20+2+0$

따라서 인쇄되는 S의 값은 $0+2012+201+20+2+0=2235$이다.

24 다음 순서도에서 인쇄되는 S의 값은?

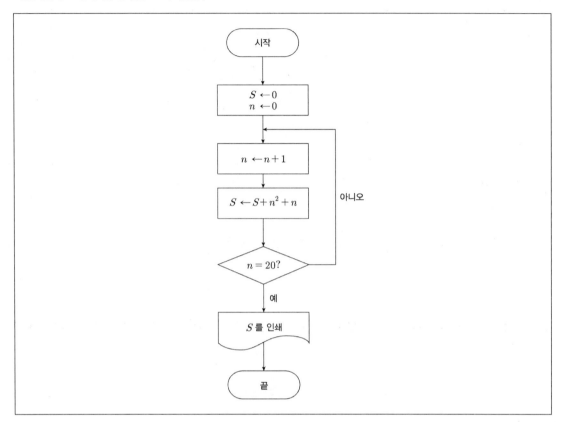

① 3050

② 3060

③ 3070

④ 3080

✔ 해설 $S = \left(1^2 + 2^2 + \cdots + 20^2\right) + \left(1 + 2 + \cdots + 20\right)$

$= \dfrac{20 \times 21 \times 41}{6} + \dfrac{20 \times 21}{2} = 3080$

25 다음 워크시트에서 수식 '=LARGE(B2:B7,2)'의 결과 값은?

	A	B
1	회사	매출액
2	A	200
3	B	600
4	C	100
5	D	1,000
6	E	300
7	F	800

① 200
② 300
③ 600
④ 800

✔해설 '=LARGE(B2:B7,2)'는 범위 안에 있는 값들 중에서 2번째로 큰 값을 찾으라는 수식이므로 800이 답이다.

26 다음 중 아래 시트에서 수식 '=MOD(A3:A4)'의 값과 수식 '=MODE(A1:A9)'의 값으로 바르게 나열한 것은?

	A
1	6
2	8
3	7
4	6
5	1
6	3
7	4
8	6
9	3

① 1, 3
② 1, 6
③ 1, 8
④ 2, 3

✔해설 MOD(숫자, 나눌 값) : 숫자를 나눌 값으로 나누어 나머지가 표시된다. 따라서 7를 6으로 나누면 나머지가 1이 된다.
MODE : 최빈값을 나타내는 함수이다. 위의 시트에서 6이 최빈값이다.

27 엑셀에서 잘못된 인수나 피연산자를 사용하거나 수식 자동고침 기능으로 수식을 고칠 수 없을 때 나타나는 오류 메시지는?

① #NAME?

② #REF!

③ #VALUE!

④ #DIV/0

> ✔ 해설 ① #NAME? : 인식할 수 없는 텍스트를 수식에 사용했을 때
> ② #REF! : 수식이 있는 셀에 셀 참조가 유효하지 않을 때
> ④ #DIV/0 : 나누는 수가 빈 셀이나 0이 있는 셀을 참조하였을 때

28 다음에 설명하고 있는 인터넷 서비스는?

> 정보를 보관하기 위해 별도의 데이터 센터를 구축하지 않고 인터넷을 통해 제공되는 서버를 이용해 정보를 보관하고 있다가 필요할 때 꺼내 쓰는 기술

① 메신저

② 클라우드 컴퓨팅

③ SNS

④ 전자상거래

> ✔ 해설 ① 메신저 : 인터넷에서 실시간으로 메시지와 데이터를 주고받을 수 있는 소프트웨어
> ③ SNS : 온라인 인맥 구축을 목적으로 개설된 커뮤니티형 웹사이트
> ④ 전자상거래 : 인터넷을 이용해 상품을 사고팔거나, 재화나 용역을 거래하는 사이버 비즈니스

Answer 25.④ 26.② 27.③ 28.②

29 다음은 버블정렬에 관한 설명과 예시이다. 보기에 있는 수를 버블 정렬을 이용하여 오름차순으로 정렬하려고 한다. 1회전의 결과는?

버블정렬은 인접한 두 숫자의 크기를 비교하여 교환하는 방식으로 정렬한다. 이때 인접한 두 숫자는 수열의 맨 앞부터 뒤로 이동하며 비교된다. 맨 마지막 숫자까지 비교가 이루어져 가장 큰 수가 맨 뒷자리로 이동하게 되면 한 회전이 끝난다. 다음 회전에는 맨 뒷자리로 이동한 수를 제외하고 같은 방식으로 비교 및 교환이 이루어진다. 더 이상 교환할 숫자가 없을 때 정렬이 완료된다. 교환은 두 개의 숫자가 서로 자리를 맞바꾸는 것을 말한다.

〈예시〉

30, 15, 40, 10을 정렬하려고 한다.
• 1회전
(30, 15), 40, 10 : 30>15 이므로 교환
15, (30, 40), 10 : 40>30 이므로 교환이 이루어지지 않음
15, 30, (40, 10) : 40>10 이므로 교환
1회전의 결과 값 : 15, 30, 10, 40

• 2회전 (40은 비교대상에서 제외)
(15, 30), 10, 40 : 30>15 이므로 교환이 이루어지지 않음
15, (30, 10), 40 : 30>10 이므로 교환
2회전의 결과 값 : 15, 10, 30, 40

• 3회전 (30, 40은 비교대상에서 제외)
(15, 10), 30, 40 : 15>10이므로 교환
3회전 결과 값 : 10, 15, 30, 40 →교환 완료

〈보기〉
9, 6, 7, 3, 5

① 6, 3, 5, 7, 9 ② 3, 5, 6, 7, 9
③ 6, 7, 3, 5, 9 ④ 9, 6, 7, 3, 5

✔해설 ㉠ 1회전

9↔6		7	3	5
6	9↔7		3	5
6	7	9↔3		5
6	7	3	9↔5	
6	7	3	5	9

㉡ 2회전

6	7↔3		5	9
6	3	7↔5		9
6	3	5	7	9

㉢ 3회전

6↔3		5	7	9
3	6↔5		7	9
3	5	6	7	9

30 트리의 차수(Degree of tree)'는 트리 내의 각 노드들의 차수 중 가장 큰 값을 말한다. 다음 그림에서 '트리의 차수'는?

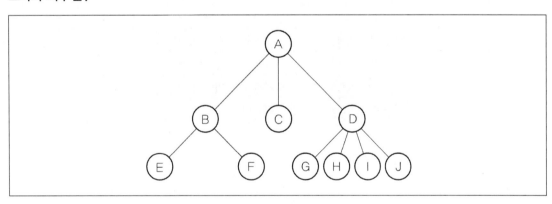

① 2

② 3

③ 4

④ 5

✔해설 '차수'는 한 노드에 대한 서브트리의 개수를 말하는데 이 그림에서는 노드 D의 차수가 4로 가장 크다. 따라서 '트리의 차수'는 4이다.

CHAPTER

06 조직이해능력

조직과 개인

(1) 조직

① 조직과 기업
   ㉠ 조직 : 두 사람 이상이 공동의 목표를 달성하기 위해 의식적으로 구성된 상호작용과 조정을 행하는 행동의 집합체
   ㉡ 기업 : 노동, 자본, 물자, 기술 등을 투입하여 제품이나 서비스를 산출하는 기관

② 조직의 유형

기준	구분	예
공식성	공식조직	조직의 규모, 기능, 규정이 조직화된 조직
	비공식조직	인간관계에 따라 형성된 자발적 조직
영리성	영리조직	사기업
	비영리조직	정부조직, 병원, 대학, 시민단체
조직규모	소규모 조직	가족 소유의 상점
	대규모 조직	대기업

(2) 경영

① 경영의 의미 … 경영은 조직의 목적을 달성하기 위한 전략, 관리, 운영활동이다.

② 경영의 구성요소
   ㉠ 경영목적 : 조직의 목적을 달성하기 위한 방법이나 과정
   ㉡ 인적자원 : 조직의 구성원·인적자원의 배치와 활용
   ㉢ 자금 : 경영활동에 요구되는 돈·경영의 방향과 범위 한정
   ㉣ 경영전략 : 변화하는 환경에 적응하기 위한 경영활동 체계화

③ 경영자의 역할

대인적 역할	정보적 역할	의사결정적 역할
• 조직의 대표자 • 조직의 리더 • 상징자, 지도자	• 외부환경 모니터 • 변화전달 • 정보전달자	• 문제 조정 • 대외적 협상 주도 • 분쟁조정자, 자원배분자, 협상가

(3) 조직체제 구성요소

① **조직목표** ⋯ 전체 조직의 성과, 자원, 시장, 인력개발, 혁신과 변화, 생산성에 대한 목표

② **조직구조** ⋯ 조직 내의 부문 사이에 형성된 관계

③ **조직문화** ⋯ 조직구성원들 간에 공유하는 생활양식이나 가치

④ **규칙 및 규정** ⋯ 조직의 목표나 전략에 따라 수립되어 조직구성원들이 활동범위를 제약하고 일관성을 부여하는 기능

예제 1

주어진 글의 빈칸에 들어갈 말로 가장 적절한 것은?

> 조직이 지속되게 되면 조직구성원들 간 생활양식이나 가치를 공유하게 되는데 이를 조직의 (㉠)라고 한다. 이는 조직구성원들의 사고와 행동에 영향을 미치며 일체감과 정체성을 부여하고 조직이 (㉡)으로 유지되게 한다. 최근 이에 대한 중요성이 부각되면서 긍정적인 방향으로 조성하기 위한 경영층의 노력이 이루어지고 있다.

① ㉠ : 목표, ㉡ : 혁신적   ② ㉠ : 구조, ㉡ : 단계적
③ ㉠ : 문화, ㉡ : 안정적   ④ ㉠ : 규칙, ㉡ : 체계적

출제의도
본 문항은 조직체계의 구성요소들의 개념을 묻는 문제이다.

해 설
조직문화란 조직구성원들 간에 공유하게 되는 생활양식이나 가치를 말한다. 이는 조직구성원들의 사고와 행동에 영향을 미치며 일체감과 정체성을 부여하고 조직이 안정적으로 유지되게 한다.

답 ③

---

(4) 조직변화의 과정

환경변화 인지 → 조직변화 방향 수립 → 조직변화 실행 → 변화결과 평가

(5) 조직과 개인

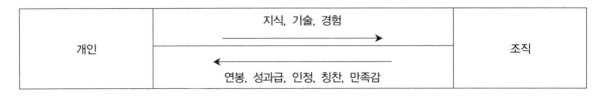

개인	지식, 기술, 경험 ⟶	조직
	⟵ 연봉, 성과급, 인정, 칭찬, 만족감	

2 조직이해능력을 구성하는 하위능력

(1) 경영이해능력

① 경영 ⋯ 경영은 조직의 목적을 달성하기 위한 전략, 관리, 운영활동이다.
   ㉠ 경영의 구성요소 : 경영목적, 인적자원, 자금, 전략
   ㉡ 경영의 과정

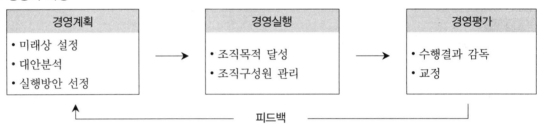

경영계획	경영실행	경영평가
• 미래상 설정 • 대안분석 • 실행방안 선정	• 조직목적 달성 • 조직구성원 관리	• 수행결과 감독 • 교정

피드백

   ㉢ 경영활동 유형
   • 외부경영활동 : 조직외부에서 조직의 효과성을 높이기 위해 이루어지는 활동이다.
   • 내부경영활동 : 조직내부에서 인적, 물적 자원 및 생산기술을 관리하는 것이다.
② 의사결정과정
   ㉠ 의사결정의 과정
   • 확인 단계 : 의사결정이 필요한 문제를 인식한다.
   • 개발 단계 : 확인된 문제에 대하여 해결방안을 모색하는 단계이다.
   • 선택 단계 : 해결방안을 마련하며 실행가능한 해결안을 선택한다.
   ㉡ 집단의사결정의 특징
   • 지식과 정보가 더 많아 효과적인 결정을 할 수 있다.
   • 다양한 견해를 가지고 접근할 수 있다.
   • 결정된 사항에 대하여 의사결정에 참여한 사람들이 해결책을 수월하게 수용하고, 의사소통의 기
     회도 향상된다.

- 의견이 불일치하는 경우 의사결정을 내리는데 시간이 많이 소요된다.
- 특정 구성원에 의해 의사결정이 독점될 가능성이 있다.

③ 경영전략

㉠ 경영전략 추진과정

전략목표설정	환경분석	경영전략 도출	경영전략 실행	평가 및 피드백
• 비전 설정 • 미션 설정	• 내부환경 분석 • 외부환경 분석 (SWOT 등)	• 조직전략 • 사업전략 • 부문전략	• 경영목적 달성	• 경영전략 결과 평가 • 전략목표 및 경영전략 재조명

㉡ 마이클 포터의 본원적 경쟁전략

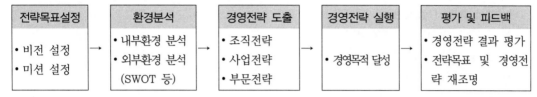

		전략적 우위 요소	
		고객들이 인식하는 제품의 특성	원가우위
전략적 목표	산업전체	차별화	원가우위
	산업의 특정부문	집중화	
		(차별화 + 집중화)	(원가우위 + 집중화)

예제 2

다음은 경영전략을 세우는 방법 중 하나인 SWOT에 따른 어느 기업의 분석결과이다. 다음 중 주어진 기업 분석 결과에 대응하는 전략은?

강점(Strength)	• 차별화된 맛과 메뉴 • 폭넓은 네트워크
약점(Weakness)	• 매출의 계절적 변동폭이 큼 • 딱딱한 기업 이미지
기회(Opportunity)	• 소비자의 수요 트랜드 변화 • 가계의 외식 횟수 증가 • 경기회복 가능성
위협(Threat)	• 새로운 경쟁자의 진입 가능성 • 과도한 가계부채

내부환경 외부환경	강점(Strength)	약점(Weakness)
기회 (Opportunity)	① 계절 메뉴 개발을 통한 분기 매출 확보	② 고객의 소비패턴을 반영한 광고를 통한 이미지 쇄신
위협 (Threat)	③ 소비 트렌드 변화를 반영한 시장 세분화 정책	④ 고급화 전략을 통한 매출 확대

답 ②

④ 경영참가제도

    ㉠ 목적
- 경영의 민주성을 제고할 수 있다.
- 공동으로 문제를 해결하고 노사 간의 세력 균형을 이룰 수 있다.
- 경영의 효율성을 제고할 수 있다.
- 노사 간 상호 신뢰를 증진시킬 수 있다.

    ㉡ 유형
- 경영참가 : 경영자의 권한인 의사결정과정에 근로자 또는 노동조합이 참여하는 것
- 이윤참가 : 조직의 경영성과에 대하여 근로자에게 배분하는 것
- 자본참가 : 근로자가 조직 재산의 소유에 참여하는 것

예제 3

다음은 중국의 H사에서 시행하는 경영참가제도에 대한 기사이다. 밑줄 친 이 제도는 무엇인가?

> H사는 '사람' 중심의 수평적 기업문화가 발달했다. H사는 이 제도의 시행을 통해 직원들이 경영에 간접적으로 참여할 수 있게 하였는데 이에 따라 자연스레 기업에 대한 직원들의 책임 의식도 강화됐다. 참여주주는 8만2471명이다. 모두 H사의 임직원이며, 이 중 창립자인 CEO R은 개인 주주로 총 주식의 1.18%의 지분과 퇴직연금으로 주식총액의 0.21%만을 보유하고 있다.

① 노사협의회제도　　　　　　　② 이윤분배제도
③ 종업원지주제도　　　　　　　④ 노동주제도

출제의도

경영참가제도는 조직원이 자신이 속한 조직에서 주인의식을 갖고 조직의 의사결정 과정에 참여할 수 있도록 하는 제도이다. 본 문항은 경영참가제도의 유형을 구분해 낼 수 있는가를 묻는 질문이다.

해 설

종업원지주제도 … 기업이 자사 종업원에게 특별한 조건과 방법으로 자사 주식을 분양·소유하게 하는 제도이다. 이 제도의 목적은 종업원에 대한 근검저축의 장려, 공로에 대한 보수, 자사에의 귀속의식 고취, 자사에의 일체감 조성 등이 있다.

답 ③

---

(2) 체제이해능력

① 조직목표 : 조직이 달성하려는 장래의 상태

    ㉠ 조직목표의 기능
- 조직이 존재하는 정당성과 합법성 제공
- 조직이 나아갈 방향 제시
- 조직구성원 의사결정의 기준
- 조직구성원 행동수행의 동기유발
- 수행평가 기준
- 조직설계의 기준

ⓒ 조직목표의 특징
- 공식적 목표와 실제적 목표가 다를 수 있음
- 다수의 조직목표 추구 가능
- 조직목표 간 위계적 상호관계가 있음
- 가변적 속성
- 조직의 구성요소와 상호관계를 가짐

② 조직구조
　　㉠ 조직구조의 결정요인 : 전략, 규모, 기술, 환경
　　㉡ 조직구조의 유형과 특징

유형	특징
기계적 조직	• 구성원들의 업무가 분명하게 규정 • 엄격한 상하 간 위계질서 • 다수의 규칙과 규정 존재
유기적 조직	• 비공식적인 상호의사소통 • 급변하는 환경에 적합한 조직

③ 조직문화
　　㉠ 조직문화 기능
- 조직구성원들에게 일체감, 정체성 부여
- 조직몰입 향상
- 조직구성원들의 행동지침 : 사회화 및 일탈행동 통제
- 조직의 안정성 유지

　　㉡ 조직문화 구성요소(7S) : 공유가치(Shared Value), 리더십 스타일(Style), 구성원(Staff), 제도·절차(System), 구조(Structure), 전략(Strategy), 스킬(Skill)

④ 조직 내 집단
　　㉠ 공식적 집단 : 조직에서 의식적으로 만든 집단으로 집단의 목표, 임무가 명확하게 규정되어 있다.
　　　예 임시위원회, 작업팀 등
　　㉡ 비공식적 집단 : 조직구성원들의 요구에 따라 자발적으로 형성된 집단이다.
　　　예 스터디모임, 봉사활동 동아리, 각종 친목회 등

(3) 업무이해능력

① 업무 : 업무는 상품이나 서비스를 창출하기 위한 생산적인 활동이다.

  ㉠ 업무의 종류

부서	업무(예)
총무부	주주총회 및 이사회개최 관련 업무, 의전 및 비서업무, 집기비품 및 소모품의 구입과 관리, 사무실 임차 및 관리, 차량 및 통신시설의 운영, 국내외 출장 업무 협조, 복리후생 업무, 법률자문과 소송관리, 사내외 홍보 광고업무
인사부	조직기구의 개편 및 조정, 업무분장 및 조정, 인력수급계획 및 관리, 직무 및 정원의 조정 종합, 노사관리, 평가관리, 상벌관리, 인사발령, 교육체계 수립 및 관리, 임금제도, 복리후생제도 및 지원업무, 복무관리, 퇴직관리
기획부	경영계획 및 전략 수립, 전사기획업무 종합 및 조정, 중장기 사업계획의 종합 및 조정, 경영정보 조사 및 기획보고, 경영진단업무, 종합예산수립 및 실적관리, 단기사업계획 종합 및 조정, 사업계획, 손익추정, 실적관리 및 분석
회계부	회계제도의 유지 및 관리, 재무상태 및 경영실적 보고, 결산 관련 업무, 재무제표분석 및 보고, 법인세, 부가가치세, 국세 지방세 업무자문 및 지원, 보험가입 및 보상업무, 고정자산 관련 업무
영업부	판매 계획, 판매예산의 편성, 시장조사, 광고 선전, 견적 및 계약, 제조지시서의 발행, 외상매출금의 청구 및 회수, 제품의 재고 조절, 거래처로부터의 불만처리, 제품의 애프터서비스, 판매원가 및 판매가격의 조사 검토

다음은 I기업의 조직도와 팀장님의 지시사항이다. H씨가 팀장님의 심부름을 수행하기 위해 연락해야 할 부서로 옳은 것은?

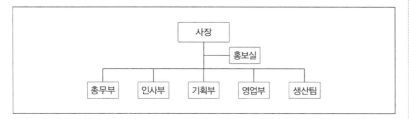

　H씨! 내가 지금 너무 바빠서 그러는데 부탁 좀 들어줄래요? 다음 주 중에 사장님 모시고 클라이언트와 만나야 할 일이 있으니까 사장님 일정을 확인해주시구요. 이번 달에 신입사원 교육·훈련계획이 있었던 것 같은데 정확한 시간이랑 날짜를 확인해주세요.

① 총무부, 인사부
② 총무부, 홍보실
③ 기획부, 총무부
④ 영업부, 기획부

조직도와 부서의 명칭을 보고 개략적인 부서의 소관 업무를 분별할 수 있는지를 묻는 문항이다.

사장의 일정에 관한 사항은 비서실에서 관리하나 비서실이 없는 회사의 경우 총무부(또는 팀)에서 비서업무를 담당하기도 한다. 또한 신입사원 관리 및 교육은 인사부에서 관리한다.

답 ①

　ⓛ 업무의 특성
　　•공통된 조직의 목적 지향
　　•요구되는 지식, 기술, 도구의 다양성
　　•다른 업무와의 관계, 독립성
　　•업무수행의 자율성, 재량권

② 업무수행 계획

　㉠ 업무지침 확인 : 조직의 업무지침과 나의 업무지침을 확인한다.
　㉡ 활용 자원 확인 : 시간, 예산, 기술, 인간관계
　㉢ 업무수행 시트 작성
　　•간트 차트 : 단계별로 업무의 시작과 끝 시간을 바 형식으로 표현
　　•워크 플로 시트 : 일의 흐름을 동적으로 보여줌
　　•체크리스트 : 수행수준 달성을 자가점검

Point ≫ 간트 차트와 플로 차트

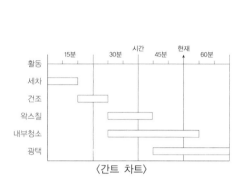
〈간트 차트〉

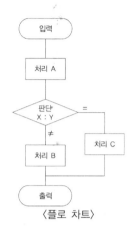
〈플로 차트〉

예제 5

다음 중 업무수행 시 단계별로 업무를 시작해서 끝나는 데까지 걸리는 시간을 바 형식으로 표시하여 전체 일정 및 단계별로 소요되는 시간과 각 업무활동 사이의 관계를 볼 수 있는 업무수행 시트는?

① 간트 차트
② 워크 플로 차트
③ 체크리스트
④ 퍼트 차트

출제의도

업무수행 계획을 수립할 때 간트 차트, 워크 플로 시트, 체크리스트 등의 수단을 이용하면 효과적으로 계획하고 마지막에 급하게 일을 처리하지 않고 주어진 시간 내에 끝마칠 수 있다. 본 문항은 그러한 수단이 되는 차트들의 이해도를 묻는 문항이다.

해 설

② 일의 절차 처리의 흐름을 표현하기 위해 기호를 써서 도식화한 것
③ 업무를 세부적으로 나누고 각 활동별로 수행수준을 달성했는지를 확인하는 데 효과적
④ 하나의 사업을 수행하는 데 필요한 다수의 세부사업을 단계와 활동으로 세분하여 관련된 계획 공정으로 묶고, 각 활동의 소요시간을 낙관시간, 최가능시간, 비관시간 등 세 가지로 추정하고 이를 평균하여 기대시간을 추정

답 ①

③ 업무 방해요소
  ㉠ 다른 사람의 방문, 인터넷, 전화, 메신저 등
  ㉡ 갈등관리
  ㉢ 스트레스

(4) 국제감각

① 세계화와 국제경영
   ㉠ 세계화 : 3Bs(국경 ; Border, 경계 ; Boundary, 장벽 ; Barrier)가 완화되면서 활동범위가 세계로 확대되는 현상이다.
   ㉡ 국제경영 : 다국적 내지 초국적 기업이 등장하여 범지구적 시스템과 네트워크 안에서 기업 활동이 이루어지는 것이다.

② 이문화 커뮤니케이션 : 서로 상이한 문화 간 커뮤니케이션으로 직업인이 자신의 일을 수행하는 가운데 문화배경을 달리하는 사람과 커뮤니케이션을 하는 것이 이에 해당한다. 이문화 커뮤니케이션은 언어적 커뮤니케이션과 비언어적 커뮤니케이션으로 구분된다.

③ 국제 동향 파악 방법
   ㉠ 관련 분야 해외사이트를 방문해 최신 이슈를 확인한다.
   ㉡ 매일 신문의 국제면을 읽는다.
   ㉢ 업무와 관련된 국제잡지를 정기구독 한다.
   ㉣ 고용노동부, 한국산업인력공단, 산업통상자원부, 중소기업청, 상공회의소, 산업별인적자원개발협의체 등의 사이트를 방문해 국제동향을 확인한다.
   ㉤ 국제학술대회에 참석한다.
   ㉥ 업무와 관련된 주요 용어의 외국어를 알아둔다.
   ㉦ 해외서점 사이트를 방문해 최신 서적 목록과 주요 내용을 파악한다.
   ㉧ 외국인 친구를 사귀고 대화를 자주 나눈다.

④ 대표적인 국제매너
   ㉠ 미국인과 인사할 때에는 눈이나 얼굴을 보는 것이 좋으며 오른손으로 상대방의 오른손을 힘주어 잡았다가 놓아야 한다.
   ㉡ 러시아와 라틴아메리카 사람들은 인사할 때에 포옹을 하는 경우가 있는데 이는 친밀함의 표현이므로 자연스럽게 받아주는 것이 좋다.
   ㉢ 명함은 받으면 꾸기거나 계속 만지지 않고 한 번 보고나서 탁자 위에 보이는 채로 대화하거나 명함집에 넣는다.
   ㉣ 미국인들은 시간 엄수를 중요하게 생각하므로 약속시간에 늦지 않도록 주의한다.
   ㉤ 스프를 먹을 때에는 몸쪽에서 바깥쪽으로 숟가락을 사용한다.
   ㉥ 생선요리는 뒤집어 먹지 않는다.
   ㉦ 빵은 스프를 먹고 난 후부터 디저트를 먹을 때까지 먹는다.

CHAPTER 06

조직이해능력

1 경영전략 추진과정을 순서대로 바르게 나열한 것은?

① 환경분석 → 경영전략 도출 → 전략목표 설정 → 경영전략 실행 → 평가 및 피드백

② 환경분석 → 전략목표 설정 → 경영전략 도출 → 경영전략 실행 → 평가 및 피드백

③ 전략목표 설정 → 환경분석 → 경영전략 도출 → 경영전략 실행 → 평가 및 피드백

④ 전략목표 설정 → 경영전략 도출 → 환경분석 → 경영전략 실행 → 평가 및 피드백

> ✔ **해설** 경영전략 추진과정은 전략목표 설정 → 환경분석 → 경영전략 도출 → 경영전략 실행 → 평가 및 피드백 순이다.

2 다음의 업무를 담당하고 있는 부서는?

> • 경영계획 및 전략 수립
> • 중장기 사업계획의 종합 및 조정
> • 경영진단업무
> • 종합예산수립 및 실적관리
> • 실적관리 및 분석

① 총무부   ② 인사부

③ 기획부   ④ 회계부

> ✔ **해설** 기획부는 회사에서 어떤 일을 꾀하여 계획하는 일을 맡아보는 부서로, 제시된 업무는 기획부에서 담당하고 있는 업무이다.

3 다음은 조문절차에 관한 내용을 기술한 것이다. 이 중 가장 옳지 않은 것을 고르시오

① 호상소에서 조객록 (고인이 남자인 경우) 또는 조위록 (고인이 여자인 경우)에 이름을 기록하고 부의금을 전달 후 영정 앞에서 분향이나 헌화 또는 절을 한다.

② 분향은 홀수인 3개 또는 1개의 향을 들고 불을 붙여서 이를 입으로 끄지 않고 손으로 세 번만에 끈 후 향로에 꽂고 묵례하고 기도하거나 또는 절을 한다.

③ 상제에게 맞절을 하고 위로의 인사말을 하는데, 절은 상제가 늦게 시작하고 먼저 일어나야 한다.

④ 절을 할 시에 손의 위치는 남성은 오른손이 위로, 여성은 왼손이 위로 오도록 하며 잠시 묵례하고 명복을 빈 후에 큰절을 두 번 올린다.

> **✔해설** 상제에게 맞절을 하고 위로의 인사말을 한다. 이 때 절은 상제가 먼저 시작하고 늦게 일어나야 한다.

4 다음은 A라는 기업의 조직도를 나타낸 것이다. 이러한 조직형태에 관한 내용 중 추론 가능한 내용으로 보기 가장 어려운 것은?

> 기업의 조직도는 조직의 부문편성, 직위의 상호관계, 책임과 권한의 분담, 명령의 계통 등을 한 눈에 볼 수 있도록 일목요연하게 나타낸 표를 의미한다. 기업 조직은 주어진 업무에 따라 조직을 여러 개로 나누어 체계적으로 구성하고 있는데 이를 조직구조의 분화라고 하며, 회사의 규모에 따라 조직의 크기 및 형태 등이 달라진다. 조직구조의 분화는 수평적·수직적 분화로 나눌 수 있으며, 특히 수직적 분화는 의사결정 권한을 하부조직에게 할당하는 것으로 보고체계를 명시화 할 수 있기 때문에 많은 기업에서 도입하고 있는 추세이다. 최근에는 조직구조가 전문화되고 기능별로 세분화됨에 따라 수평적 기능조직으로 변하고 있으며 이에 따라 조직도가 점차적으로 다양화되고 슬림화 및 네트워크화 되고 있다.

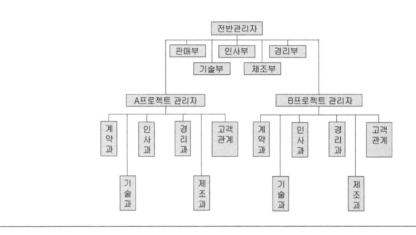

① 전문성 및 전문가 활용의 유용성이 높음과 동시에 부서 내 명확하게 정의되어진 책임 및 역할 등이 있다.

② 이러한 조직에서는 부서관점의 편협한 의사결정이 이루어질 수 있으며, 요구사항에 대한 대응이 느리다는 문제점이 있다.

③ 위 그림의 경우에는 특정한 사업 목표를 달성하기 위해 임시적으로 조직 내의 인적 및 물적 자원 등을 결합하는 조직의 형태라고 볼 수 있다.

④ 부서 간 책임분산으로 인해 통합 기능의 부재 및 갈등발생의 가능성이 없다.

✔ 해설 위 그림은 프로젝트 조직형태(Project Organization)를 나타낸 것이다. 임시로 편성된 조직이며 혁신적이거나 또는 비일상적인 업무를 해결하기 위한 동태적인 조직이다. 직무의 체계라는 성격적 특성이 강하고 경영조직을 프로젝트별로 조직화하였다. 이러한 조직은 부서 간 책임분산으로 인해 통합 기능의 부재 및 갈등발생의 가능성이 있다.

5 아래의 그림을 참조하여 유추 가능한 내용으로 보기 가장 어려운 것을 고르면?

① 초반부터 소비자에 대한 신뢰도의 구축이 가능하다.
② 가맹본부에 대한 낮은 의존도가 장점이다.
③ 운영에 있어 각 점포의 실정에 맞지 않을 수 있다.
④ 실패에 대한 리스크가 낮다.

> ✔️ 해설 위 그림은 GS25 편의점 (프랜차이즈 시스템의 한 형태)을 나타낸 것이다. 프랜차이즈 시스템은 본사에서 가맹지점에게 각종 경영 및 기술 지원 등을 하게 되며, 재료 등을 대량으로 매입해 저렴하게 제공하므로 가맹지점의 입장에서는 본사에 대해 높은 의존도 경향을 보이게 된다.

6 다음은 대표적인 국제매너를 설명한 것이다. 가장 옳지 않은 것은?

① 미국인과 인사할 때에는 눈이나 얼굴을 보는 것이 좋다.
② 라틴아메리카 사람들과 인사할 때에는 포옹을 하지 않는다.
③ 명함은 받으면 꾸기지 않고 보고나서 탁자 위에 보이는 채로 대화하거나 명함집에 넣는다.
④ 스프를 먹을 때에는 몸 쪽에서 바깥쪽으로 숟가락을 사용한다.

> ✔️ 해설 ② 러시아와 라틴아메리카 사람들은 인사할 때에 포옹을 하는 경우가 있는데, 이는 친밀감의 표현이므로 자연스럽게 받아주는 것이 좋다.

7 아래의 내용을 읽고 밑줄 친 부분과 관련된 고객의 개념을 가장 잘 나타내고 있는 것을 고르면?

> 지난해 항공업계를 흔들었던 '땅콩회항'의 피해자인 대한항공 소속 박○○ 사무장과 김○○ 승무원이 업무에 복귀한다. 6일 대한항공에 따르면 김○○ 승무원은 오는 7일인 요양기간 만료 시점이 다가오자 회사 측에 복귀의사를 밝혔다. 박○○ 사무장은 앞서 지난달 18일 무급 병 휴직 기간이 끝나자 복귀 의사를 밝힌 것으로 알려졌다. 이들 두 사람은 다른 휴직복귀자들과 함께 서비스안전교육을 이수한 후 현장에 투입될 예정이다.
>
> 지난 2014년 12월 5일 벌어진 '땅콩회항' 사건은 조○○ 전 대한항공 부사장이 김 승무원이 마카다미아를 포장 째 가져다줬다는 것을 이유로 여객기를 탑승 게이트로 되돌리고 박 사무장을 문책하면서 불거졌다. 이후 <u>박○○ 사무장과 김○○ 승무원</u> 모두 해당 사건으로 인한 정신적 피해를 호소하면서 회사 측에 휴직을 신청했다.
>
> 두 사람은 휴직 이외에도 뉴욕법원에 조 전 부사장을 상대로 손해배상소송을 제기했다. 그러나 재판부는 사건 당사자와 증인, 증거가 모두 한국에 있다는 이유로 각하됐다. 이에 대해 박 사무장만 항소의향서를 제출해 놓은 상태다. 대한항공 측은 "구체적인 복귀일정은 아직 미정"이라며 "두 승무원이 현장에 복귀해도 이전과 동일하게, 다른 동료 승무원들과도 동등한 대우를 받으며 근무하게 될 것"이라고 말했다.

① 위의 두 사람은 회사 측에서 보면 절대 고객이 될 수 없다.

② 자사에 관심을 보이고 있으며 추후에 신규고객이 될 가능성을 지니고 있는 사람들이다.

③ 두 사람은 자사의 이익 창출을 위한 매개체가 되는 직장상사 또는 부하직원 및 동료라 할 수 있다.

④ 자사의 제품 및 서비스 등을 지속적으로 구매하고 기업과의 강력한 유대관계를 형성하는 사람들이라 볼 수 있다.

> ✔ 해설 문제에서는 내부고객의 개념을 묻고 있다. 내부고객은 자사의 이익 창출을 위한 매개체가 되는 직장상사 또는 부하직원 및 동료 등의 실제적인 조직의 구성원을 의미하는데, 이들은 일선에서 실제 매출을 발생시키는 외부고객들에 대해서 자사의 이미지와 발전가능성을 제시하는 선두에 있는 고객들이다. 하지만, 자사에 대한 이들 내부 고객(상사, 종업원 등)의 실망은 고객 서비스의 추락으로 이어지며, 이들을 포함한 외부고객들 또한 자사로부터 등을 돌리게 되는 결과를 초래하게 될 것이다.

8 다음의 사례는 장례식장에서의 조문에 관한 것이다. 각 밑줄 친 부분에 관련한 내용을 고친 것으로 바르지 않은 것을 고르면?

> 얼마 전 지인의 어머님이 돌아가셔서 장례식장을 찾은 A씨. 그는 유독 장례식장만 들어서면 긴장을 한다. 장례식장을 찾는 것도 조심스러운데 그곳에서 어떻게 행동하고 말을 해야 할 지에 대해서도 별다른 지식이 없기 때문이다. 그렇다고 부의금만 내고 휑하니 돌아갈 수도 없는 일. 어설프게나마 상주와 고인에게 예를 표하고 돌아서지만 '혹시나 실수를 하지 않았나' 하는 찜찜한 마음이 생기는 것은 어쩔 수 없다.
> ① 올바른 조문복장
>   조문을 할 때 남자는 검정색 양복에 흰 와이셔츠, 검정넥타이를 매는 것이 일반적이다.
> ② 장례식장 인사 예절
>   장례식장 복도 등에서 동료, 지인 등을 만났을 때는 가볍게 목례를 하는 것이 좋다.
> ③ 헌화 꽃의 올바른 방향
>   꽃은 받는 사람이 향기를 맡을 수 있도록 봉우리 방향으로 전달하는 것이 일반적이다.
> ④ 술자리 예정
>   장례식장에서 배부르게 먹을 일은 없지만 자리를 지키며 반주를 먹게 되는 경우가 있다.

① 검정색 양복이 준비되지 않았을 경우 어두운 톤의 옷을 입어도 실례가 되지 않는다.

② 상주와 대면을 할 때는 '얼마나 상심이 크십니까', '뭐라 위로해 드릴 말씀이 없습니다.'와 같이 예의 바른 표현이 좋다.

③ 장례식장에서도 꽃의 봉우리가 고인의 영정으로 향하도록 하는 것이 맞다.

④ 분위기를 밝히기 위해 주변에 앉은 사람과 술잔을 부딪치는 것이 좋다.

✔해설 잔을 부딪치는 것은 무엇인가를 축하하거나 기뻐할 때 행하는 의식이다. 때문에 장례식장에서는 잔을 부딪치거나 구호를 외치는 일 없이 고인과 상주를 위로하는 마음으로 마시는 것이 좋다. 즉, 빈소에서는 술잔을 부딪치는 행위를 해서는 안 되는데, 빈소 조문 시는 엄숙한 자리이기 때문에 술잔을 부딪치는 행위를 해서는 안 된다.

9 21세기의 많은 기업 조직들은 불투명한 경영환경을 이겨내기 위해 많은 방법들을 활용하곤 한다. 이 중 브레인스토밍은 일정한 테마에 관하여 회의형식을 채택하고, 구성원의 자유발언을 통한 아이디어의 제시를 요구해 발상의 전환을 이루고 해법을 찾아내려는 방법인데 아래의 글을 참고하여 브레인스토밍에 관련한 것으로 보기 가장 어려운 것을 고르면?

> 전라남도는 지역 중소·벤처기업, 소상공인들이 튼튼한 지역경제의 버팀목으로 성장하도록 지원하는 정책 아이디어를 발굴하기 위해 27일 전문가 브레인스토밍 회의를 개최했다. 이날 회의는 정부의 경제성장 패러다임이 대기업 중심에서 중소·벤처기업 중심으로 전환됨에 따라 지역 차원에서 기업 지원 관련 기관, 교수, 상공인연합회, 중소기업 대표 등 관련 전문가들을 초청해 이뤄졌다. 회의에서는 중소·벤처기업, 소상공인 육성·지원과 청년창업 활성화를 위한 70여 건의 다양한 제안이 쏟아졌으며, 제안된 내용에 대해 구체적 실행 방안도 토론했다. 회의에 참석한 전문가들은 "중소·벤처기업이 변화를 주도하고, 혁신적 아이디어로 창업해 튼튼한 기업으로 성장하도록 정부와 지자체가 충분한 환경을 구축해주는 시스템의 변화가 필요하다."라고 입을 모았다.

① 쉽게 실행할 수 있고, 다양한 주제를 가지고 실행할 수 있다.
② 이러한 기법의 경우 아이디어의 양보다 질에 초점을 맞춘 것으로 볼 수 있다.
③ 집단의 작은 의사결정부터 큰 의사결정까지 복잡하지 않은 절차를 통해 팀의 구성원들과 아이디어를 공유가 가능하다.
④ 비판 및 비난을 자제하는 것을 원칙으로 한다.

✔ 해설 브레인스토밍 기법은 아이디어의 질보다 양에 초점을 맞춘 것으로서 집단 구성원들은 즉각적으로 생각나는 아이디어를 제시할 수 있으며, 그로 인해 브레인스토밍은 다량의 아이디어를 도출해낼 수 있다. 또한, 구성원들은 자신이 가지고 있던 기존 아이디어를 개선해 더욱 더 발전된 형태의 아이디어를 창출할 수 있는데, 이는 다른 사람의 의견을 참고해서 창의적으로 조합할 수 있기 때문이다.

10 직장 내에서는 업무 상 이메일 (E-mail)을 많이 활용하게 된다. 다음 중 이메일 예절에 관한 내용으로 가장 거리가 먼 것을 고르시오

① 받는 사람이 개괄적인 내용을 가늠할 수 있도록 핵심적이고 구체적인 내용을 써야 한다.

② 비즈니스적인 부분이므로 인사말을 하는 것보다는 구체적인 업무에 대한 내용으로 들어가는 것이 원칙이다.

③ 내용 및 단락 등에 의해 한 행의 여백을 삽입하게 되면 메일을 받는 이가 읽기 훨씬 편하다.

④ 그림이나 사진 등의 이미지가 포함되는 경우 파일첨부 형식이 아닌 메일 내용에 바로 삽입해 한 화면 내에서 볼 수 있게끔 한다.

> ✔해설 설령 비즈니스 내용이라 하더라도 날씨 등의 이야기로 짧은 인사말을 건네서 메일을 받는 상대방에 대한 배려 및 관심을 표현하는 것이 좋다. 더불어서 메일에 쓰게 되는 내용에서 하나의 문장을 지나치게 길게 하는 것보다는 행을 일일이 나눠 받는 사람이 읽기 편하게 쓰는 것도 하나의 예절이다.

11 다음의 대화 내용을 설명하고 있는 가격결정 방법은?

> A : 면도기에 비해 면도날은 상당히 비싸다.
> B : 나 또한 프린터에 비해서 잉크는 상당히 비싸다고 생각해
> A : 하지만, 우리는 면도기랑 프린터가 있으니까 계속적으로 동일한 제품을 구입할 수밖에 없잖아!

① Value-Added Pricing

② Captive Pricing

③ Lowest Acceptable Price

④ Two Party Price Policy

> ✔해설 노획가격(Captive Pricing)은 주 제품에 대해서 가격은 낮게 책정해서 이윤을 줄이더라도 시장점유율을 늘리고 난 후에 종속 제품인 부속품에 대해서는 이윤을 추구하는 전략을 의미한다. 또한 주 제품에 맞는 종속 제품을 요구함으로써 자사와는 다른 타 사의 제품을 쓰지 못하게 하는 특징도 있다.

12 다음은 국제적 매너 중 하나인 악수에 대한 내용이다. 악수의 사례를 읽고 이를 분석한 내용으로 바르지 않은 것을 고르면?

국내에서도 번역 출간된 초오신타의 '세계의 인사법'이란 책에는 여러 나라 여러 민족의 다양한 인사법이 나온다. 포옹, 가벼운 키스, 서로 코를 맞대는 뉴질랜드 마오리족의 인사에서부터 반가움의 표시로 상대방의 발에 침을 뱉는 아프리카 키유크족의 인사까지 우리 관점에서 보면 기상천외한 인사법이 참으로 많다. 인사는 반가움을 표시하는 형식화되고 관습화된 행위다.

나라마다 문화마다 독특한 형식의 인사가 많지만 전 세계적으로 통용되는 가장 보편적인 인사법을 꼽으라면 역시 악수일 것이다. 악수는 원래 신(神)이 지상의 통치자에게 권력을 넘겨주는 의식에서 유래했다고 한다. 이것은 이집트어의 '주다'라는 동사에 잘 나타나 있는데, 상형문자로 쓰면 손을 내민 모양이 된다고 한다.

먼저 악수할 때는 반갑게 인사말을 건네며 적극적인 자세로 서로 손을 잡고 흔든다. 이 악수는 신체적 접촉으로 이루어지는 적극적이고 활달한 인사이므로 만약 지나치게 손을 흔든다거나, 힘없이 손끝만 살짝 쥐고 흔드는 시늉만 한다면 상대방은 몹시 불쾌해질 수 있다. 서양에서는 이런 행동을 "죽은 물고기 꼬리를 잡고 흔든다"고 말하며 모욕적인 행동으로 간주한다. 군대 내에서는 상관과 악수할 때 손에 힘을 빼라는 예법이 있다. 그것은 군대 내에서만 적용되는 악수법이니 외부인과 악수할 때에는 연하자라도 약간의 에너지를 주고 흔들면 된다. 다만, 연장자보다 힘을 덜 주면 되는 것이다.

원래 악수는 허리를 펴고 한 손으로 당당하게 나누는 인사다. 서양에서는 대통령이나 왕족을 대하는 경우에만 머리를 살짝 숙여 충성을 표시하는 데 반해, 우리나라에서는 지나치게 허리를 굽혀 악수를 하는 장면이 많이 보이는데 이는 세계적으로 통용되는 정통 악수법의 관점에서는 옳지 않다. 우리나라의 악수는 서양과 달리 절과 악수의 혼합형처럼 쓰이고 있으므로 웃어른이나 상사와 악수를 나눌 때는 왼손으로 오른쪽 팔을 받치고 고개를 약간 숙인 채 악수를 하는 것이 좋다. 그렇더라도 지나치게 허리까지 굽힌다면, 보기에도 좋지 않을뿐더러 마치 아부하는 것처럼 보일 수도 있으므로 이런 모습은 보이지 않도록 한다.

악수는 여성이 남성에게 먼저 청하는 것이 에티켓이며, 같은 맥락으로 연장자가 연소자에게, 상급자가 하급자에게 청하는 것이 옳은 방법이다. 때론 장난기 많은 사람들 중에 악수를 나누며 손가락으로 장난을 치는 사람들도 있는데, 세계화의 시대에 이런 모습은 사라져야겠다.

① 악수할 때에는 허리를 꼿꼿이 세워 대등하게 악수를 해야 한다.

② 웃어른의 뜻에 의해 악수, 또는 황송하다고 생각해서 허리를 많이 굽히거나 또는 두 손으로 감싸는 것은 상당히 매너 있는 행위이다.

③ 악수 시에는 손윗사람 (연장자)이 손아랫사람에게 손을 내민다.

④ 여성이 남성에게 손을 내민다.

> ✔ 해설 웃어른의 뜻에 의해 악수, 또는 황송하다고 생각해서 두 손으로 감싸는 것은 좋지 않다. 악수는 대등하게 서로를 존중하는 것인데, 이는 오히려 상대에 대해서 비굴해 보일 수 있기 때문이다.

Answer 12.②

▌13~14▐ 다음은 J기업의 결재라인에 대한 내용과 양식이다. 다음을 보고 물음에 답하시오.

〈결재규정〉

• 결재를 받으려는 업무에 대하여 최고결재권자 이하 직책자의 결재를 받아야 한다.
• '전결'이라 함은 회사의 경영활동이나 관리활동을 수행함에 있어 의사결정이나 판단을 요하는 일에 대하여 최고 결재권자의 결재를 생략하고, 자신의 책임 하에 최종적으로 의사결정이나 판단을 하는 행위를 말한다.
• 전결사항에 대해서도 위임 받은 자를 포함한 이하 직책자의 결재를 받아야 한다.
• 결재를 올리는 자는 전결을 위임받은 자가 있는 경우 위임받은 자의 결재란에 전결이라 표시하고 생략된 결재란 은 대각선으로 표시한다.
• 결재권자의 부득이한 부재(휴가, 출장 등) 시 그 직무를 대행하는 자가 대신 결재(대결)하며 대결 시 서명 상단에 "대결"이라 쓰고 날짜를 기입한다.

〈전결사항〉

구분	내용	금액기준	결재서류	팀장	부장	이사
잡비	사무용품 등	–	지출결의서	▲		
출장비	유류비(교통비)	20만 원 이하	출장계획서	■	▲	
	숙식비 등	100만 원 이하	법인카드신청서		■	▲
교육비	내부교육비	–	기안서	■▲		
	외부교육비	50만 원 이하	지출결의서	■	▲	
		100만 원 이하	법인카드신청서		■	▲

※ 전결사항에 없는 기타 결재서류는 모두 사장이 최종결재권자이다.
※ ■ : 출장계획서, 기안서
   ▲ : 지출결의서, 법인카드신청서

13 인사팀의 A씨는 다음 달에 있을 전문 연수원 기술교육을 위한 서류를 만드는 중이다. 숙박비 및 강사비 등으로 20만 원 초과, 100만 원 이하로 지출될 예정일 때, A씨가 작성할 결재양식으로 옳은 것은?

①

기안서					
결재	담당	팀장	부장	이사	최종결재
	A		전결	/	

②

기안서					
결재	담당	팀장	부장	이사	최종결재
	A			전결	

③

지출결의서					
결재	담당	팀장	부장	이사	최종결재
	A		전결	/	

④

지출결의서					
결재	담당	팀장	부장	이사	최종결재
	A				

✔ 해설 100만 원 이하 외부교육비의 기안서는 부장 전결, 지출결의서는 이사 전결사항이다. 따라서 A씨가 작성할 결재양식은 다음과 같다.

기안서					
결재	담당	팀장	부장	이사	최종결재
	A		전결	/	

지출결의서					
결재	담당	팀장	부장	이사	최종결재
	A			전결	

14 해외영업부 H씨는 파리출장을 계획하고 있다. 예산을 200만 원으로 잡고 있을 때, H씨가 작성할 결재양식으로 옳은 것은?

①

출장계획서					
결재	담당	팀장	부장	이사	최종결재
	H		전결	/	

②

출장계획서					
결재	담당	팀장	부장	이사	최종결재
	H			전결	

③

법인카드신청서					
결재	담당	팀장	부장	이사	최종결재
	H			전결	

④

법인카드신청서					
결재	담당	팀장	부장	이사	최종결재
	H				

✔ 해설 출장비는 100만 원 이하인 경우에만 전결처리 할 수 있으므로 H씨는 최종적으로 사장에게 결재 받아야 한다.

Answer 13.① 14.④

│15~17│ 다음은 L기업의 회의록이다. 다음을 보고 물음에 답하시오.

<table>
<tr><td colspan="4" align="center">〈회의록〉</td></tr>
<tr><td align="center">일시</td><td>2021. 00. 00 10:00~12:00</td><td align="center">장소</td><td>7층 소회의실</td></tr>
<tr><td align="center">참석자</td><td colspan="3">영업본부장, 영업1부장, 영업2부장, 기획개발부장
불참자(1명) : 영업3부장(해외출장)</td></tr>
<tr><td align="center">회의제목</td><td colspan="3">고객 관리 및 영업 관리 체계 개선 방안 모색</td></tr>
<tr><td align="center">의안</td><td colspan="3">고객 관리 체계 개선 방법 및 영업 관리 대책 모색
– 고객 관리 체계 확립을 위한 개선 및 A/S 고객의 만족도 증진방안
– 자사 영업직원의 적극적인 영업활동을 위한 개선방안</td></tr>
<tr><td align="center">토의 내용</td><td colspan="3">㉠ 효율적인 고객관리 체계의 개선 방법
• 고객 관리를 위한 시스템 정비 및 고객관리 업무 전담 직원 증원이 필요(영업2부장)
• 영업부와 기획개발부 간의 지속적인 제품 개선 방안 협의 건의(기획개발부장)
• 영업 조직 체계를 제품별이 아닌 기업별 담당제로 전환(영업1부장)
• 고객 정보를 부장차원에서 통합관리(영업2부장)
• 각 부서의 영업직원의 고객 방문 스케줄 공유로 방문처 중복을 방지(영업1부장)
㉡ 자사 영업직원의 적극적인 영업활동을 위한 개선방안
• 영업직원의 영업능력을 향상시키기 위한 교육프로그램 운영(영업본부장)</td></tr>
<tr><td align="center">협의사항</td><td colspan="3">㉠ IT본부와 고객 리스트 관리 프로그램 교체를 논의해보기로 함
㉡ 인사과와 협의하여 추가 영업 사무를 처리하는 전담 직원을 채용할 예정임
㉢ 인사과와 협의하여 연 2회 교육세미나를 실시함으로 영업교육과 프레젠테이션 기술 교육을 받을 수 있도록 함
㉣ 기획개발부 및 홍보부와 협의하여 제품에 대한 자세한 이해와 매뉴얼 숙지를 위해 신제품 출시에 맞춰 영업직원을 위한 설명회를 열도록 함
㉤ 기획개발부와 협의하여 주기적인 회의를 갖도록 함</td></tr>
</table>

15 다음 중 본 회의록으로 이해할 수 있는 내용이 아닌 것은?

① 회의 참석 대상자는 총 5명이었다.

② 영업본부의 업무 개선을 위한 회의이다.

③ 교육세미나의 강사는 인사과의 담당직원이다.

④ 영업1부와 2부의 스케줄 공유가 필요하다.

> ✔해설 직원 교육에 대한 업무는 인사과에서 담당하기 때문에 교육세미나에 대해 인사과와 협의해야하지만 영업교육과 프레젠테이션 기술 교육을 인사과 직원이 직접 하는 것은 아니다.

16 다음 중 회의 후에 영업부가 협의해야 할 부서가 아닌 것은?

① IT본부   ② 인사과

③ 기획개발부   ④ 비서실

> ✔해설 협의 사항 중 비서실과 관련된 내용은 없다.

17 회의록을 보고 영업부 교육세미나에 대해 알 수 있는 내용이 아닌 것은?

① 교육내용   ② 교육일시

③ 교육횟수   ④ 교육목적

> ✔해설 ① 영업교육과 프레젠테이션 기술 교육
> ③ 연 2회
> ④ 영업직원의 영업능력 향상

18 다음의 사례로 미루어 보아 CJ 오쇼핑이 제공하는 서비스와 가장 관련성이 높은 사항을 고르면?

스마트폰으로 팔고 싶은 물품의 사진이나 동영상을 인터넷에 올려 당사자끼리 직접 거래할 수 있는 모바일 오픈 마켓 서비스가 등장했다.

CJ 오쇼핑은 수수료를 받지 않고 개인 간 물품거래를 제공하는 스마트폰 애플리케이션 '오늘 마켓'을 서비스한다고 14일 밝혔다.

기존 오픈 마켓은 개인이 물건을 팔려면 사진을 찍어 PC로 옮기고, 인터넷 카페나 쇼핑몰에 판매자 등록을 한 뒤 사진을 올리는 복잡한 과정을 거쳐야 했다. 오늘마켓은 판매자가 휴대전화로 사진이나 동영상을 찍어 앱으로 바로 등록할 수 있고 전화나 문자메시지, e메일, 트위터 등 연락 방법을 다양하게 설정할 수 있다. 구매자는 상품 등록시간이나 인기 순으로 상품을 검색할 수 있고 위치 기반 서비스(LBS)를 바탕으로 자신의 위치와 가까운 곳에 있는 판매자의 상품만 선택해 볼 수도 있다. 애플 스마트폰인 아이 폰용으로 우선 제공되며 안드로이드 스마트폰용은 상반기 안으로 서비스될 예정이다.

---

① 홈뱅킹, 방송, 여행 및 각종 예약 등에 활용되는 형태이다.

② 원재료 및 부품 등의 구매 및 판매, 전자문서교환을 통한 문서발주 등에 많이 활용되는 형태이다.

③ 정보의 제공, 정부문서의 발급, 홍보 등에 주로 활용되는 형태이다.

④ 소비자와 소비자 간 물건 등을 매매할 수 있는 형태이다.

> ✔ **해설** C2C(Customer to Customer)는 인터넷을 통한 직거래 또는 물물교환, 경매 등에서 특히 많이 활용되는 전자상거래 방식이다. CJ 오쇼핑이 제공하는 서비스는 "수수료를 받지 않고 개인 간 물품거래를 제공하는 스마트폰 애플리케이션 '오늘 마켓'을 서비스 한다"는 구절을 보면 알 수 있다.

SWOT이란, 강점(Strength), 약점(Weakness), 기회(Opportunity), 위협(Threat)의 머리글자를 모아 만든 단어로 경영 전략을 수립하기 위한 도구이다. SWOT분석을 통해 도출된 조직의 외부/내부 환경 분석 결과를 통해 각각에 대응하는 전략을 도출하게 된다.

SO 전략이란 기회를 활용하면서 강점을 더욱 강화하는 공격적인 전략이고, WO 전략이란 외부환경의 기회를 활용하면서 자신의 약점을 보완하는 전략으로 이를 통해 기업이 처한 국면의 전환을 가능하게 할 수 있다. ST 전략은 외부환경의 위험요소를 회피하면서 강점을 활용하는 전략이며, WT 전략이란 외부환경의 위협요인을 회피하고 자사의 약점을 보완하는 전략으로 방어적 성격을 갖는다.

내부 외부	강점(Strength)	약점(Weakness)
기회(Opportunity)	SO 전략(강점-기획 전략)	WO 전략(약점-기회 전략)
위협(Threat)	ST 전략(강점-위협 전략)	WT 전략(약점-위협 전략)

19 다음은 어느 패스트푸드 프랜차이즈 기업의 SWOT분석이다. 주어진 전략 중 가장 적절한 것은?

강점(Strength)	• 성공적인 마케팅과 브랜드의 인지도 • 유명 음료 회사 A와의 제휴 • 종업원에 대한 전문적인 훈련
약점(Weakness)	• 제품 개발력 • 다수의 프랜차이즈 영업점 관리의 미비
기회(Opportunity)	• 아직 진출하지 않은 많은 해외 시장의 존재 • 증가하는 외식 시장
위협(Threat)	• 건강에 민감한 소비자의 증가 • 다양한 경쟁자들의 위협

내부 외부	강점(Strength)	약점(Weakness)
기회 (Opportunity)	① 주기적인 영업점 방문 및 점검으로 청결한 상태 유지	② 개발부서의 전문인 경력직원을 확충하여 차별화된 제품 개발
위협(Threat)	③ 더욱 공격적인 마케팅으로 경쟁자들의 위협을 방어	④ A와의 제휴를 강조하여 소비자의 관심을 돌림

✔해설 이미 성공적인 마케팅으로 높인 인지도(강점)를 더욱 강화하여 다른 경쟁자들(위협)을 방어하는 것은 적절한 ST 전략이라고 할 수 있다.

Answer 18.④ 19.③

20 다음은 어느 어린이 사진관의 SWOT 분석이다. 주어진 전략 중 가장 적절한 것은?

강점(Strength)	• 경영자의 혁신적인 마인드 • 인근의 유명 산부인과 및 조리원의 증가로 좋은 입지 확보 • 차별화된 시설과 내부 인테리어
약점(Weakness)	• 회원관리능력의 부족 • 내부 회계능력의 부족
기회(Opportunity)	• 아이에 대한 관심과 투자의 증가 • 사진 시장 규모의 확대
위협(Threat)	• 낮은 출산율 • 스스로 아이 사진을 찍는 수준 높은 아마추어들의 증가

내부 외부	강점(Strength)	약점(Weakness)
기회(Opportunity)	① 좋은 인테리어를 활용하여 부모가 직접 사진을 찍을 수 있도록 공간을 대여해 줌	② 회원관리를 전담하는 상담직원을 채용하여 부모들의 투자를 유도
위협(Threat)	③ 인근에 새로 생긴 산부인과와 조리원에 집중적으로 마케팅하여 소비자 확보	④ 저렴한 가격정책을 내세워 소비자 확보

> ✔해설 회원관리능력의 부족이라는 약점을 전담 상담직원 채용을 통해 보완하고 이를 통해 부모들의 높은 아이에 대한 관심과 투자를 유도하는 것은 적절한 WO 전략이라 할 수 있다.

21 다음의 조직목표에 대한 설명 중 옳은 것은?

① 공식적인 목표인 사명은 측정 가능한 형태로 기술되는 단기적인 목표이다.

② 조직목표는 환경이나 여러 원인들에 의해 변동되거나 없어지지 않는다.

③ 구성원들이 자신의 업무만을 성실하게 수행하면 조직목표는 자연스럽게 달성된다.

④ 조직은 다수의 목표를 추구할 수 있으며 이들은 상하관계를 가지기도 한다.

> ✔해설 ① 조직의 사명은 조직의 비전, 가치와 신념, 조직의 존재이유 등을 공식적인 목표로 표현한 것이다. 반면에, 세부목표 혹은 운영목표는 조직이 실제적인 활동을 통해 달성하고자 하는 것으로 사명에 비해 측정 가능한 형태로 기술되는 단기적인 목표이다.

② 조직목표는 한번 수립되면 달성될 때까지 지속되는 것이 아니라 환경이나 조직 내의 다양한 원인들에 의해 변동되거나 없어지고 새로운 목표로 대치되기도 한다.

③ 조직구성원들은 자신의 업무를 성실하게 수행한다고 하더라도 전체 조직목표에 부합되지 않으면 조직목표가 달성될 수 없으므로 조직목표를 이해하고 있어야 한다.

④ 조직은 다수의 조직목표를 추구할 수 있다. 이러한 조직목표들은 위계적 상호관계가 있어서 서로 상하관계에 있으면서 영향을 주고받는다.

22 조직이 유연하고 자유로운지 아니면 안정이나 통제를 추구하는지, 조직이 내부의 단결이나 통합을 추구하는지 아니면 외부의 환경에 대한 대응성을 추구하는지의 차원에 따라 집단문화, 개발문화, 합리문화, 계층문화로 구분된다. 지문에 주어진 특징을 갖는 조직문화의 유형은?

> 과업지향적인 문화로, 결과지향적인 조직으로써의 업무의 완수를 강조한다. 조직의 목표를 명확하게 설정하여 합리적으로 달성하고, 주어진 과업을 효과적이고 효율적으로 수행하기 위하여 실적을 중시하고, 직무에 몰입하며, 미래를 위한 계획을 수립하는 것을 강조한다. 합리문화는 조직구성원 간의 경쟁을 유도하는 문화이기 때문에 때로는 지나친 성과를 강조하게 되어 조직에 대한 조직구성원들의 방어적인 태도와 개인주의적인 성향을 드러내는 경향을 보인다.

① 집단문화
② 개발문화
③ 합리문화
④ 계층문화

 해설 ① 관계지향적인 문화이며, 조직구성원 간 인간애 또는 인간미를 중시하는 문화로서 조직내부의 통합과 유연한 인간관계를 강조한다. 따라서 조직구성원 간 인화단결, 협동, 팀워크, 공유가치, 사기, 의사결정과정에 참여 등을 중요시하며, 개인의 능력개발에 대한 관심이 높고 조직구성원에 대한 인간적 배려와 가족적인 분위기를 만들어내는 특징을 가진다.

② 높은 유연성과 개성을 강조하며 외부환경에 대한 변화지향성과 신축적 대응성을 기반으로 조직구성원의 도전의식, 모험성, 창의성, 혁신성, 자원획득 등을 중시하며 조직의 성장과 발전에 관심이 높은 조직문화를 의미한다. 따라서 조직구성원의 업무수행에 대한 자율성과 자유재량권 부여 여부가 핵심요인이다.

④ 조직내부의 통합과 안정성을 확보하고 현상유지차원에서 계층화되고 서열화된 조직구조를 중요시하는 조직문화이다. 즉, 위계질서에 의한 명령과 통제, 업무처리 시 규칙과 법을 준수하고, 관행과 안정, 문서와 형식, 보고와 정보관리, 명확한 책임소재 등을 강조하는 관리적 문화의 특징을 나타내고 있다.

Answer 20.② 21.④ 22.③

23 다음 표는 A, B회사를 비교한 것이다. 이에 대한 설명으로 옳은 것을 모두 고른 것은?

내용＼회사	A	B
특징	• 태양광 장비 판매 • 국내·외 특허 100건 보유	• 휴대폰 생산 판매 • 미국 특허 10건 보유
경영자	전문 경영자	고용 경영자
생산 방식	주문 생산	계획 생산
노동조합	채용 후 일정 기간 안에 조합에 가입해야 함	채용과 동시에 조합에 가입해야 함

> ㉠ A는 판매 시장의 수요를 고려하여 생산한다.
> ㉡ B는 국내에서 휴대폰을 생산할 때 특허에 대한 권리를 인정받는다.
> ㉢ A는 유니언 숍 방식을, B는 클로즈드 숍 방식을 채택하고 있다.
> ㉣ A의 경영자는 B에 비하여 출자자로부터 독립하여 독자적인 지위와 기업 경영에 대한 실권을 가진다.

① ㉠㉡   ② ㉠㉢
③ ㉡㉢   ④ ㉢㉣

> ✔해설   ㉢ 채용 후 일정 기간 안에 조합에 가입하는 것이 유니언 숍, 채용과 동시에 가입하는 것이 클로즈드 숍이다.
> ㉣ 전문 경영자는 고용 경영자에 비해 독자적인 지위와 기업 경영에 대한 실권을 가진다.
> ㉠ 계획 생산은 판매 시장의 수요를 고려하면서 생산한다.

24 다음은 조직의 유형에 대한 설명이다. 옳은 것을 모두 고른 것은?

> ㉠ 조직은 영리성을 기준으로 공식조직과 비공식조직으로 구분할 수 있다.
> ㉡ 조직은 비공식조직으로부터 공식조직으로 발전해왔다.
> ㉢ 정부조직은 비영리조직에 속한다.
> ㉣ 비공식조직 내에서 인간관계를 지향하면서 공식조직이 생성되기도 한다.
> ㉤ 기업과 같이 이윤을 목적으로 하는 조직을 공식조직이라 한다.

① ㉠㉣   ② ㉡㉢
③ ㉡㉤   ④ ㉢㉣

○ 조직은 공식화 정도에 따라 공식조직과 비공식조직으로 구분할 수 있다. 영리성을 기준으로는 영리조 직과 비영리조직으로 구분된다.
ⓔ 공식조직 내에서 인간관계를 지향하면서 비공식조직이 새롭게 생성되기도 한다. 이는 자연스러운 인간 관계에 의해 일체감을 느끼고 가치나 행동유형 등이 공유되어 공식조직의 기능을 보완해주기도 한다.
ⓜ 기업과 같이 이윤을 목적으로 하는 조직을 영리조직이라 한다.

▌25~26 ▌ 다음은 어느 회사의 전화 사용 요령이다. 다음을 읽고 물음에 답하시오.

1. 일반 전화 걸기
회사 외부에 전화를 걸어야 하는 경우
→ 수화기를 들고 9번을 누른 후 (지역번호) + 전화번호를 누른다.

2. 전화 당겨 받기
다른 직원에게 전화가 왔으나, 사정상 내가 받아야 하는 경우
→ 수화기를 들고 *(별표)를 두 번 누른다.
※ 다른 팀에게 걸려온 전화도 당겨 받을 수 있다.

3. 회사 내 직원과 전화하기
→ 수화기를 들고 내선번호를 누르면 통화가 가능하다.

4. 전화 넘겨주기
외부 전화를 받았는데 내가 담당자가 아니라서 다른 담당자에게 넘겨 줄 경우
→ 통화 중 상대방에게 양해를 구한 뒤 통화 종료 버튼을 짧게 누른 뒤 내선번호를 누른다. 다른 직원이 내선 전화 를 받으면 어떤 용건인지 간략하게 얘기 한 뒤 수화기를 내려놓으면 자동적으로 전화가 넘겨진다.

5. 회사 전화를 내 핸드폰으로 받기
외근 나가 있는 상황에서 중요한 전화가 올 예정인 경우
→ 내 핸드폰으로 착신을 돌리기 위해서는 사무실 수화기를 들고 *(별표)를 누르고 88번을 누른다. 그리고 내 핸드 폰 번호를 입력한다.
→ 착신을 풀기 위해서는 #(샵)을 누르고 88번을 누른 다음 *(별)을 누르면 된다.
※ 회사 전화를 내 핸드폰으로 받는 기능은 팀장급 이상의 자리에 있는 대표 전화기로만 가능하며, 그 이하의 직급 자리에 있는 일 반 전화기로는 이 기능을 사용할 수 없다.

25 인사팀에 근무하고 있는 사원S는 신입사원들을 위해 전화기 사용 요령에 대해 교육을 진행하려고 한다. 다음 중 신입사원들에게 교육하지 않아도 되는 항목은?

① 일반 전화 걸기   ② 전화 당겨 받기

③ 전화 넘겨 주기   ④ 회사 전화를 내 핸드폰으로 받기

> ✔해설   회사 전화를 내 핸드폰으로 받는 기능은 팀장급 이상의 자리에 있는 대표 전화기로만 가능하기 때문에 신입사원에게 교육하지 않아도 되는 항목이다.

26 사원S는 전화 관련 정보들을 신입사원이 이해하기 쉽도록 표로 정리하였다. 정리한 내용으로 옳지 않은 내용이 포함된 항목은?

상황	항목	눌러야 하는 번호
회사 외부로 전화 걸 때	일반 전화 걸기	9+(지역번호)+(전화번호)
다른 직원에게 걸려온 전화를 내가 받아야 할 때	전화 당겨 받기	*(별표) 한번
회사 내 다른 직원과 전화 할 때	회사 내 직원과 전화하기	내선번호
내가 먼저 전화를 받은 경우 다른 직원에게 넘겨 줄 때	전화 넘겨주기	종료버튼(짧게)+내선번호

① 일반 전화 걸기

② 전화 당겨 받기

③ 전화 넘겨 주기

④ 회사 내 직원과 전화하기

> ✔해설   전화를 당겨 받는 경우에는 *(별표)를 두 번 누른다.

27 다음은 경영의 과정을 나타낸 것이다. B에 들어갈 내용으로 적절한 것은?

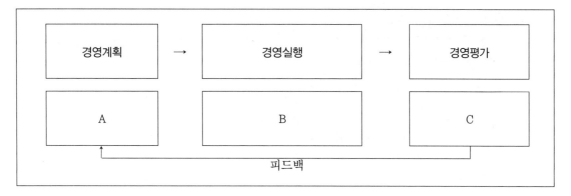

① 미래상 설정　　　　　　　　② 대안분석
③ 조직목적 달성　　　　　　　　④ 수행결과 감독

✔해설 ①② 경영계획 단계
④ 경영평가 단계

28 조직변화에 대한 설명이다. 옳지 않은 것은?

① 조직의 변화는 환경의 변화를 인지하는 데에서 시작된다.
② 기존의 조직구조나 경영방식 하에서 환경변화에 따라 제품이나 기술을 변화시키는 것이다.
③ 조직의 목적과 일치시키기 위해 문화를 변화시키기도 한다.
④ 조직변화는 제품과 서비스, 전략, 구조, 기술 문화 등에서 이루어질 수 있다.

✔해설 ② 조직변화 중 전략이나 구조의 변화는 조직의 조직구조나 경영방식을 개선하기도 한다.

29 다음 중 기계적 조직의 특징으로 바르지 않은 것은?

① 급변하는 환경에 적합

② 구성원들의 업무가 분명히 규정

③ 다수의 규칙과 규정이 존재

④ 엄격한 상하 간 위계질서

> ✔해설 유기적 조직 … 기계적 조직과 대비되는 조직의 구조로 개인과 개성이 존중되고 이들의 기능이 횡적인 유대로써 기업 전체의 목적에 부합되도록 유도되는 구조이다. 기업의 시장 환경이나 기술 환경이 불확실한 상황에서는 매우 유효한 조직이다.

30 다음의 국제 매너와 관련된 내용 중 바르지 않은 것은?

① 미국에서는 악수할 때 손끝만 잡는 것은 예의에 어긋나는 행동이다.

② 명함은 아랫사람이나 손님이 먼저 꺼내 오른손으로 상대방에게 준다.

③ 이름이나 호칭은 어떻게 부를지 먼저 물어보는 것이 예의이다.

④ 받은 명함을 탁자위에 놓고 대화하는 것은 예의에 어긋나는 행동이다.

> ✔해설 ④ 받은 명함은 한번 보고나서 탁자위에 보이게 놓은 채로 대화하거나 명함지갑에 넣는다. 명함을 계속 구기거나 만지는 것은 예의에 어긋나는 일이다.

Answer 29.① 30.④

07 직업윤리

1 윤리와 직업

(1) 윤리의 의미

① **윤리적 인간** : 공동의 이익을 추구하고 도덕적 가치 신념을 기반으로 형성된다.

② **윤리규범의 형성** : 공동생활과 협력을 필요로 하는 인간생활에서 형성되는 공동행동의 룰을 기반으로 형성된다.

③ **윤리의 의미** : 인간과 인간 사이에서 지켜야 할 도리를 바르게 하는 것으로 인간 사회에 필요한 올바른 질서라고 할 수 있다.

예제 1

윤리에 대한 설명으로 옳지 않은 것은?

① 윤리는 인간과 인간 사이에서 지켜져야 할 도리를 바르게 하는 것으로 볼 수 있다.
② 동양적 사고에서 윤리는 인륜과 동일한 의미이며, 엄격한 규율이나 규범의 의미가 배어 있다.
③ 인간은 윤리를 존중하며 살아야 사회가 질서와 평화를 얻게 되고, 모든 사람이 안심하고 개인적 행복을 얻게 된다.
④ 윤리는 세상에 두 사람 이상이 있으면 존재하며, 반대로 혼자 있을 때도 지켜져야 한다.

출제의도

윤리의 의미와 윤리적 인간, 윤리규범의 형성 등에 대한 기본적인 이해를 평가하는 문제이다.

해 설

윤리는 인간과 인간 사이에서 지켜져야 할 도리를 바르게 하는 것으로서 이 세상에 두 사람 이상이 있으면 존재하고 반대로 혼자 있을 때에는 의미가 없는 말이 되기도 한다.

답 ④

---

(2) 직업의 의미

① 직업은 본인의 자발적 의사에 의한 장기적으로 지속하는 일로, 경제적 보상이 따라야 한다.

② **입신출세론** : 입신양명(立身揚名)이 입신출세(立身出世)로 바뀌면서 현대에 와서는 직업 활동의 결과를 출세에 비중을 두는 경향이 짙어졌다.

③ 3D 기피현상 : 힘들고(Difficult), 더럽고(Dirty), 위험한(Dangerous) 일은 하지 않으려고 하는 현상

(3) 직업윤리

① 직업윤리란 직업인이라면 반드시 지켜야 할 공통적인 윤리규범으로 어느 직장에 다니느냐를 구분하지 않는다.

② 직업윤리와 개인윤리의 조화
 ㉠ 업무상 행해지는 개인의 판단과 행동이 사회적 파급력이 큰 기업시스템을 통하여 다수의 이해관계자와 관련된다.
 ㉡ 많은 사람의 고도화 된 협력을 요구하므로 맡은 역할에 대한 책임완수와 투명한 일 처리가 필요하다.
 ㉢ 규모가 큰 공동 재산 · 정보 등을 개인이 관리하므로 높은 윤리의식이 요구된다.
 ㉣ 직장이라는 특수 상황에서 갖는 집단적 인간관계는 가족관계, 친분관계와는 다른 배려가 요구된다.
 ㉤ 기업은 경쟁을 통하여 사회적 책임을 다하고, 보다 강한 경쟁력을 키우기 위하여 조직원인의 역할과 능력을 꾸준히 향상시켜야 한다.
 ㉥ 직무에 따른 특수한 상황에서는 개인 차원의 일반 상식과 기준으로는 규제할 수 없는 경우가 많다.

예제 2

직업윤리에 대한 설명으로 옳지 않은 것은?

① 개인윤리를 바탕으로 각자가 직업에 종사하는 과정에서 요구되는 특수한 윤리규범이다.
② 직업에 종사하는 현대인으로서 누구나 공통적으로 지켜야 할 윤리기준을 직업윤리라 한다.
③ 개인윤리의 기본 덕목인 사랑, 자비 등과 공동발전의 추구, 장기적 상호이익 등의 기본은 직업윤리도 동일하다.
④ 직업을 가진 사람이라면 반드시 지켜야 할 윤리규범이며, 중소기업 이상의 직장에 다니느냐에 따라 구분된다.

출제의도
직업윤리의 정의와 내용에 대한 올바른 이해를 요구하는 문제이다.

해 설
직업윤리란 직업을 가진 사람이라면 반드시 지켜야 할 공통적인 윤리규범을 말하는 것으로 어느 직장에 다니느냐를 구분하지 않는다.

답 ④

(1) 근로윤리

① 근면한 태도

ㄱ 근면이란 게으르지 않고 부지런한 것으로 근면하기 위해서는 일에 임할 때 적극적이고 능동적인 자세가 필요하다.

ㄴ 근면의 종류

- 외부로부터 강요당한 근면
- 스스로 자진해서 하는 근면

② 정직한 행동

ㄱ 정직은 신뢰를 형성하고 유지하는 데 기본적이고 필수적인 규범이다.

ㄴ 정직과 신용을 구축하기 위한 지침

- 정직과 신뢰의 자산을 매일 조금씩 쌓아가자.
- 잘못된 것도 정직하게 밝히자.
- 타협하거나 부정직을 눈감아 주지 말자.
- 부정직한 관행은 인정하지 말자.

③ 성실한 자세 : 성실은 일관하는 마음과 정성의 덕으로 자신의 일에 최선을 다하고자 하는 마음자세를 가지고 업무에 임하는 것이다.

예제 3

우리 사회에서 정직과 신용을 구축하기 위한 지침으로 볼 수 없는 것은?

① 정직과 신뢰의 자산을 매일 조금씩 쌓아가도록 한다.
② 잘못된 것도 정직하게 밝혀야 한다.
③ 작은 실수는 눈감아 주고 때론 타협을 하여야 한다.
④ 부정직한 관행은 인정하지 말아야 한다.

출제의도

근로윤리 중에서도 정직한 행동과 성실한 자세에 대해 올바르게 이해하고 있는지 평가하는 문제이다.

해 설

타협하거나 부정직한 일에 대해서는 눈감아 주지 말아야 한다.

답 ③

---

(2) 공동체윤리

① 봉사(서비스)의 의미

ㄱ 직업인에게 봉사란 자신보다 고객의 가치를 최우선으로 하는 서비스 개념이다.

ⓛ SERVICE의 7가지 의미
  • S(Smile & Speed) : 서비스는 미소와 함께 신속하게 하는 것
  • E(Emotion) : 서비스는 감동을 주는 것
  • R(Respect) : 서비스는 고객을 존중하는 것
  • V(Value) : 서비스는 고객에게 가치를 제공하는 것
  • I(Image) : 서비스는 고객에게 좋은 이미지를 심어 주는 것
  • C(Courtesy) : 서비스는 예의를 갖추고 정중하게 하는 것
  • E(Excellence) : 서비스는 고객에게 탁월하게 제공되어져야 하는 것
ⓒ **고객접점서비스** : 고객과 서비스 요원 사이에서 15초 동안의 짧은 순간에 이루어지는 서비스로, 이 순간을 진실의 순간(MOT ; Moment of Truth) 또는 결정적 순간이라고 한다.

② **책임의 의미** : 책임은 모든 결과는 나의 선택으로 인한 결과임을 인식하는 태도로, 상황을 회피하지 않고 맞닥뜨려 해결하는 자세가 필요하다.

③ **준법의 의미** : 준법은 민주 시민으로서 기본적으로 지켜야 하는 의무이며 생활 자세이다.

④ **예절의 의미** : 예절은 일정한 생활문화권에서 오랜 생활습관을 통해 하나의 공통된 생활방법으로 정립되어 관습적으로 행해지는 사회계약적 생활규범으로, 언어문화권에 따라 다르고 같은 언어문화권이라도 지방에 따라 다를 수 있다.

⑤ **직장에서의 예절**
  ㉠ **직장에서의 인사예절**
    • 악수
    –악수를 하는 동안에는 상대에게 집중하는 의미로 반드시 눈을 맞추고 미소를 짓는다.
    –악수를 할 때는 오른손을 사용하고, 너무 강하게 쥐어짜듯이 잡지 않는다.
    –악수는 힘 있게 해야 하지만 상대의 뼈를 부수듯이 손을 잡지 말아야 한다.
    –악수는 서로의 이름을 말하고 간단한 인사 몇 마디를 주고받는 정도의 시간 안에 끝내야 한다.
    • 소개
    –나이 어린 사람을 연장자에게 소개한다.
    –내가 속해 있는 회사의 관계자를 타 회사의 관계자에게 소개한다.
    –신참자를 고참자에게 소개한다.
    –동료임원을 고객, 손님에게 소개한다.
    –비임원을 임원에게 소개한다.
    –소개받는 사람의 별칭은 그 이름이 비즈니스에서 사용되는 것이 아니라면 사용하지 않는다.
    –반드시 성과 이름을 함께 말한다.
    –상대방이 항상 사용하는 경우라면, Dr. 또는 Ph.D. 등의 칭호를 함께 언급한다.

–정부 고관의 직급명은 퇴직한 경우라도 항상 사용한다.

–천천히 그리고 명확하게 말한다.

–각각의 관심사와 최근의 성과에 대하여 간단한 언급을 한다.

• 명함 교환

–명함은 반드시 명함 지갑에서 꺼내고 상대방에게 받은 명함도 명함 지갑에 넣는다.

–상대방에게서 명함을 받으면 받은 즉시 호주머니에 넣지 않는다.

–명함은 하위에 있는 사람이 먼저 꺼내는데 상위자에 대해서는 왼손으로 가볍게 받쳐 내는 것이
예의이며, 동위자, 하위자에게는 오른손으로만 쥐고 건넨다.

–명함을 받으면 그대로 집어넣지 말고 명함에 관해서 한두 마디 대화를 건네 본다.

–쌍방이 동시에 명함을 꺼낼 때는 왼손으로 서로 교환하고 오른손으로 옮겨진다.

ⓒ 직장에서의 전화예절

• 전화걸기

–전화를 걸기 전에 먼저 준비를 한다. 정보를 얻기 위해 전화를 하는 경우라면 얻고자 하는 내용
을 미리 메모하도록 한다.

–전화를 건 이유를 숙지하고 이와 관련하여 대화를 나눌 수 있도록 준비한다.

–전화는 정상적인 업무가 이루어지고 있는 근무 시간에 걸도록 한다.

–당신이 통화를 원하는 상대와 통화할 수 없을 경우에 대비하여 비서나 다른 사람에게 메시지를
남길 수 있도록 준비한다.

–전화는 직접 걸도록 한다.

–전화를 해달라는 메시지를 받았다면 가능한 한 48시간 안에 답해주도록 한다.

• 전화받기

–전화벨이 3~4번 울리기 전에 받는다.

–당신이 누구인지를 즉시 말한다.

–천천히, 명확하게 예의를 갖추고 말한다.

–밝은 목소리로 말한다.

–말을 할 때 상대방의 이름을 함께 사용한다.

–메시지를 받아 적을 수 있도록 펜과 메모지를 곁에 둔다.

–주위의 소음을 최소화한다.

–긍정적인 말로서 전화 통화를 마치고 전화를 건 상대방에게 감사를 표시한다.

• 휴대전화

–당신이 어디에서 휴대전화로 전화를 하든지 간에 상대방에게 통화를 강요하지 않는다.

–상대방이 장거리 요금을 지불하게 되는 휴대전화의 사용은 피한다.

–운전하면서 휴대전화를 하지 않는다.

－친구의 휴대전화를 빌려 달라고 부탁하지 않는다.

　　　－비상시에만 휴대전화를 사용하는 친구에게는 휴대전화로 전화하지 않는다.

　　ⓒ 직장에서의 E-mail 예절

　　　• E-mail 보내기

　　　－상단에 보내는 사람의 이름을 적는다.

　　　－메시지에는 언제나 제목을 넣도록 한다.

　　　－메시지는 간략하게 만든다.

　　　－요점을 빗나가지 않는 제목을 잡도록 한다.

　　　－올바른 철자와 문법을 사용한다.

　　　• E-mail 답하기

　　　－원래 이-메일의 내용과 관련된 일관성 있는 답을 하도록 한다.

　　　－다른 비즈니스 서신에서와 마찬가지로 화가 난 감정의 표현을 보내는 것은 피한다.

　　　－답장이 어디로, 누구에게로 보내는지 주의한다.

⑥ 성예절을 지키기 위한 자세 : 직장에서 여성의 특징을 살린 한정된 업무를 담당하던 과거와는 달리 여성과 남성이 대등한 동반자 관계로 동등한 역할과 능력발휘를 한다는 인식을 가질 필요가 있다.

　　ⓐ 직장 내에서 여성이 남성과 동등한 지위를 보장 받기 위해서 그만한 책임과 역할을 다해야 하며, 조직은 그에 상응하는 여건을 조성해야 한다.

　　ⓑ 성희롱 문제를 사전에 예방하고 효과적으로 처리하는 방안이 필요한 것이다.

　　ⓒ 남성 위주의 가부장적 문화와 성 역할에 대한 과거의 잘못된 인식을 타파하고 남녀공존의 직장 문화를 정착하는 노력이 필요하다.

예제 4

예절에 대한 설명으로 옳지 않은 것은?

① 예절은 일정한 생활문화권에서 오랜 생활습관을 통해 하나의 공통된 생활방식으로 정립되어 관습적으로 행해지는 사회계약적인 생활규범이라 할 수 있다.
② 예절은 언어문화권에 따라 다르나 동일한 언어문화권일 경우에는 모두 동일하다.
③ 무리를 지어 하나의 문화를 형성하여 사는 일정한 지역을 생활문화권이라 하며, 이 문화권에 사는 사람들이 가장 편리하고 바람직한 방법이라고 여겨 그렇게 행하는 생활방법이 예절이다.
④ 예절은 한 나라에서 통일되어야 국민들이 생활하기가 수월하며, 올바른 예절을 지키는 것이 바른 삶을 사는 것이라 할 수 있다.

출제의도

공동체윤리에 속하는 여러 항목 중 예절의 의미와 특성에 대한 이해능력을 평가하는 문제이다.

해 설

예절은 언어문화권에 따라 다르고, 동일한 언어문화권이라도 지방에 따라 다를 수 있다. 예를 들면 우리나라의 경우 서울과 지방에 따라 예절이 조금씩 다르다.

답 ②

CHAPTER 07

직업윤리

1 다음 중 근로윤리에 관한 설명으로 옳지 않은 것은?

① 정직은 신뢰를 형성하는 데 기본적인 규범이다.

② 정직은 부정직한 관행을 인정하지 않는다.

③ 신용을 위해 동료와 타협하여 부정직을 눈감아준다.

④ 신용을 위해 잘못된 것도 정직하게 밝혀야 한다.

✔해설 ③ 타협하거나 부정직을 눈감아 주지 말아야 한다.

2 원모는 입사 후 처음으로 회사의 회식에 참여하게 되었다. 하지만 사회생활이 처음인 원모에게 모든 것이 낯선 상황이다. 다음은 원모가 소속 중인 회사의 회식 및 음주예절에 관한 내용인데 아래의 선택지는 원모가 각 상황별로 해야 하는 행동이다. 이 중 가장 바르지 않은 것을 고르면?

① 술잔은 상위자에게 먼저 권하고 경우에 따라서 무릎을 꿇거나 또는 서서 잔을 따른다.

② 술을 마시지 않더라도 술잔을 입에 대었다가 내려놓는다.

③ 만약의 경우 선약이 있어서 중간에 회식자리를 떠날 시에는 사전 또는 중간에 상위자에게 보고하고 이석한다.

④ 건배 시에 잔을 부딪칠 때에는 상위자의 술잔보다 높게 들어야 한다.

✔해설 건배 시에 잔을 부딪칠 때에는 상위자의 술잔보다 높게 들지 않아야 한다. 다시 말해, 회식자리에서도 상하구분이 존재하므로 상위자 (상사)보다는 잔을 높이 들면 안 되며, 더불어서 상위자 (상사)보다 먼저 술잔을 내려놓지 않는다.

Answer 　1.③　2.④

3 다음 설명에 해당하는 직업윤리의 덕목은?

> 자신이 하고 있는 일이 사회나 기업을 위해 중요한 역할을 하고 있다고 믿는 태도

① 직분의식   ② 소명의식

③ 천직의식   ④ 책임의식

> ✔ 해설 직업윤리의 덕목
> ㉠ 소명의식 : 자신이 맡은 일을 하늘에 의해 맡겨진 일이라고 생각하는 태도
> ㉡ 천직의식 : 자신의 일이 자신의 능력에 맞는다 여기고 열성을 가지고 성실히 임하는 태도
> ㉢ 직분의식 : 자신이 하고 있는 일이 사회나 기업을 위해 중요한 역할을 하고 있다고 믿는 태도
> ㉣ 책임의식 : 직업에 대한 사회적 역할과 책무를 충실히 수행하고 책임을 다하는 태도
> ㉤ 전문가의식 : 자신의 일이 누구나 할 수 있는 것이 아니라 해당분야의 지식을 바탕으로 가능한 것이라 믿는 태도
> ㉥ 봉사의식 : 직업 활동을 통해 다른 사람과 공동체에 대해 봉사하는 정신을 갖춘 태도

4 직업인은 외근 등의 사유로 종종 자동차를 활용하곤 한다. 다음은 자동차 탑승 시에 대한 예절 및 윤리에 관한 설명이다. 이 중 가장 옳지 않은 것을 고르면?

① 승용차에서는 윗사람이 먼저 타고 아랫사람이 나중에 타며 아랫사람은 윗사람의 승차를 도와준 후에 반대편 문을 활용해 승차한다.

② Jeep류의 차종인 경우(문이 2개)에는 운전석의 뒷자리가 상석이 된다.

③ 운전자의 부인이 탈 경우에는 운전석 옆자리가 부인석이 된다.

④ 자가용의 차주가 직접 운전을 할 시에 운전자의 오른 좌석에 나란히 앉아 주는 것이 매너이다.

> ✔ 해설 Jeep류의 차종인 경우(문이 2개)에는 운전석의 옆자리가 상석이 된다.

5 다음 중 이메일 네티켓에 관한 설명으로 부적절한 것은?

① 대용량 파일의 경우에는 압축해서 첨부해야 한다.

② 메일을 발송할 시에는 발신자를 명확하게 표기해야 한다.

③ 메일을 받을 수신자의 주소가 정확한지 확인을 해야 한다.

④ 영어는 일괄적으로 대문자로 표기해야 한다.

> ✔해설 영어의 경우에는 대소문자를 명확히 구분해서 표기해야 한다.

6 다음 중 직장에서의 소개 예절로 옳지 않은 것은?

① 나이 어린 사람을 연장자에게 소개한다.

② 신참자를 고참자에게 소개한다.

③ 반드시 성과 이름을 함께 말한다.

④ 빠르게 그리고 명확하게 말한다.

> ✔해설 소개
> • 나이 어린 사람을 연장자에게 소개한다.
> • 내가 속해 있는 회사의 관계자를 타 회사의 관계자에게 소개한다.
> • 신참자를 고참자에게 소개한다.
> • 동료임원을 고객, 손님에게 소개한다.
> • 비임원을 임원에게 소개한다.
> • 소개받는 사람의 별칭은 그 이름이 비즈니스에서 사용되는 것이 아니라면 사용하지 않는다.
> • 반드시 성과 이름을 함께 말한다.
> • 상대방이 항상 사용하는 경우라면, Dr. 또는 Ph.D. 등의 칭호를 함께 언급한다.
> • 정부 고관의 직급명은 퇴직한 경우라도 항상 사용한다.
> • 천천히 그리고 명확하게 말한다.
> • 각각의 관심사와 최근의 성과에 대하여 간단한 언급을 한다.

7 다음 중 악수 예절로 적절한 것은?

① 악수를 하는 동안에 상대의 눈을 쳐다보지 않는다.
② 악수를 할 때는 왼손을 사용한다.
③ 악수는 인사 몇 마디를 주고받는 정도의 시간 안에 끝내야 한다.
④ 악수는 상대보다 더 힘 있게 해야 한다.

✔해설 악수 예절
• 악수를 하는 동안에는 상대에게 집중하는 의미로 반드시 눈을 맞추고 미소를 짓는다.
• 악수를 할 때는 오른손을 사용하고, 너무 강하게 쥐어짜듯이 잡지 않는다.
• 악수는 힘 있게 해야 하지만 상대의 뼈를 부수듯이 손을 잡지 말아야 한다.
• 악수는 서로의 이름을 말하고 간단한 인사 몇 마디를 주고받는 정도의 시간 안에 끝내야 한다.

8 다음 중 직장에서의 전화걸기 예절로 옳지 않은 것은?

① 전화를 건 이유를 숙지하고 이와 관련하여 대화를 나눌 수 있도록 준비한다.
② 전화는 정상적인 업무가 이루어지고 있는 근무 시간이 종료된 뒤에 걸도록 한다.
③ 정보를 얻기 위해 전화를 하는 경우라면 얻고자 하는 내용을 미리 메모하도록 한다.
④ 전화를 해달라는 메시지를 받았다면 가능한 한 48시간 안에 답해주도록 한다.

✔해설 전화걸기
• 전화를 걸기 전에 먼저 준비를 한다. 정보를 얻기 위해 전화를 하는 경우라면 얻고자 하는 내용을 미리 메모하도록 한다.
• 전화를 건 이유를 숙지하고 이와 관련하여 대화를 나눌 수 있도록 준비한다.
• 전화는 정상적인 업무가 이루어지고 있는 근무 시간에 걸도록 한다.
• 당신이 통화를 원하는 상대와 통화할 수 없을 경우에 대비하여 비서나 다른 사람에게 메시지를 남길 수 있도록 준비한다.
• 전화는 직접 걸도록 한다.
• 전화를 해달라는 메시지를 받았다면 가능한 한 48시간 안에 답해주도록 한다.

9 다음은 공수법에 관한 설명이다. 이 중 가장 바르지 않은 사항을 고르면?

① 공수할 때의 손을 모습은 위로 가는 손바닥으로 아래 손의 등을 덮어서 포개 잡는데, 두 엄지손가락은 깍지를 끼듯이 교차시킨다.

② 소매가 넓은 예복을 입었을 시에는 공수한 팔의 소매 자락이 수직이 되게 올리고 평상복을 입었을 때는 공수한 손의 엄지가 가슴 부위 위에 닿도록 자연스럽게 앞으로 올린다.

③ 여자의 공수는 평상시에는 오른손이 위로 가게, 흉사 시에는 반대로 왼손이 위로 가게 두 손을 포개 잡는다.

④ 남자의 공수는 평상시에는 왼손이 위로 가게, 흉사 시에는 반대로 오른손이 위로 가게 두 손을 포개 잡는다.

> ✔해설 소매가 넓은 예복을 입었을 시에는 공수한 팔의 소매 자락이 수평이 되게 올리고 평상복을 입었을 때는 공수한 손의 엄지가 배꼽 부위 위에 닿도록 자연스럽게 앞으로 내린다.

10 다음 중 성 예절을 지키기 위한 노력으로 옳은 것은?

① 성희롱 문제는 사전에 예방할 수 없기 때문에 국가와 타협을 해야 한다.

② 여성은 남성보다 높은 지위를 보장 받기 위해서 그에 상응하는 여건을 조성해야 한다.

③ 직장 내에서 여성의 지위를 인정받기 위해 남성의 지위를 없애야 한다.

④ 성역할에 대한 과거의 잘못된 인식을 타파하고 남녀공존의 직장문화를 정착하는 노력이 필요하다.

> ✔해설 성예절을 지키기 위한 자세 : 직장에서 여성의 특징을 살린 한정된 업무를 담당하던 과거와는 달리 여성과 남성이 대등한 동반자 관계로 동등한 역할과 능력발휘를 한다는 인식을 가질 필요가 있다.
> ㉠ 직장 내에서 여성이 남성과 동등한 지위를 보장받기 위해서 그만한 책임과 역할을 다해야 하며, 조직은 그에 상응하는 여건을 조성해야 한다.
> ㉡ 성희롱 문제를 사전에 예방하고 효과적으로 처리하는 방안이 필요한 것이다.
> ㉢ 남성 위주의 가부장적 문화와 성역할에 대한 과거의 잘못된 인식을 타파하고 남녀공존의 직장문화를 정착하는 노력이 필요하다.

Answer 7.③ 8.② 9.② 10.④

11 다음 설명은 직업윤리의 덕목 중 무엇에 해당하는가?

> 자신의 일이 누구나 할 수 있는 것이 아니라 해당 분야의 지식과 교육을 밑바탕으로 성실히 수행해야만 가능한 것이라 믿고 수행하는 태도를 말한다.

① 소명의식　　　　　　　　　　② 직분의식

③ 전문가의식　　　　　　　　　④ 봉사의식

 ① 소명의식 : 자신이 맡은 일은 하늘에 의해 맡겨진 일이라고 생각하는 태도
② 직분의식 : 자신이 하고 있는 일이 사회나 기업을 위해 중요한 역할을 하고 있다고 믿고 자신의 활동을 수행하는 태도
④ 봉사의식 : 직업활동을 통해 다른 사람과 공동체에 대해 봉사하는 정신을 갖추고 실천하는 태도

12 다음 중 명함 교환 예절에 대한 설명으로 옳지 않은 것은 무엇인가?

① 명함은 반드시 지갑에서 꺼내며 새 것을 사용한다.

② 명함을 꺼낼 때는 하위자가 먼저 꺼내어 상위자에게 건넨다.

③ 상위자에게 명함을 건넬 때는 왼손으로 가볍게 받쳐 내는 것이 예의이다.

④ 명함에 관한 부가 정보는 상대방과의 만남에서 기입해 두는 것이 적절하다.

 명함에 부가 정보는 상대방과의 만남이 끝난 후에 적는 것이 적절하다.

13 다음은 면접 시 경어의 사용에 관한 내용이다. 이 중 가장 옳지 않은 항목은?

① 직위를 모르는 면접관을 지칭할 시에는 "면접위원"이 무난하고 직위 뒤에는 "님"자를 사용하지 않는다.

② 친족이나 또는 친척 등을 지칭할 때는 "아버지", "어머니", "언니", "조부모" 등을 쓰고 특별한 경칭을 붙이지 않는다.

③ 극존칭은 사용하지 않으며 지원회사명을 자연스럽게 사용한다.

④ 지망하고자 하는 회사의 회장, 이사, 과장 등을 지칭할 시에는 '님'자를 붙인다.

✔ **해설** 통상적으로 직위를 모르는 면접관을 지칭할 때는 "면접위원님"이 무난하고 직위 뒤에는 "님"자를 사용한다.

※ 경어의 구분
• 겸양어 : 상대나 화제의 인물에 대해서 경의를 표하기 위해 사람에게 관계가 되는 자신의 행위나 또는 동작 등을 낮추어서 하는 말을 의미한다.
  예 저희, 저희들, 우리들
  예 기다리실 줄 알았는데…
  예 설명해 드리겠습니다.
  예 여쭈어 본다, 모시고 간다, 말씀 드린다.
• 존경어 : 상대나 화제의 인물에 대해서 경의를 표하기 위해 그 사람의 행위나 또는 동작 등을 높여서 하는 말을 의미한다.
  예 안녕하세요(×) ⇒ 안녕하십니까(○)
  예 사용하세요(×) ⇒ 사용하십시오(○)
• 공손어 : 상대방에게 공손한 마음을 표현할 때나 자신의 품위를 지키기 위하여 사용하는 말이다.

14 명함을 주고받을 때의 기본원칙을 설명한 것 중 가장 옳지 않은 항목을 고르면?

① 명함을 줄 시에는 서열이 높은 사람이 먼저 건넨다.

② 명함을 전달할 시에 시선을 교환한다.

③ 명함을 받을 때에는 이름을 확인하고 관심을 표현한다.

④ 명함을 받은 후에 받은 명함에 메모는 가능하나 상대 앞에서는 하지 않는 것이 원칙이다.

> ✅**해설** 명함을 줄 때에는 서열이 낮은 사람이 먼저 건네는 것이 원칙이다.
> ※ 명함 교환의 기본원칙
> ㉠ 명함을 줄 때
> • 서열이 낮은 사람이 먼저 건넨다.
> • 서서 주고받는다.
> • 상대가 읽기 쉽도록 돌려 잡고 전달하면서 자신을 소개한다.
> • 전달 시에 시선을 교환한다.
> ㉡ 명함을 받을 때
> • 일어서서 두 손으로 정중하게 받는다.
> • 명함을 받아서 이름을 확인하고 관심을 표현한다.
> • 받은 명함에 대해서 메모는 가능하지만 상대 앞에서는 하지 않는다.
> • 대화를 나누는 동안에 명함을 테이블 오른쪽에 올려놓고 보면서 이야기한다.

15 다음 지문의 빈칸에 들어갈 알맞은 것을 〈보기〉에서 고른 것은?

> 기업은 합법적인 이윤 추구 활동 이외에 자선·교육·문화·체육 활동 등 사회에 긍정적 영향을 미치는 책임 있는 활동을 수행하기도 한다. 이처럼 기업이 사회적 책임을 수행하는 이유는
> _____

> 〈보기〉
> ㉠ 기업은 국민의 대리인으로서 공익 추구를 주된 목적으로 하기 때문이다.
> ㉡ 기업의 장기적인 이익 창출에 기여할 수 있기 때문이다.
> ㉢ 법률에 의하여 강제된 것이기 때문이다.
> ㉣ 환경 경영 및 윤리 경영의 가치를 실현할 수 있기 때문이다.

① ㉠, ㉡　　　　　　　　　　② ㉠, ㉢

③ ㉡, ㉢　　　　　　　　　　④ ㉡, ㉣

16 다음 중 전화 받는 매너로 가장 옳지 않은 것을 고르면?

① 전화벨이 울리면 즉시 받는다.

② 보안의 문제가 있으므로 회사명, 부서명, 자신의 이름을 밝히지 않는다.

③ 상대를 확인한 후에 인사를 한다.

④ 메모 준비 및 전화 온 용건을 듣는다.

17 다음 기사 내용에서 'A씨'에게 필요한 업무 수행의 자세로 알맞은 것은?

> 부실 공사 눈감아준 공무원 입건
>
> △△경찰서는 부실공사를 알고도 준공검사를 해준 혐의로 공무원 A씨를 불구속 입건했다. 그는 수백 억 원의 예산이 투입되는 주택 건설 사업과 관련해 기존 설계도면에 문제가 있다는 것을 알면서도 설계 변경 없이 공사를 진행하도록 하고 준공검사까지 내주었다. 특히 A씨는 준공검사 때에도 현장에 가지 않고 준공검사 조서를 작성한 것으로 드러났다.

① 많은 성과를 내기 위해 관행에 따라 일을 처리해야 한다.

② 사실 확인보다는 문서의 정확성을 위해 노력해야 한다.

③ 정명(正名) 정신에 따라 사회적 책임을 완수해야 한다.

④ 인정(人情)에 의거해 업무를 처리해야 한다.

18 다음과 같은 입장에서 긍정의 대답을 할 질문으로 알맞은 것은?

> 기업의 존재는 공공적이며, 사회적 목표에 이바지하는 한에서 정당화된다. 기업이 성장하고 발전하는 것은 기업 혼자만의 힘이 아니므로, 일방적으로 이익을 추구해서는 안 되며 사회에 대해서도 일정한 책임을 져야 한다. 따라서 기업은 사회에 긍정적 영향을 미치는 다양한 활동들에 관심을 가지고 이를 지속적으로 실천해 나가야 한다.

① 기업 활동의 목적은 이윤 추구에 국한되어야 하는가?
② 기업의 이윤 추구와 사회적 책임의 실천이 병행되어야 하는가?
③ 기업은 공동선의 실현보다 경제적 효율성을 우선해야 하는가?
④ 기업의 사익 추구는 자연스럽게 공익 실현으로 이어지는가?

✔해설 제시문은 기업이 이윤 추구뿐만 아니라 사회적 책임에 대해서 관심을 가져야 한다고 보고 있는 입장이다. 따라서 기업은 이윤을 얻기 위한 활동과 함께 사회의 공익을 증진할 수 있는 활동도 실천해야 한다.

19 다음 대화의 빈칸에 들어갈 말로 가장 알맞은 것은?

> A : 공직자로서 갖추어야 할 가장 중요한 덕목은 무엇인가요?
> B : 공직자는 국민의 봉사자이므로 청렴이 가장 중요하다고 생각합니다.
> A : 그럼 경제적 사정이 어려운 친인척들이 공공 개발 계획의 정보를 미리 알려달라고 할 때에는 어떻게 해야 할까요?
> B : _____

① 국민의 요청이므로 알 권리를 충족시켜 주어야 합니다.
② 어려운 친인척들에게 경제적 이익을 주어야 합니다.
③ 정보를 알려주되 대가를 요구하지 않아야 합니다.
④ 사익을 배제하고 공명정대하게 행동해야 합니다.

✔해설 ④ 청렴은 성품과 행실이 고결하고 탐욕이 없다는 뜻으로 국민의 봉사자인 공직자가 지녀야 할 중요한 덕목이다. 공직자는 어떠한 상황에서도 사익을 배제하고 공명정대하게 행동해야 한다.

20 다음과 같은 상황에 대하여 A에게 해줄 수 있는 조언으로 알맞은 것은?

> 대학을 졸업한 A는 여러 차례 구직 활동을 하였지만 마땅한 직업을 찾지 못하고 있다. A는 힘들고, 더럽고, 위험한 일에는 종사하고 싶은 마음이 없기 때문이다.

> ㉠ 명예와 부를 획득하기 위해서 어떠한 직업도 마다해선 안 된다.
> ㉡ 생업이 없으면 도덕적 마음도 생길 수 없다.
> ㉢ 예(禮)를 통해 나누어지는 사회적 신분에 성실히 응해야 한다.
> ㉣ 힘든 일이라도 소명 의식을 갖고 신의 부름에 응해야 한다.

① ㉠, ㉡
② ㉠, ㉢
③ ㉡, ㉢
④ ㉡, ㉣

✔해설 ㉠ 직업은 명예와 부를 획득하기 위한 수단적 행위로 보기 어렵다.
㉢ 예를 통해 나누어지는 사회적 역할을 강조하는 것은 주어진 상황의 A에 대한 조언으로 알맞지 않다.

21 다음에서 A가 지니고 있는 직업관으로 알맞은 것은?

> 바나나 재배법 발명 특허로 신지식 농업인에 선정된 A는 국내 최대 규모의 시설을 갖춘 농장을 운영하고 있다. 그는 수많은 시행착오를 거쳐 자연 상태와 가장 유사한 생육 환경을 찾아내 인공적으로 바나나를 재배할 수 있는 방법을 개발하였다. 바나나 재배에 대한 끊임없는 도전과 노력 속에서 그는 무엇인가 새로운 것을 찾아내는 것이 재미있으며, 그때마다 자신이 가지고 있는 그 무언가가 성장하고 있는 느낌이 든다고 하였다.

① 직업은 부와 명예를 획득하는 수단이다.
② 직업은 다른 사람들과 국가에 대한 봉사이다.
③ 직업은 일차적으로 생계를 유지하기 위한 것이다.
④ 직업은 자신의 능력과 소질을 계발하기 위한 것이다.

✔해설 주어진 내용에서 A는 바나나 재배에 관한 끊임없는 도전과 노력 그 자체에서 직업 생활의 보람을 찾고 있다.

Answer　18.② 19.④ 20.④ 21.④

22 다음 대화의 빈칸에 들어갈 말로 알맞은 것은?

> A : 직업인으로서 지켜야 할 기본 윤리는 무엇인가요?
>
> B : 직업인이라면 일반적으로 정직과 성실, 신의, 책임, 의무 등의 덕목을 준수해야 합니다.
>
> A : 선생님께서 말씀하신 덕목은 모든 사람들에게 요구되는 윤리와 부합하는데, 그 이유는 무엇
> 인가요?
>
> B : _____

> ㉠ 모든 직업인은 직업인이기 전에 인간이기 때문입니다.
>
> ㉡ 직업은 사회적 역할 분담의 성격을 지니고 있기 때문입니다.
>
> ㉢ 직장 생활에서 사람들과 관계를 맺어야 하기 때문입니다.
>
> ㉣ 특수한 윤리가 필요한 직업은 존재하지 않기 때문입니다.

① ㉠, ㉢   ② ㉡, ㉣

③ ㉠, ㉡, ㉢   ④ ㉠, ㉢, ㉣

 ㉣ 주어진 내용은 직업윤리의 일반성과는 거리가 멀다. 사회구조의 변화와 정보 사회로의 진전에 따른 전문 직종의 증가와 분화로 해당 직업의 특성에 알맞은 윤리가 요구되고 있는데, 이를 직업윤리의 특수성이라 한다. 특수한 윤리가 필요한 직업은 점점 늘어나고 있는 추세이나 이런 특수성은 보편적인 윤리의 토대 위에 정립되어야 한다.

23 다음 내용에 부합하는 명장(名匠)의 요건으로 알맞은 것은?

> 우리나라는 명장(名匠) 제도를 실시하고 있다. 장인 정신이 투철하고 그 분야에서 최고 수준의 기능을 보유한 사람을 명장으로 선정함으로써 기능인이 긍지와 자부심을 가지고 맡은 분야에 계속 정진할 수 있도록 유도하여 국가 산업 발전에 이바지하고자 한다. 명장 제도는 기술과 품성을 모두 갖춘 훌륭하고 모범적인 기능인이 사회의 귀감이 되도록 하는 역할을 하고 있다.

① 육체노동보다 정신노동에 종사하는 사람이다.

② 사회에 기여한 바는 없지만 기술력이 탁월하다.

③ 자본주의 사회에서 효율적인 가치를 창출하는 직업에 매진한다.

④ 자신의 재능을 기부하여 지역 주민의 삶을 풍요롭게 한다.

✔해설 ④ 명장은 자신의 재능을 기부하여 지역 주민의 삶을 풍요롭게 하는 등 사회적 책임감을 수행하는 사람이다.

24 빈칸에 들어갈 말로 알맞은 것은?

> 우리는 고아들과 병든 노인들을 헌신적으로 돌보는 의사나 교육에 대한 긍지를 가지고 산골이나 도서 벽지에서 학생 지도에 전념하는 교사들의 삶을 가치 있는 삶이라고 생각한다. 왜냐하면 그들은 직업 생활을 통해 _____을 살았기 때문이다.

① 희생과 헌신 속에서 보람을 느끼는 삶　　② 직업에 귀천을 따지지 않는 삶
③ 자신의 전문성을 탁월하게 발휘하는 삶　　④ 사회와 국가를 위해 자신을 포기하는 삶

✔해설 ① 의사와 교사는 자신의 직업 생활을 통해 인간에 대한 사랑을 실천하고 희생과 헌신 속에서 보람을 느끼는 삶을 살았다.

25 ㈎의 입장에서 ㈏의 A에게 해야 할 충고로 알맞은 것은?

> ㈎ 한 집을 봉양하기 위해서만 벼슬을 구하는 것은 옳지 않다. 예로부터 지혜가 깊은 목민관은 청렴을 교훈으로 삼고, 탐욕을 경계하였다.
> ㈏ 공무원 A는 연고지의 재개발 업무를 담당하면서 관련 사업 내용을 미리 알게 되었다. 그는 이 내용을 친인척에게 제공하여 돈을 벌게 해주고 싶은 생각에 고민하고 있다.

① 어려움에 처한 친인척을 우선적으로 도와야 한다.
② 시민의 재산권보다 업무 성과를 더 중시해야 한다.
③ 공직 생활로 얻은 재물을 사회에 환원해야 한다.
④ 업무 수행에서 얻은 정보는 공동선을 위해 사용해야 한다.

✔해설 ㈎는 공직자들이 갖추어야 할 덕목의 하나로 청렴을 강조한 내용이다. 공직자는 국민보다 우월한 지위를 가지므로, 그런 권위와 권한을 이용하여 사익을 추구하려는 유혹에 빠질 수 있기 때문이다. 따라서 ㈏의 공무원 A에게는 업무 수행에서 얻은 정보는 공동선을 위해 사용해야 한다는 충고가 알맞다.

Answer　22.③　23.④　24.①　25.④

26 회사의 아이디어 공모에 평소 당신이 생각했던 것을 알고 있던 동료가 자기 이름으로 제안을 하여 당선이 된 경우 당신의 행동으로 가장 적절한 것은?

① 동료에게 나의 아이디어였음을 솔직히 말하고 설득한다.

② 모른 척 그냥 넘어간다.

③ 회사에 대대적으로 고발하여 동료를 곤경에 빠뜨린다.

④ 동료에게 감정적으로 대응하여 다시는 그러한 행동을 하지 못하도록 한다.

> ✔해설 ① 기업윤리와 직장생활의 안정을 도모하기 위해 동료에게 나의 아이디어였음을 솔직히 말하고 설득하는 것이 가장 적절하다.

27 다음의 사례를 보고 직업윤리에 벗어나는 행동을 바르게 지적한 것은?

> 직장 상사인 A는 항상 회사에서 주식이나 펀드 등 자신만의 사적인 업무로 대단히 분주하다. 사적인 업무의 성과가 좋으면 부하직원들에게 친절히 대하지만, 그렇지 않은 경우 회사의 분위기는 매우 엄숙해지고 부하직원을 호되게 꾸짖는다.

① 주식을 하는 A는 한탕주의를 선호하는 사람이므로 직업윤리에 어긋난다.

② 사무실에서 사적인 재테크를 하는 행위는 직업윤리에 어긋난다.

③ 작은 것의 소중함을 잃고 살아가는 사람이므로 직업윤리에 어긋난다.

④ 자신의 기분에 따라 사원들이 조심해야 하므로 직업윤리에 어긋난다.

> ✔해설 ② A가 직장에서 사적인 업무로 컴퓨터를 사용하고, 업무시간에 개인적인 용무를 보는 행위는 직업윤리에 어긋난다.

28 유명 외국계회사와 합병이 되면서 약 1년간 해외에서 근무할 직원으로 옆자리의 동료가 추천되었다. 그러나 해외에서의 업무가 당신의 경력에 도움이 많이 될 것 같아 해외근무를 희망하고 있던 중이었다. 당신의 행동으로 가장 적절한 것은?

① 상사에게 단도직입적으로 해외근무에 대한 강한 의지를 표명한다.

② 동료를 강제로 협박하여 해외근무를 포기하게끔 한다.

③ 동료에게 양해를 구하고 회사 내규에 따라 자신이 추천받을 수 있는 방법을 찾는다.

④ 운명이라 생각하고 그냥 체념한다.

✔해설 ③ 직업윤리에 어긋나지 않는 선에서 동료에게 먼저 양해를 구하고, 회사의 합법적인 절차에 따라 자신이 추천받을 수 있는 방법을 모색하는 것이 가장 적절하다.

29 상사가 당신에게는 어려운 업무만 주고 입사동기인 A에게는 쉬운 업무만 주는 것을 우연히 알게 되었다. 당신의 행동으로 가장 적절한 것은?

① 상사에게 왜 차별대우를 하는지에 대해 무작정 따진다.

② 상사에게 알고 있는 사실과 부당한 대우로 인한 불편함을 솔직히 이야기하고 해결방안을 제시한다.

③ A에 대한 인적사항을 몰래 조사하여 특혜를 받을 만한 사실이 있는지 파헤친다.

④ 직장생활의 일부라고 생각하고 꿋꿋이 참아낸다.

✔해설 ② 개인적인 감정은 되도록 배제하면서 알고 있는 사실과 현재의 상황에 대해 설명하고 불편함을 개선해나가는 것은 직업윤리에 어긋나지 않는다.

30 상사의 실수로 인하여 영업상 큰 손해를 보게 되었다. 그런데 부하직원인 A에게 책임을 전가하려고 한다. 당신은 평소 A와 가장 가까운 사이이며 A는 이러한 상사의 행동에 아무런 대응도 하지 않고 있다. 이럴 때 당신의 행동으로 가장 적절한 것은?

① A에게 왜 아무런 대응도 하지 않는지에 대해 따지고 화를 낸다.

② 상사가 A에게 책임을 전가하지 못하도록 A를 대신하여 상사와 맞대응한다.

③ 상사의 부적절한 책임전가 행위를 회사에 대대적으로 알린다.

④ A에게 대응하지 않는 이유를 물어보고 A가 갖고 있는 어려움에 대해 의논하여 도움을 줄 수 있도록 한다.

✔해설 ④ 가까운 동료가 가지고 있는 어려움을 파악하여 스스로 원만한 해결을 이룰 수 있도록 돕는 것이 가장 적절하다.

Answer 26.① 27.② 28.③ 29.② 30.④

PART

03

인성검사

01 인성검사의 개요

1 인성(성격)검사의 개념과 목적

사람들 간에 인성(성격)이란 개인을 특징짓는 평범하고 일상적인 사회적 이미지, 즉 지속적이고 일관된 공적 성격(Public-personality)이며, 환경에 대응함으로써 선천적·후천적 요소의 상호작용으로 결정화된 심리적·사회적 특성 및 경향을 의미한다. 인성검사는 직무적성검사를 실시하는 대부분의 기업체에서 병행하여 실시하고 있으며, 인성검사만 독자적으로 실시하는 기업체도 있다.

2 성격의 특성

(1) 정서적 측면

정서적 측면은 평소 마음의 당연시하는 자세나 정신상태가 얼마나 안정하고 있는지 또는 불안정한지를 측정한다. 정서의 상태는 직무수행이나 대인관계와 관련하여 태도나 행동으로 드러난다. 그러므로, 정서적 측면을 측정하는 것에 의해, 장래 조직 내의 인간관계에 어느 정도 잘 적응할 수 있을까(또는 적응하지 못할까)를 예측하는 것이 가능하다. 그렇기 때문에, 정서적 측면의 결과는 채용시에 상당히 중시된다. 아무리 능력이 좋아도 장기적으로 조직 내의 인간관계에 잘 적응할 수 없다고 판단되는 인재는 기본적으로는 채용되지 않는다. 일반적으로 인성(성격)검사는 채용과는 관계없다고 생각하나 정서적으로 조직에 적응하지 못하는 인재는 채용단계에서 가려내지는 것을 유의하여야 한다.

① **민감성(신경도)** … 꼼꼼함, 섬세함, 성실함 등의 요소를 통해 일반적으로 신경질적인지 또는 자신의 존재를 위협받는다라는 불안을 갖기 쉬운지를 측정한다.

질문	그렇다	약간 그렇다	그저 그렇다	별로 그렇지 않다	그렇지 않다
• 배려적이라고 생각한다. • 어지러진 방에 있으면 불안하다. • 실패 후에는 불안하다. • 세세한 것까지 신경쓴다.					

▶측정결과
㉠ '그렇다'가 많은 경우(상처받기 쉬운 유형) : 사소한 일에 신경쓰고 다른 사람의 사소한 한마디 말에 상처를 받기 쉽다.
㉡ '그렇지 않다'가 많은 경우(정신적으로 안정적인 유형) : 사소한 일에 신경쓰지 않고 금방 해결하며, 주위 사람의 말에 과민하게 반응하지 않는다.

② **자책성(과민도)** … 자신을 비난하거나 책망하는 정도를 측정한다.

질문	그렇다	약간 그렇다	그저 그렇다	별로 그렇지 않다	그렇지 않다
• 후회하는 일이 많다. • 자신을 하찮은 존재로 생각하는 경우가 있다. • 문제가 발생하면 자기의 탓이라고 생각한다. • 무슨 일이든지 끙끙대며 진행하는 경향이 있다.					

▶측정결과
㉠ '그렇다'가 많은 경우(자책하는 유형) : 비관적이고 후회하는 유형이다.
㉡ '그렇지 않다'가 많은 경우(낙천적인 유형) : 기분이 항상 밝은 편이다.

③ **기분성(불안도)** … 기분의 굴곡이나 감정적인 면의 미숙함이 어느 정도인지를 측정하는 것이다.

질문	그렇다	약간 그렇다	그저 그렇다	별로 그렇지 않다	그렇지 않다
• 다른 사람의 의견에 자신의 결정이 흔들리는 경우가 많다. • 기분이 쉽게 변한다. • 종종 후회한다. • 다른 사람보다 의지가 약한 편이라고 생각한다.					

▶측정결과

㉠ '그렇다'가 많은 경우(감정의 기복이 많은 유형) : 의지력보다 기분에 따라 행동하기 쉽다.

㉡ '그렇지 않다'가 많은 경우(감정의 기복이 적은 유형) : 감정의 기복이 없고, 안정적이다.

④ **독자성(개인도)** … 주변에 대한 견해나 관심, 자신의 견해나 생각에 어느 정도의 속박감을 가지고 있는지를 측정한다.

질문	그렇다	약간 그렇다	그저 그렇다	별로 그렇지 않다	그렇지 않다
• 창의적 사고방식을 가지고 있다. • 융통성이 있는 편이다. • 혼자 있는 편이 많은 사람과 있는 것보다 편하다. • 개성적이라는 말을 듣는다.					

▶측정결과

㉠ '그렇다'가 많은 경우 : 자기의 관점을 중요하게 생각하는 유형으로, 주위의 상황보다 자신의 느낌과 생각을 중시한다.

㉡ '그렇지 않다'가 많은 경우 : 상식적으로 행동하고 주변 사람의 시선에 신경을 쓴다.

⑤ **자신감**(자존심도) … 자기 자신에 대해 얼마나 긍정적으로 평가하는지를 측정한다.

질문	그렇다	약간 그렇다	그저 그렇다	별로 그렇지 않다	그렇지 않다
• 다른 사람보다 능력이 뛰어나다고 생각한다. • 다소 반대의견이 있어도 나만의 생각으로 행동할 수 있다. • 나는 다른 사람보다 기가 센 편이다.					

▶측정결과

㉠ '그렇다'가 많은 경우 : 자기 능력이나 외모 등에 자신감이 있고, 비판당하는 것을 좋아하지 않는다.

㉡ '그렇지 않다'가 많은 경우 : 자신감이 없고 다른 사람의 비판에 약하다.

⑥ **고양성**(분위기에 들뜨는 정도) … 자유분방함, 명랑함과 같이 감정(기분)의 높고 낮음의 정도를 측정한다.

질문	그렇다	약간 그렇다	그저 그렇다	별로 그렇지 않다	그렇지 않다
• 침착하지 못한 편이다. • 다른 사람보다 쉽게 우쭐해진다. • 모든 사람이 아는 유명인사가 되고 싶다. • 모임이나 집단에서 분위기를 이끄는 편이다.					

▶측정결과

㉠ '그렇다'가 많은 경우 : 자극이나 변화가 있는 일상을 원하고 기분을 들뜨게 하는 사람과 친밀하게 지내는 경향이 강하다.

㉡ '그렇지 않다'가 많은 경우 : 감정이 항상 일정하고, 속을 드러내 보이지 않는다.

⑦ 허위성(진위성) … 필요 이상으로 자기를 좋게 보이려 하거나 기업체가 원하는 '이상형'에 맞춘 대답을 하고 있는지, 없는지를 측정한다.

질문	그렇다	약간 그렇다	그저 그렇다	별로 그렇지 않다	그렇지 않다
• 약속을 깨뜨린 적이 한 번도 없다. • 다른 사람을 부럽다고 생각해 본 적이 없다. • 꾸지람을 들은 적이 없다. • 사람을 미워한 적이 없다.					

▶측정결과
㉠ '그렇다'가 많은 경우 : 실제의 자기와는 다른, 말하자면 원칙으로 해답할 가능성이 있다.
㉡ '그렇지 않다'가 많은 경우 : 냉정하고 정직하며, 외부의 압력과 스트레스에 강한 유형이다. '대쪽같음'의 이미지가 굳어지지 않도록 주의한다.

(2) 행동적인 측면

행동적 측면은 인격 중에 특히 행동으로 드러나기 쉬운 측면을 측정한다. 사람의 행동 특징 자체에는 선도 악도 없으나, 일반적으로는 일의 내용에 의해 원하는 행동이 있다. 때문에 행동적 측면은 주로 직종과 깊은 관계가 있는데 자신의 행동 특성을 살려 적합한 직종을 선택한다면 플러스가 될 수 있다.

① 사회적 내향성 … 대인관계에서 나타나는 행동경향으로 '낯가림'을 측정한다.

질문	선택
A : 파티에서는 사람을 소개받은 편이다. B : 파티에서는 사람을 소개하는 편이다. A : 처음 보는 사람과는 즐거운 시간을 보내는 편이다. B : 처음 보는 사람과는 어색하게 시간을 보내는 편이다. A : 친구가 적은 편이다. B : 친구가 많은 편이다.	

▶측정결과
㉠ 'A'가 많은 경우 : 내성적이고 사람들과 접하는 것에 소극적이다. 자신의 의견을 말하지 않고 조심스러운 편이다.
㉡ 'B'가 많은 경우 : 사교적이고 자기의 생각을 명확하게 전달할 수 있다.

② 내성성(침착도) … 자신의 행동과 일에 대해 침착하게 생각하는 정도를 측정한다.

질문	선택
A : 시간이 걸려도 침착하게 생각하는 경우가 많다. B : 짧은 시간에 결정을 하는 경우가 많다. A : 실패의 원인을 찾고 반성하는 편이다. B : 실패를 해도 그다지(별로) 개의치 않는다. A : 결론이 도출되어도 몇 번 정도 생각을 바꾼다. B : 결론이 도출되면 신속하게 행동으로 옮긴다.	

▶측정결과

㉠ 'A'가 많은 경우 : 행동하기 보다는 생각하는 것을 좋아하고 신중하게 계획을 세워 실행한다.

㉡ 'B'가 많은 경우 : 차분하게 생각하는 것보다 우선 행동하는 유형이다.

③ 신체활동성 … 몸을 움직이는 것을 좋아하는가를 측정한다.

질문	선택
A : 민첩하게 활동하는 편이다. B : 준비행동이 없는 편이다. A : 일을 척척 해치우는 편이다. B : 일을 더디게 처리하는 편이다. A : 활발하다는 말을 듣는다. B : 얌전하다는 말을 듣는다.	

▶측정결과

㉠ 'A'가 많은 경우 : 활동적이고, 몸을 움직이게 하는 것이 컨디션이 좋다.

㉡ 'B'가 많은 경우 : 침착한 인상으로, 차분하게 있는 타입이다.

④ **지속성(노력성)** … 무슨 일이든 포기하지 않고 끈기 있게 하려는 정도를 측정한다.

질문	선택
A : 일단 시작한 일은 시간이 걸려도 끝까지 마무리한다. B : 일을 하다 어려움에 부딪히면 단념한다. A : 끈질긴 편이다. B : 바로 단념하는 편이다. A : 인내가 강하다는 말을 듣는다. B : 금방 싫증을 낸다는 말을 듣는다.	

▶측정결과
㉠ 'A'가 많은 경우 : 시작한 것은 어려움이 있어도 포기하지 않고 인내심이 높다.
㉡ 'B'가 많은 경우 : 뒤끝이 없고 조그만 실패로 일을 포기하기 쉽다.

⑤ **신중성(주의성)** … 자신이 처한 주변상황을 즉시 파악하고 자신의 행동이 어떤 영향을 미치는지를 측정한다.

질문	선택
A : 여러 가지로 생각하면서 완벽하게 준비하는 편이다. B : 행동할 때부터 임기응변적인 대응을 하는 편이다. A : 신중해서 타이밍을 놓치는 편이다. B : 준비 부족으로 실패하는 편이다. A : 자신은 어떤 일에도 신중히 대응하는 편이다. B : 순간적인 충동으로 활동하는 편이다.	

▶측정경과
㉠ 'A'가 많은 경우 : 주변 상황에 민감하고, 예측하여 계획있게 일을 진행한다.
㉡ 'B'가 많은 경우 : 주변 상황을 살펴 보지 않고 착실한 계획없이 일을 진행시킨다.

(3) 의욕적인 측면

의욕적인 측면은 의욕의 정도, 활동력의 유무 등을 측정한다. 여기서의 의욕이란 우리들이 보통 말하고 사용하는 '하려는 의지'와는 조금 뉘앙스가 다르다. '하려는 의지'란 그 때의 환경이나 기분에 따라 변화하는 것이지만, 여기에서는 조금 더 변화하기 어려운 특징, 말하자면 정신적 에너지의 양으로 측정하는 것이다.

① **달성의욕** … 목적의식을 가지고 높은 이상을 가지고 있는지를 측정한다.

질문	선택
A : 경쟁심이 강한 편이다. B : 경쟁심이 약한 편이다. A : 어떤 한 분야에서 제1인자가 되고 싶다고 생각한다. B : 어느 분야에서든 성실하게 임무를 진행하고 싶다고 생각한다. A : 규모가 큰 일을 해보고 싶다. B : 맡은 일에 충실히 임하고 싶다.	

▶측정결과
㉠ 'A'가 많은 경우 : 큰 목표와 높은 이상을 가지고 승부욕이 강한 편이다.
• 면접관의 심리 : '열심히 일을 해줄 것 같은 유형이다.'
㉡ 'B'가 많은 경우 : 현재의 생활을 소중하게 여기고 비약적인 발전을 위해 기를 쓰지 않는다.

② **활동의욕** … 자신에게 잠재된 에너지의 크기로, 정신적인 측면의 활동력이라 할 수 있다.

질문	선택
A : 하고 싶은 일을 실행으로 옮기는 편이다. B : 하고 싶은 일을 좀처럼 실행할 수 없는 편이다. A : 어려운 문제를 해결해 가는 것이 좋다. B : 어려운 문제를 해결하는 것을 잘하지 못한다. A : 일반적으로 결단이 빠른 편이다. B : 일반적으로 결단이 느린 편이다.	

▶측정결과
㉠ 'A'가 많은 경우 : 꾸물거리는 것을 싫어하고 재빠르게 결단해서 행동하는 타입이다.
㉡ 'B'가 많은 경우 : 안전하고 확실한 방법을 모색하고 차분하게 시간을 아껴서 일에 임하는 타입이다.

3 성격의 유형

(1) 인성검사유형의 4가지 척도

정서적인 측면, 행동적인 측면, 의욕적인 측면의 요소들은 성격 특성이라는 관점에서 제시된 것들로 각 개인의 장·단점을 파악하는 데 유용하다. 그러나 전체적인 개인의 인성을 이해하는 데는 한계가 있다.

성격의 유형은 개인의 '성격적인 특색'을 가리키는 것으로, 사회인으로서 적합한지, 아닌지를 말하는 관점과는 관계가 없다. 따라서 채용의 합격 여부에는 사용되지 않는 경우가 많으며, 입사 후의 적정 부서 배치의 자료가 되는 편이라 생각하면 된다. 그러나 채용과 관계가 없다고 해서 아무런 준비도 필요없는 것은 아니다. 자신을 아는 것은 면접 대책의 밑거름이 되므로 모의검사 결과를 충분히 활용하도록 하여야 한다.

- 흥미·관심의 방향 : 내향형 ←————————→ 외향형
- 사물에 대한 견해 : 직관형 ←————————→ 감각형
- 판단하는 방법 : 감정형 ←————————→ 사고형
- 환경에 대한 접근방법 : 지각형 ←————————→ 판단형

---

(2) 성격유형

① **흥미·관심의 방향**(내향⇆외향) … 흥미·관심의 방향이 자신의 내면에 있는지, 주위환경 등 외면에 향하는 지를 가리키는 척도이다.

② **일(사물)을 보는 방법**(직감⇆감각) … 일(사물)을 보는 법이 직감적으로 형식에 얽매이는지, 감각적으로 상식적인지를 가리키는 척도이다.

③ **판단하는 방법**(감정⇆사고) … 일을 감정적으로 판단하는지, 논리적으로 판단하는지를 가리키는 척도이다.

④ **환경에 대한 접근방법** … 주변상황에 어떻게 접근하는지, 그 판단기준을 어디에 두는지를 측정한다.

인성검사의 예

‖1~7‖ 다음 질문에 대해서 평소 자신이 생각하고 있는 것이나 행동하고 있는 것에 대해 박스에 주어진 응답 요령에 따라 답하시오.

응답요령

• 응답 Ⅰ : 제시된 문항들을 읽은 다음 각각의 문항에 대해 자신이 동의하는 정도를 ①(전혀 그렇지 않다)~⑤(매우 그렇다)으로 표시하면 된다.

• 응답 Ⅱ : 제시된 문항들을 비교하여 상대적으로 자신의 성격과 가장 가까운 문항 하나와 가장 거리가 먼 문항 하나를 선택하여야 한다(응답 Ⅱ의 응답은 가깝다 1개, 멀다 1개, 무응답 2개이어야 한다).

1

문항예시	응답 Ⅰ					응답 Ⅱ	
	①	②	③	④	⑤	멀다	가깝다
A. 몸을 움직이는 것을 좋아하지 않는다.							
B. 쉽게 질리는 편이다.							
C. 경솔한 편이라고 생각한다.							
D. 인생의 목표는 손이 닿을 정도면 된다.							

2

문항예시	응답 Ⅰ					응답 Ⅱ	
	①	②	③	④	⑤	멀다	가깝다
A. 무슨 일도 좀처럼 시작하지 못한다.							
B. 초면인 사람과도 바로 친해질 수 있다.							
C. 행동하고 나서 생각하는 편이다.							
D. 쉬는 날은 집에 있는 경우가 많다.							

3

문항예시	응답 I					응답 II	
	①	②	③	④	⑤	멀다	가깝다
A. 조금이라도 나쁜 소식은 절망의 시작이라고 생각해 버린다.							
B. 언제나 실패가 걱정이 되어 어쩔 줄 모른다.							
C. 다수결의 의견에 따르는 편이다.							
D. 혼자서 다방에 들어가는 것은 전혀 두려운 일이 아니다.							

4

문항예시	응답 I					응답 II	
	①	②	③	④	⑤	멀다	가깝다
A. 승부근성이 강하다.							
B. 자주 흥분해서 침착하지 못하다.							
C. 지금까지 살면서 타인에게 폐를 끼친 적이 없다.							
D. 소곤소곤 이야기하는 것을 보면 자기에 대해 험담하고 있는 것으로 생각된다.							

5

문항예시	응답 I					응답 II	
	①	②	③	④	⑤	멀다	가깝다
A. 무엇이든지 자기가 나쁘다고 생각하는 편이다.							
B. 자신을 변덕스러운 사람이라고 생각한다.							
C. 고독을 즐기는 편이다.							
D. 자존심이 강하다고 생각한다.							

6

문항예시	응답 I					응답 II	
	①	②	③	④	⑤	멀다	가깝다
A. 금방 흥분하는 성격이다.							
B. 거짓말을 한 적이 없다.							
C. 신경질적인 편이다.							
D. 끙끙대며 고민하는 타입이다.							

7

문항예시	응답 I					응답 II	
	①	②	③	④	⑤	멀다	가깝다
A. 감정적인 사람이라고 생각한다.							
B. 자신만의 신념을 가지고 있다.							
C. 다른 사람을 바보 같다고 생각한 적이 있다.							
D. 금방 말해버리는 편이다.							

1~13 다음 각 문제에서 제시된 4개의 질문 중 자신의 생각과 일치하거나 자신을 가장 잘 나타내는 질문과 가장 거리가 먼 질문을 각각 하나씩 고르시오.

	질문	가깝다	멀다
1	계획적으로 일을 하는 것을 좋아한다.		
	꼼꼼하게 일을 마무리 하는 편이다.		
	새로운 방법으로 문제를 해결하는 것을 좋아한다.		
	빠르고 신속하게 일을 처리해야 마음이 편하다.		
2	문제를 해결하기 위해 여러 사람과 상의한다.		
	어떠한 결정을 내릴 때 신중한 편이다.		
	시작한 일은 반드시 완성시킨다.		
	문제를 현실적이고 객관적으로 해결한다.		
3	글보다 말로 표현하는 것이 편하다.		
	논리적인 원칙에 따라 사실을 조직하는 것이 좋다.		
	집중력이 강하고 매사에 철저하다.		
	자기능력을 뽐내지 않고 겸손하다.		
4	융통성 있게 업무를 처리한다.		
	질문을 받으면 충분히 생각하고 나서 대답한다.		
	긍정적이고 낙천적인 사고방식을 갖고 있다.		
	매사에 적극적인 편이다.		
5	기발한 아이디어를 많이 낸다.		
	새로운 일 하는 것을 좋아한다.		
	타인의 견해를 잘 고려한다.		
	사람들을 잘 설득시킨다.		
6	나는 종종 화가 날 때가 있다.		
	나는 화를 잘 참지 못한다.		
	나는 단호하고 통솔력이 있다.		
	나는 집단을 이끌어가는 능력이 있다.		
7	나는 조용하고 성실하다.		
	나는 책임감이 강하다.		
	나는 독창적이며 창의적이다.		
	나는 복잡한 문제도 간단하게 해결한다.		

질문	가깝다	멀다
8 나는 관심 있는 분야에 몰두하는 것이 즐겁다.		
나는 목표를 달성하는 것을 중요하게 생각한다.		
나는 상황에 따라 일정을 조율하는 융통성이 있다.		
나는 의사결정에 신속함이 있다.		
9 나는 정리 정돈과 계획에 능하다.		
나는 사람들의 관심을 받는 것이 기분 좋다.		
나는 때로는 고집스러울 때도 있다.		
나는 원리원칙을 중시하는 편이다.		
10 나는 맡은 일에 헌신적이다.		
나는 타인의 감정에 민감하다.		
나는 목적과 방향은 변화할 수 있다고 생각한다.		
나는 다른 사람과 의견의 충돌은 피하고 싶다.		
11 나는 구체적인 사실을 잘 기억하는 편이다.		
나는 새로운 일을 시도하는 것이 즐겁다.		
나는 겸손하다.		
나는 다른 사람과 별다른 마찰이 없다.		
12 나는 나이에 비해 성숙한 편이다.		
나는 유머감각이 있다.		
나는 다른 사람의 생각이나 의견을 중요시 생각한다.		
나는 솔직하고 단호한 편이다.		
11 나는 구체적인 사실을 잘 기억하는 편이다.		
나는 새로운 일을 시도하는 것이 즐겁다.		
나는 겸손하다.		
나는 다른 사람과 별다른 마찰이 없다.		
12 나는 나이에 비해 성숙한 편이다.		
나는 유머감각이 있다.		
나는 다른 사람의 생각이나 의견을 중요시 생각한다.		
나는 솔직하고 단호한 편이다.		
13 나는 낙천적이고 긍정적이다.		
나는 집단을 이끌어가는 능력이 있다.		
나는 사람들에게 인기가 많다.		
나는 활동을 조직하고 주도해나가는데 능하다.		

|1~50| 다음 (   ) 안에 당신에게 해당사항이 있으면 '있다', 그렇지 않다면 '없다'를 선택하시오.

있다   없다

1. 조금이라도 나쁜 소식은 절망의 시작이라고 생각해버린다. ······································ (   )(   )
2. 언제나 실패가 걱정이 되어 어쩔 줄 모른다. ··· (   )(   )
3. 다수결의 의견에 따르는 편이다. ··· (   )(   )
4. 혼자서 커피숍에 들어가는 것은 전혀 두려운 일이 아니다. ······························· (   )(   )
5. 승부근성이 강하다. ·· (   )(   )
6. 자주 흥분해서 침착하지 못하다. ··· (   )(   )
7. 지금까지 살면서 타인에게 폐를 끼친 적이 없다. ·· (   )(   )
8. 소곤소곤 이야기하는 것을 보면 자기에 대해 험담하고 있는 것으로 생각된다. ······ (   )(   )
9. 무엇이든지 자기가 나쁘다고 생각하는 편이다. ·· (   )(   )
10. 자신을 변덕스러운 사람이라고 생각한다. ··· (   )(   )
11. 고독을 즐기는 편이다. ·· (   )(   )
12. 자존심이 강하다고 생각한다. ··· (   )(   )
13. 금방 흥분하는 성격이다. ··· (   )(   )
14. 거짓말을 한 적이 없다. ··· (   )(   )
15. 신경질적인 편이다. ·· (   )(   )
16. 끙끙대며 고민하는 타입이다. ··· (   )(   )
17. 감정적인 사람이라고 생각한다. ··· (   )(   )
18. 자신만의 신념을 가지고 있다. ··· (   )(   )
19. 다른 사람을 바보 같다고 생각한 적이 있다. ··· (   )(   )
20. 금방 말해버리는 편이다. ··· (   )(   )
21. 싫어하는 사람이 없다. ·· (   )(   )
22. 대재앙이 오지 않을까 항상 걱정을 한다. ··· (   )(   )
23. 쓸데없는 고생을 하는 일이 많다. ·· (   )(   )
24. 자주 생각이 바뀌는 편이다. ·· (   )(   )

25. 문제점을 해결하기 위해 여러 사람과 상의한다. ··· ( )( )
26. 내 방식대로 일을 한다. ·· ( )( )
27. 영화를 보고 운 적이 많다. ·· ( )( )

있다   없다

28. 어떤 것에 대해서도 화낸 적이 없다. ··· ( )( )
29. 사소한 충고에도 걱정을 한다. ·· ( )( )
30. 자신은 도움이 안 되는 사람이라고 생각한다. ·· ( )( )
31. 금방 싫증을 내는 편이다. ·· ( )( )
32. 개성적인 사람이라고 생각한다. ··· ( )( )
33. 자기주장이 강한 편이다. ··· ( )( )
34. 뒤숭숭하다는 말을 들은 적이 있다. ··· ( )( )
35. 학교를 쉬고 싶다고 생각한 적이 한 번도 없다. ··· ( )( )
36. 사람들과 관계 맺는 것을 잘하지 못한다. ·· ( )( )
37. 사려 깊은 편이다. ··· ( )( )
38. 몸을 움직이는 것을 좋아한다. ·· ( )( )
39. 끈기가 있는 편이다. ·· ( )( )
40. 신중한 편이라고 생각한다. ·· ( )( )
41. 인생의 목표는 큰 것이 좋다. ·· ( )( )
42. 어떤 일이라도 바로 시작하는 타입이다. ·· ( )( )
43. 낯가림을 하는 편이다. ··· ( )( )
44. 생각하고 나서 행동하는 편이다. ··· ( )( )
45. 쉬는 날은 밖으로 나가는 경우가 많다. ·· ( )( )
46. 시작한 일은 반드시 완성시킨다. ··· ( )( )
47. 면밀한 계획을 세운 여행을 좋아한다. ·· ( )( )
48. 야망이 있는 편이라고 생각한다. ··· ( )( )
49. 활동력이 있는 편이다. ··· ( )( )
50. 많은 사람들과 왁자지껄하게 식사하는 것을 좋아하지 않는다. ·· ( )( )

┃1~10┃ 다음 주어진 보기 중에서 자신과 가장 가깝다고 생각하는 것은 'ㄱ'에 표시하고, 자신과 가장 멀다고 생각하는 것은 'ㅁ'에 표시하시오.

1
① 모임에서 리더에 어울리지 않는다고 생각한다.
② 착실한 노력으로 성공한 이야기를 좋아한다.
③ 어떠한 일에도 의욕이 없이 임하는 편이다.
④ 학급에서는 존재가 두드러졌다.

| ㄱ | ① ② ③ ④ |
| ㅁ | ① ② ③ ④ |

2
① 아무것도 생각하지 않을 때가 많다.
② 스포츠는 하는 것보다는 보는 게 좋다.
③ 성격이 급한 편이다.
④ 비가 오지 않으면 우산을 가지고 가지 않는다.

| ㄱ | ① ② ③ ④ |
| ㅁ | ① ② ③ ④ |

3
① 1인자보다는 조력자의 역할을 좋아한다.
② 의리를 지키는 타입이다.
③ 리드를 하는 편이다.
④ 남의 이야기를 잘 들어준다.

| ㄱ | ① ② ③ ④ |
| ㅁ | ① ② ③ ④ |

4
① 여유 있게 대비하는 타입이다.
② 업무가 진행 중이라도 야근을 하지 않는다.
③ 즉흥적으로 약속을 잡는다.
④ 노력하는 과정이 결과보다 중요하다.

| ㄱ | ① ② ③ ④ |
| ㅁ | ① ② ③ ④ |

5
① 무리해서 행동할 필요는 없다.
② 유행에 민감하다고 생각한다.
③ 정해진 대로 움직이는 편이 안심된다.
④ 현실을 직시하는 편이다.

| ㄱ | ① ② ③ ④ |
| ㅁ | ① ② ③ ④ |

6

① 자유보다 질서를 중요시하는 편이다.
② 사람들과 이야기하는 것을 좋아한다.
③ 경험에 비추어 판단하는 편이다.
④ 영화나 드라마는 각본의 완성도나 화면구성에 주목한다.

ㄱ	① ② ③ ④
ㅁ	① ② ③ ④

7

① 혼자 자유롭게 생활하는 것이 편하다.
② 다른 사람의 소문에 관심이 많다.
③ 실무적인 편이다.
④ 비교적 냉정한 편이다.

ㄱ	① ② ③ ④
ㅁ	① ② ③ ④

8

① 협조성이 있다고 생각한다.
② 친한 친구의 휴대폰 번호는 대부분 외운다.
③ 정해진 순서에 따르는 것을 좋아한다.
④ 이성적인 사람으로 남고 싶다.

ㄱ	① ② ③ ④
ㅁ	① ② ③ ④

9

① 단체 생활을 잘 한다.
② 세상의 일에 관심이 많다.
③ 안정을 추구하는 편이다.
④ 도전하는 것이 즐겁다.

ㄱ	① ② ③ ④
ㅁ	① ② ③ ④

10

① 되도록 환경은 변하지 않는 것이 좋다.
② 밝은 성격이다.
③ 지나간 일에 연연하지 않는다.
④ 활동범위가 좁은 편이다.

ㄱ	① ② ③ ④
ㅁ	① ② ③ ④

PART

04

면접

CHAPTER 01 면접의 기본

1 면접준비

(1) 면접의 기본 원칙

① **면접의 의미** … 면접이란 다양한 면접기법을 활용하여 지원한 직무에 필요한 능력을 지원자가 보유하고 있는지를 확인하는 절차라고 할 수 있다. 즉, 지원자의 입장에서는 채용 직무수행에 필요한 요건들과 관련하여 자신의 환경, 경험, 관심사, 성취 등에 대해 기업에 직접 어필할 수 있는 기회를 제공받는 것이며, 기업의 입장에서는 서류전형만으로 알 수 없는 지원자에 대한 정보를 직접적으로 수집하고 평가하는 것이다.

② **면접의 특징** … 면접은 기업의 입장에서 서류전형이나 필기전형에서 드러나지 않는 지원자의 능력이나 성향을 볼 수 있는 기회로, 면대면으로 이루어지며 즉흥적인 질문들이 포함될 수 있기 때문에 지원자가 완벽하게 준비하기 어려운 부분이 있다. 하지만 지원자 입장에서도 서류전형이나 필기전형에서 모두 보여주지 못한 자신의 능력 등을 기업의 인사담당자에게 어필할 수 있는 추가적인 기회가 될 수도 있다.

[서류 · 필기전형과 차별화되는 면접의 특징]

- 직무수행과 관련된 다양한 지원자 행동에 대한 관찰이 가능하다.
- 면접관이 알고자 하는 정보를 심층적으로 파악할 수 있다.
- 서류상의 미비한 사항과 의심스러운 부분을 확인할 수 있다.
- 커뮤니케이션 능력, 대인관계 능력 등 행동 · 언어적 정보도 얻을 수 있다.

③ **면접의 유형**

㉠ **구조화 면접**: 구조화 면접은 사전에 계획을 세워 질문의 내용과 방법, 지원자의 답변 유형에 따른 추가 질문과 그에 대한 평가 역량이 정해져 있는 면접 방식으로 표준화 면접이라고도 한다.

- 표준화된 질문이나 평가요소가 면접 전 확정되며, 지원자는 편성된 조나 면접관에 영향을 받지 않고 동일한 질문과 시간을 부여받을 수 있다.

- 조직 또는 직무별로 주요하게 도출된 역량을 기반으로 평가요소가 구성되어, 조직 또는 직무에서 필요한 역량을 가진 지원자를 선발할 수 있다.
- 표준화된 형식을 사용하는 특성 때문에 비구조화 면접에 비해 신뢰성과 타당성, 객관성이 높다.
- ⓒ 비구조화 면접 : 비구조화 면접은 면접 계획을 세울 때 면접 목적만을 명시하고 내용이나 방법은 면접관에게 전적으로 일임하는 방식으로 비표준화 면접이라고도 한다.
  - 표준화된 질문이나 평가요소 없이 면접이 진행되며, 편성된 조나 면접관에 따라 지원자에게 주어지는 질문이나 시간이 다르다.
  - 면접관의 주관적인 판단에 따라 평가가 이루어져 평가 오류가 빈번히 일어난다.
  - 상황 대처나 언변이 뛰어난 지원자에게 유리한 면접이 될 수 있다.

④ 경쟁력 있는 면접 요령
  - ㉠ 면접 전에 준비하고 유념할 사항
    - 예상 질문과 답변을 미리 작성한다.
    - 작성한 내용을 문장으로 외우지 않고 키워드로 기억한다.
    - 지원한 회사의 최근 기사를 검색하여 기억한다.
    - 지원한 회사가 속한 산업군의 최근 기사를 검색하여 기억한다.
    - 면접 전 1주일간 이슈가 되는 뉴스를 기억하고 자신의 생각을 반영하여 정리한다.
    - 찬반토론에 대비한 주제를 목록으로 정리하여 자신의 논리를 내세운 예상답변을 작성한다.
  - ㉡ 면접장에서 유념할 사항
    - 질문의 의도 파악 : 답변을 할 때에는 질문 의도를 파악하고 그에 충실한 답변이 될 수 있도록 질문사항을 유념해야 한다. 많은 지원자가 하는 실수 중 하나로 답변을 하는 도중 자기 말에 심취되어 질문의 의도와 다른 답변을 하거나 자신이 알고 있는 지식만을 나열하는 경우가 있는데, 이럴 경우 의사소통능력이 부족한 사람으로 인식될 수 있으므로 주의하도록 한다.
    - 답변은 두괄식 : 답변을 할 때에는 두괄식으로 결론을 먼저 말하고 그 이유를 설명하는 것이 좋다. 미괄식으로 답변을 할 경우 용두사미의 답변이 될 가능성이 높으며, 결론을 이끌어 내는 과정에서 논리성이 결여될 우려가 있다. 또한 면접관이 결론을 듣기 전에 말을 끊고 다른 질문을 추가하는 예상치 못한 상황이 발생될 수 있으므로 답변은 자신이 전달하고자 하는 바를 먼저 밝히고 그에 대한 설명을 하는 것이 좋다.

- 지원한 회사의 기업정신과 인재상을 기억 : 답변을 할 때에는 회사가 원하는 인재라는 인상을 심어주기 위해 지원한 회사의 기업정신과 인재상 등을 염두에 두고 답변을 하는 것이 좋다. 모든 회사에 해당되는 두루뭉술한 답변보다는 지원한 회사에 맞는 맞춤형 답변을 하는 것이 좋다.
- 나보다는 회사와 사회적 관점에서 답변 : 답변을 할 때에는 자기중심적인 관점을 피하고 좀 더 넓은 시각으로 회사와 국가, 사회적 입장까지 고려하는 인재임을 어필하는 것이 좋다. 자기중심적 시각을 바탕으로 자신의 출세만을 위해 회사에 입사하려는 인상을 심어줄 경우 면접에서 불이익을 받을 가능성이 높다.
- 난처한 질문은 정직한 답변 : 난처한 질문에 답변을 해야 할 때에는 피하기보다는 정면 돌파로 정직하고 솔직하게 답변하는 것이 좋다. 난처한 부분을 감추고 드러내지 않으려 회피하려는 지원자의 모습은 인사담당자에게 입사 후에도 비슷한 상황에 처했을 때 회피할 수도 있다는 우려를 심어줄 수 있다. 따라서 직장생활에 있어 중요한 덕목 중 하나인 정직을 바탕으로 솔직하게 답변을 하도록 한다.

(2) 면접의 종류 및 준비 전략

① 인성면접

　㉠ 면접 방식 및 판단기준
- 면접 방식 : 인성면접은 면접관이 가지고 있는 개인적 면접 노하우나 관심사에 의해 질문을 실시한다. 주로 입사지원서나 자기소개서의 내용을 토대로 지원동기, 과거의 경험, 미래 포부 등을 이야기하도록 하는 방식이다.
- 판단기준 : 면접관의 개인적 가치관과 경험, 해당 역량의 수준, 경험의 구체성·진실성 등

　㉡ 특징 : 인성면접은 그 방식으로 인해 역량과 무관한 질문들이 많고 지원자에게 주어지는 면접질문, 시간 등이 다를 수 있다. 또한 입사지원서나 자기소개서의 내용을 토대로 하기 때문에 지원자별 질문이 달라질 수 있다.

ⓒ 예시 문항 및 준비전략

• 예시 문항

> • 3분 동안 자기소개를 해 보십시오.
> • 자신의 장점과 단점을 말해 보십시오.
> • 학점이 좋지 않은데 그 이유가 무엇입니까?
> • 최근에 인상 깊게 읽은 책은 무엇입니까?
> • 회사를 선택할 때 중요시하는 것은 무엇입니까?
> • 일과 개인생활 중 어느 쪽을 중시합니까?
> • 10년 후 자신은 어떤 모습일 것이라고 생각합니까?
> • 휴학 기간 동안에는 무엇을 했습니까?

• 준비전략 : 인성면접은 입사지원서나 자기소개서의 내용을 바탕으로 하는 경우가 많으므로 자신이 작성한 입사지원서와 자기소개서의 내용을 충분히 숙지하도록 한다. 또한 최근 사회적으로 이슈가 되고 있는 뉴스에 대한 견해를 묻거나 시사상식 등에 대한 질문을 받을 수 있으므로 이에 대한 대비도 필요하다. 자칫 부담스러워 보이지 않는 질문으로 가볍게 대답하지 않도록 주의하고 모든 질문에 입사 의지를 담아 성실하게 답변하는 것이 중요하다.

② 발표면접

㉠ 면접 방식 및 판단기준

• 면접 방식 : 지원자가 특정 주제와 관련된 자료를 검토하고 그에 대한 자신의 생각을 면접관 앞에서 주어진 시간 동안 발표하고 추가 질의를 받는 방식으로 진행된다.

• 판단기준 : 지원자의 사고력, 논리력, 문제해결력 등

㉡ 특징 : 발표면접은 지원자에게 과제를 부여한 후, 과제를 수행하는 과정과 결과를 관찰·평가한다. 따라서 과제수행 결과뿐 아니라 수행과정에서의 행동을 모두 평가할 수 있다.

ⓒ 예시 문항 및 준비전략

• 예시 문항

[신입사원 조기 이직 문제]

※ 지원자는 아래에 제시된 자료를 검토한 뒤, 신입사원 조기 이직의 원인을 크게 3가지로 정리하고 이에 대한 구체적인 개선안을 도출하여 발표해 주시기 바랍니다.

※ 본 과제에 정해진 정답은 없으나 논리적 근거를 들어 개선안을 작성해 주십시오.

- A기업은 동종업계 유사기업들과 비교해 볼 때, 비교적 높은 재무안정성을 유지하고 있으며 업무강도가 그리 높지 않은 것으로 외부에 알려져 있음.
- 최근 조사결과, 동종업계 유사기업들과 연봉을 비교해 보았을 때 연봉 수준도 그리 나쁘지 않은 편이라는 것이 확인되었음.
- 그러나 지난 3년간 1~2년차 직원들의 이직률이 계속해서 증가하고 있는 추세이며, 경영진 회의에서 최우선 해결과제 중 하나로 거론되었음.
- 이에 따라 인사팀에서 현재 1~2년차 사원들을 대상으로 개선되어야 하는 A기업의 조직문화에 대한 설문조사를 실시한 결과, '상명하복식의 의사소통'이 36.7%로 1위를 차지했음.
- 이러한 설문조사와 함께, 신입사원 조기 이직에 대한 원인을 분석한 결과 파랑새 증후군, 셀프홀릭 증후군, 피터팬 증후군 등 3가지로 분류할 수 있었음.

〈동종업계 유사기업들과의 연봉 비교〉   〈우리 회사 조직문화 중 개선되었으면 하는 것〉

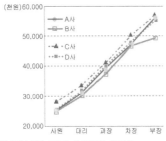 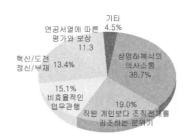

〈신입사원 조기 이직의 원인〉

• 파랑새 증후군
–현재의 직장보다 더 좋은 직장이 있을 것이라는 막연한 기대감으로 끊임없이 새로운 직장을 탐색함.
–학력 수준과 맞지 않는 '하향지원', 전공과 적성을 고려하지 않고 일단 취업하고 보자는 '묻지마 지원'이 파랑새 증후군을 초래함.

• 셀프홀릭 증후군
–본인의 역량에 비해 가치가 낮은 일을 주로 하면서 갈등을 느낌.

• 피터팬 증후군
–기성세대의 문화를 무조건 수용하기보다는 자유로움과 변화를 추구함.
–상명하복, 엄격한 규율 등 기성세대가 당연시하는 관행에 거부감을 가지며 직장에 답답함을 느낌.

- 준비전략 : 발표면접의 시작은 과제 안내문과 과제 상황, 과제 자료 등을 정확하게 이해하는 것에서 출발한다. 과제 안내문을 침착하게 읽고 제시된 주제 및 문제와 관련된 상황의 맥락을 파악한 후 과제를 검토한다. 제시된 기사나 그래프 등을 충분히 활용하여 주어진 문제를 해결할 수 있는 해결책이나 대안을 제시하며, 발표를 할 때에는 명확하고 자신 있는 태도로 전달할 수 있도록 한다.

③ 토론면접

㉠ 면접 방식 및 판단기준

- 면접 방식 : 상호갈등적 요소를 가진 과제 또는 공통의 과제를 해결하는 내용의 토론 과제를 제시하고, 그 과정에서 개인 간의 상호작용 행동을 관찰하는 방식으로 면접이 진행된다.
- 판단기준 : 팀워크, 적극성, 갈등 조정, 의사소통능력, 문제해결능력 등

㉡ 특징 : 토론을 통해 도출해 낸 최종안의 타당성도 중요하지만, 결론을 도출해 내는 과정에서의 의사소통능력이나 갈등상황에서 의견을 조정하는 능력 등이 중요하게 평가되는 특징이 있다.

㉢ 예시 문항 및 준비전략

- 예시 문항

  - 군 가산점제 부활에 대한 찬반토론
  - 담뱃값 인상에 대한 찬반토론
  - 비정규직 철폐에 대한 찬반토론
  - 대학의 영어 강의 확대 찬반토론
  - 워크숍 장소 선정을 위한 토론

- 준비전략 : 토론면접은 무엇보다 팀워크와 적극성이 강조된다. 따라서 토론과정에 적극적으로 참여하며 자신의 의사를 분명하게 전달하며, 갈등상황에서 자신의 의견만 내세울 것이 아니라 다른 지원자의 의견을 경청하고 배려하는 모습도 중요하다. 갈등상황을 일목요연하게 정리하여 조정하는 등의 의사소통능력을 발휘하는 것도 좋은 전략이 될 수 있다.

④ 상황면접

㉠ 면접 방식 및 판단기준

- 면접 방식 : 상황면접은 직무 수행 시 접할 수 있는 상황들을 제시하고, 그러한 상황에서 어떻게 행동할 것인지를 이야기하는 방식으로 진행된다.
- 판단기준 : 해당 상황에 적절한 역량의 구현과 구체적 행동지표

ⓛ 특징 : 실제 직무 수행 시 접할 수 있는 상황들을 제시하므로 입사 이후 지원자의 업무수행능력을 평가하는 데 적절한 면접 방식이다. 또한 지원자의 가치관, 태도, 사고방식 등의 요소를 통합적으로 평가하는 데 용이하다.

ⓒ 예시 문항 및 준비전략

• 예시 문항

> 당신은 생산관리팀의 팀원으로, 생산팀이 기한에 맞춰 효율적으로 제품을 생산할 수 있도록 관리하는 역할을 맡고 있습니다. 3개월 뒤에 제품A를 정상적으로 출시하기 위해 생산팀의 생산 계획을 수립한 상황입니다. 그러나 원가가 곧 실적으로 이어지는 구매팀에서는 최대한 원가를 줄여 전반적 단가를 낮추려고 원가절감을 위한 제안을 하였으나, 연구개발팀에서는 구매팀이 제안한 방식으로 제품을 생산할 경우 대부분이 구매팀의 실적으로 산정될 것이므로 제대로 확인도 해보지 않은 채 적합하지 않은 방식이라고 판단하고 있습니다. 당신은 어떻게 하겠습니까?

• 준비전략 : 상황면접은 먼저 주어진 상황에서 핵심이 되는 문제가 무엇인지를 파악하는 것에서 시작한다. 주질문과 세부질문을 통하여 질문의 의도를 파악하였다면, 그에 대한 구체적인 행동이나 생각 등에 대해 응답할수록 높은 점수를 얻을 수 있다.

⑤ 역할면접

㉠ 면접 방식 및 판단기준

• 면접 방식 : 역할면접 또는 역할연기 면접은 기업 내 발생 가능한 상황에서 부딪히게 되는 문제와 역할을 가상적으로 설정하여 특정 역할을 맡은 사람과 상호작용하고 문제를 해결해 나가도록 하는 방식으로 진행된다. 역할연기 면접에서는 면접관이 직접 역할연기를 하면서 지원자를 관찰하기도 하지만, 역할연기 수행만 전문적으로 하는 사람을 투입할 수도 있다.

• 판단기준 : 대처능력, 대인관계능력, 의사소통능력 등

ⓛ 특징 : 역할면접은 실제 상황과 유사한 가상 상황에서의 행동을 관찰함으로서 지원자의 성격이나 대처 행동 등을 관찰할 수 있다.

ⓒ 예시 문항 및 준비전략

• 예시 문항

> [금융권 역할면접의 예]
> 당신은 ○○은행의 신입 텔러이다. 사람이 많은 월말 오전 한 할아버지(면접관 또는 역할담당자)께서 ○○은행을 사칭한 보이스피싱으로 500만 원을 피해 보았다며 소란을 일으키고 있다. 실제 업무상황이라고 생각하고 상황에 대처해 보시오.

- 준비전략 : 역할연기 면접에서 측정하는 역량은 주로 갈등의 원인이 되는 문제를 해결 하고 제시된 해결방안을 상대방에게 설득하는 것이다. 따라서 갈등해결, 문제해결, 조정·통합, 설득력과 같은 역량이 중요시된다. 또한 갈등을 해결하기 위해서 상대방에 대한 이해도 필수적인 요소이므로 고객 지향을 염두에 두고 상황에 맞게 대처해야 한다.

  역할면접에서는 변별력을 높이기 위해 면접관이 압박적인 분위기를 조성하는 경우가 많기 때문에 스트레스 상황에서 불안해하지 않고 유연하게 대처할 수 있도록 시간과 노력을 들여 충분히 연습하는 것이 좋다.

2 면접 이미지 메이킹

(1) 성공적인 이미지 메이킹 포인트

① 복장 및 스타일

    ㉠ 남성

- 양복 : 양복은 단색으로 하며 넥타이나 셔츠로 포인트를 주는 것이 효과적이다. 짙은 회색이나 감청색이 가장 단정하고 품위 있는 인상을 준다.
- 셔츠 : 흰색이 가장 선호되나 자신의 피부색에 맞추는 것이 좋다. 푸른색이나 베이지색은 산뜻한 느낌을 줄 수 있다. 양복과의 배색도 고려하도록 한다.
- 넥타이 : 의상에 포인트를 줄 수 있는 아이템이지만 너무 화려한 것은 피한다. 지원자의 피부색은 물론, 정장과 셔츠의 색을 고려하며, 체격에 따라 넥타이 폭을 조절하는 것이 좋다.
- 구두 & 양말 : 구두는 검정색이나 짙은 갈색이 어느 양복에나 무난하게 어울리며 깔끔하게 닦아 준비한다. 양말은 정장과 동일한 색상이나 검정색을 착용한다.
- 헤어스타일 : 머리스타일은 단정한 느낌을 주는 짧은 헤어스타일이 좋으며 앞머리가 있다면 이마나 눈썹을 가리지 않는 선에서 정리하는 것이 좋다.

ⓛ 여성

- 의상 : 단정한 스커트 투피스 정장이나 슬랙스 슈트가 무난하다. 블랙이나 그레이, 네이비, 브라운 등 차분해 보이는 색상을 선택하는 것이 좋다.
- 소품 : 구두, 핸드백 등은 같은 계열로 코디하는 것이 좋으며 구두는 너무 화려한 디자인이나 굽이 높은 것을 피한다. 스타킹은 의상과 구두에 맞춰 단정한 것으로 선택한다.
- 액세서리 : 액세서리는 너무 크거나 화려한 것은 좋지 않으며 과하게 많이 하는 것도 좋은 인상을 주지 못한다. 착용하지 않거나 작고 깔끔한 디자인으로 포인트를 주는 정도가 적당하다.
- 메이크업 : 화장은 자연스럽고 밝은 이미지를 표현하는 것이 좋으며 진한 색조는 인상이 강해 보일 수 있으므로 피한다.
- 헤어스타일 : 커트나 단발처럼 짧은 머리는 활동적이면서도 단정한 이미지를 줄 수 있도록 정리한다. 긴 머리의 경우 하나로 묶거나 단정한 머리망으로 정리하는 것이 좋으며, 짙은 염색이나 화려한 웨이브는 피한다.

② 인사

㉠ 인사의 의미 : 인사는 예의범절의 기본이며 상대방의 마음을 여는 기본적인 행동이라고 할 수 있다. 인사는 처음 만나는 면접관에게 호감을 살 수 있는 가장 쉬운 방법이 될 수 있기도 하지만 제대로 예의를 지키지 않으면 지원자의 인성 전반에 대한 평가로 이어질 수 있으므로 각별히 주의해야 한다.

㉡ 인사의 핵심 포인트

- 인사말 : 인사말을 할 때에는 밝고 친근감 있는 목소리로 하며, 자신의 이름과 수험번호 등을 간략하게 소개한다.
- 시선 : 인사는 상대방의 눈을 보며 하는 것이 중요하며 너무 빤히 쳐다본다는 느낌이 들지 않도록 주의한다.
- 표정 : 인사는 마음에서 우러나오는 존경이나 반가움을 표현하고 예의를 차리는 것이므로 살짝 미소를 지으며 하는 것이 좋다.
- 자세 : 인사를 할 때에는 가볍게 목만 숙인다거나 흐트러진 상태에서 인사를 하지 않도록 주의하며 절도 있고 확실하게 하는 것이 좋다.

③ 시선처리와 표정, 목소리

　㉠ **시선처리와 표정** : 표정은 면접에서 지원자의 첫인상을 결정하는 중요한 요소이다. 얼굴표정은 사람의 감정을 가장 잘 표현할 수 있는 의사소통 도구로 표정 하나로 상대방에게 호감을 주거나, 비호감을 사기도 한다. 호감이 가는 인상의 특징은 부드러운 눈썹, 자연스러운 미간, 적당히 볼록한 광대, 올라간 입 꼬리 등으로 가볍게 미소를 지을 때의 표정과 일치한다. 따라서 면접 중에는 밝은 표정으로 미소를 지어 호감을 형성할 수 있도록 한다. 시선은 면접관과 고르게 맞추되 생기 있는 눈빛을 띄도록 하며, 너무 빤히 쳐다본다는 인상을 주지 않도록 한다.

　㉡ **목소리** : 면접은 주로 면접관과 지원자의 대화로 이루어지므로 목소리가 미치는 영향이 상당하다. 답변을 할 때에는 부드러우면서도 활기차고 생동감 있는 목소리로 하는 것이 면접관에게 호감을 줄 수 있으며 적당한 제스처가 더해진다면 상승효과를 얻을 수 있다. 그러나 적절한 답변을 하였음에도 불구하고 콧소리나 날카로운 목소리, 자신감 없는 작은 목소리는 답변의 신뢰성을 떨어뜨릴 수 있으므로 주의하도록 한다.

④ 자세

　㉠ 걷는 자세

　　• 면접장에 입실할 때에는 상체를 곧게 유지하고 발끝은 평행이 되게 하며 무릎을 스치듯 11자로 걷는다.

　　• 시선은 정면을 향하고 턱은 가볍게 당기며 어깨나 엉덩이가 흔들리지 않도록 주의한다.

　　• 발바닥 전체가 닿는 느낌으로 안정감 있게 걸으며 발소리가 나지 않도록 주의한다.

　　• 보폭은 어깨넓이만큼이 적당하지만, 스커트를 착용했을 경우 보폭을 줄인다.

　　• 걸을 때도 미소를 유지한다.

　㉡ 서있는 자세

　　• 몸 전체를 곧게 펴고 가슴을 자연스럽게 내민 후 등과 어깨에 힘을 주지 않는다.

　　• 정면을 바라본 상태에서 턱을 약간 당기고 아랫배에 힘을 주어 당기며 바르게 선다.

　　• 양 무릎과 발뒤꿈치는 붙이고 발끝은 11자 또는 V형을 취한다.

　　• 남성의 경우 팔을 자연스럽게 내리고 양손을 가볍게 쥐어 바지 옆선에 붙이고, 여성의 경우 공수자세를 유지한다.

ⓒ 앉은 자세
- 남성

> - 의자 깊숙이 앉고 등받이와 등 사이에 주먹 1개 정도의 간격을 두며 기대듯 앉지 않도록 주의한다. (남녀 공통 사항)
> - 무릎 사이에 주먹 2개 정도의 간격을 유지하고 발끝은 11자를 취한다.
> - 시선은 정면을 바라보며 턱은 가볍게 당기고 미소를 짓는다. (남녀 공통 사항)
> - 양손은 가볍게 주먹을 쥐고 무릎 위에 올려놓는다.
> - 앉고 일어날 때에는 자세가 흐트러지지 않도록 주의한다. (남녀 공통 사항)

- 여성

> - 스커트를 입었을 경우 왼손으로 뒤쪽 스커트 자락을 누르고 오른손으로 앞쪽 자락을 누르며 의자에 앉는다.
> - 무릎은 붙이고 발끝을 가지런히 하며, 다리를 왼쪽으로 비스듬히 기울이면 단정해 보이는 효과가 있다.
> - 양손을 모아 무릎 위에 모아 놓으며 스커트를 입었을 경우 스커트 위를 가볍게 누르듯이 올려놓는다.

(2) 면접 예절

① 행동 관련 예절

ⓐ 지각은 절대금물 : 시간을 지키는 것은 예절의 기본이다. 지각을 할 경우 면접에 응시할 수 없거나, 면접 기회가 주어지더라도 불이익을 받을 가능성이 높아진다. 따라서 면접장소가 결정되면 교통편과 소요시간을 확인하고 가능하다면 사전에 미리 방문해 보는 것도 좋다. 면접 당일에는 서둘러 출발하여 면접 시간 20~30분 전에 도착하여 회사를 둘러보고 환경에 익숙해지는 것도 성공적인 면접을 위한 요령이 될 수 있다.

ⓑ 면접 대기 시간 : 지원자들은 대부분 면접장에서의 행동과 답변 등으로만 평가를 받는다고 생각하지만 그렇지 않다. 면접관이 아닌 면접진행자 역시 대부분 인사실무자이며 면접관이 면접 후 지원자에 대한 평가에 있어 확신을 위해 면접진행자의 의견을 구한다면 면접진행자의 의견이 당락에 영향을 줄 수 있다. 따라서 면접 대기 시간에도 행동과 말을 조심해야 하며, 면접을 마치고 돌아가는 순간까지도 긴장을 늦춰서는 안 된다. 면접 중 압박적인 질문에 답변을 잘 했지만, 면접장을 나와 흐트러진 모습을 보이거나 욕설을 한다면 면접 탈락의 요인이 될 수 있으므로 주의해야 한다.

ⓒ **입실 후 태도** : 본인의 차례가 되어 호명되면 또렷하게 대답하고 들어간다. 만약 면접장 문이 닫혀 있다면 상대에게 소리가 들릴 수 있을 정도로 노크를 두세 번 한 후 대답을 듣고 나서 들어가야 한다. 문을 여닫을 때에는 소리가 나지 않게 조용히 하며 공손한 자세로 인사한 후 성명과 수험번호를 말하고 면접관의 지시에 따라 자리에 앉는다. 이 경우 착석하라는 말이 없는데 먼저 의자에 앉으면 무례한 사람으로 보일 수 있으므로 주의한다. 의자에 앉을 때에는 끝에 앉지 말고 무릎 위에 양손을 가지런히 얹는 것이 예절이라고 할 수 있다.

ⓔ **옷매무새를 자주 고치지 마라.** : 일부 지원자의 경우 옷매무새 또는 헤어스타일을 자주 고치거나 확인하기도 하는데 이러한 모습은 과도하게 긴장한 것 같아 보이거나 면접에 집중하지 못하는 것으로 보일 수 있다. 남성 지원자의 경우 넥타이를 자꾸 고쳐 맨다거나 정장 상의 끝을 너무 자주 만지작거리지 않는다. 여성 지원자는 머리를 계속 쓸어 올리지 않고, 특히 짧은 치마를 입고서 신경이 쓰여 치마를 끌어 내리는 행동은 좋지 않다.

ⓜ **다리를 떨거나 산만한 시선은 면접 탈락의 지름길** : 자신도 모르게 다리를 떨거나 손가락을 만지는 등의 행동을 하는 지원자가 있는데, 이는 면접관의 주의를 끌 뿐만 아니라 불안하고 산만한 사람이라는 느낌을 주게 된다. 따라서 가능한 한 바른 자세로 앉아 있는 것이 좋다. 또한 면접관과 시선을 맞추지 못하고 여기저기 둘러보는 듯한 산만한 시선은 지원자가 거짓말을 하고 있다고 여겨지거나 신뢰할 수 없는 사람이라고 생각될 수 있다.

② 답변 관련 예절

ⓐ **면접관이나 다른 지원자와 가치 논쟁을 하지 않는다.** : 질문을 받고 답변하는 과정에서 면접관 또는 다른 지원자의 의견과 다른 의견이 있을 수 있다. 특히 평소 지원자가 관심이 많은 문제이거나 잘 알고 있는 문제인 경우 자신과 다른 의견에 대해 이의가 있을 수 있다. 하지만 주의할 것은 면접에서 면접관이나 다른 지원자와 가치 논쟁을 할 필요는 없다는 것이며 오히려 불이익을 당할 수도 있다. 정답이 정해져 있지 않은 경우에는 가치관이나 성장배경에 따라 문제를 받아들이는 태도에서 답변까지 충분히 차이가 있을 수 있으므로 굳이 면접관이나 다른 지원자의 가치관을 지적하고 고치려 드는 것은 좋지 않다.

ⓛ 답변은 항상 정직해야 한다. : 면접이라는 것이 아무리 지원자의 장점을 부각시키고 단점을 축소시키는 것이라고 해도 절대로 거짓말을 해서는 안 된다. 거짓말을 하게 되면 지원자는 불안하거나 꺼림칙한 마음이 들게 되어 면접에 집중을 하지 못하게 되고 수많은 지원자를 상대하는 면접관은 그것을 놓치지 않는다. 거짓말은 그 지원자에 대한 신뢰성을 떨어뜨리며 이로 인해 다른 스펙이 아무리 훌륭하다고 해도 채용에서 탈락하게 될 수 있음을 명심하도록 한다.

ⓒ 경력직을 경우 전 직장에 대해 험담하지 않는다. : 지원자가 전 직장에서 무슨 업무를 담당했고 어떤 성과를 올렸는지는 면접관이 관심을 둘 사항일 수 있지만, 이전 직장의 기업문화나 상사들이 어땠는지는 그다지 궁금해 하는 사항이 아니다. 전 직장에 대해 험담을 늘어놓는다든가, 동료와 상사에 대한 악담을 하게 된다면 오히려 지원자에 대한 부정적인 이미지만 심어줄 수 있다. 만약 전 직장에 대한 말을 해야 할 경우가 생긴다면 가능한 한 객관적으로 이야기하는 것이 좋다.

ⓔ 자기 자신이나 배경에 대해 자랑하지 않는다. : 자신의 성취나 부모 형제 등 집안사람들이 사회·경제적으로 어떠한 위치에 있는지에 대한 자랑은 면접관으로 하여금 지원자에 대해 오만한 사람이거나 배경에 의존하려는 나약한 사람이라는 이미지를 갖게 할 수 있다. 따라서 자기 자신이나 배경에 대해 자랑하지 않도록 하고, 자신이 한 일에 대해서 너무 자세하게 얘기하지 않도록 주의해야 한다.

3 면접 질문 및 답변 포인트

(1) 가족 및 대인관계에 관한 질문

① 당신의 가정은 어떤 가정입니까?

면접관들은 지원자의 가정환경과 성장과정을 통해 지원자의 성향을 알고 싶어 이와 같은 질문을 한다. 비록 가정 일과 사회의 일이 완전히 일치하는 것은 아니지만 '가화만사성'이라는 말이 있듯이 가정이 화목해야 사회에서도 화목하게 지낼 수 있기 때문이다. 그러므로 답변 시에는 가족사항을 정확하게 설명하고 집안의 분위기와 특징에 대해 이야기하는 것이 좋다.

② 친구 관계에 대해 말해 보십시오.

지원자의 인간성을 판단하는 질문으로 교우관계를 통해 답변자의 성격과 대인관계능력을 파악할 수 있다. 새로운 환경에 적응을 잘하여 새로운 친구들이 많은 것도 좋지만, 깊고 오래 지속되어온 인간 관계를 말하는 것이 더욱 바람직하다.

(2) 성격 및 가치관에 관한 질문

① 당신의 PR포인트를 말해 주십시오.

PR포인트를 말할 때에는 지나치게 겸손한 태도는 좋지 않으며 적극적으로 자기를 주장하는 것이 좋다. 앞으로 입사 후 하게 될 업무와 관련된 자기의 특성을 구체적인 일화를 더하여 이야기하도록 한다.

② 당신의 장·단점을 말해 보십시오.

지원자의 구체적인 장·단점을 알고자 하기 보다는 지원자가 자기 자신에 대해 얼마나 알고 있으며 어느 정도의 객관적인 분석을 하고 있나, 그리고 개선의 노력 등을 시도하는지를 파악하고자 하는 것이다. 따라서 장점을 말할 때는 업무와 관련된 장점을 뒷받침할 수 있는 근거와 함께 제시하며, 단점을 이야기할 때에는 극복을 위한 노력을 반드시 포함해야 한다.

③ 가장 존경하는 사람은 누구입니까?

존경하는 사람을 말하기 위해서는 우선 그 인물에 대해 알아야 한다. 잘 모르는 인물에 대해 존경한 다고 말하는 것은 면접관에게 바로 지적당할 수 있으므로, 추상적이라도 좋으니 평소에 존경스럽다 고 생각했던 사람에 대해 그 사람의 어떤 점이 좋고 존경스러운지 대답하도록 한다. 또한 자신에게 어떤 영향을 미쳤는지도 언급하면 좋다.

(3) 학교생활에 관한 질문

① 지금까지의 학교생활 중 가장 기억에 남는 일은 무엇입니까?

가급적 직장생활에 도움이 되는 경험을 이야기하는 것이 좋다. 또한 경험만을 간단하게 말하지 말고 그 경험을 통해서 얻을 수 있었던 교훈 등을 예시와 함께 이야기하는 것이 좋으나 너무 상투적인 답변이 되지 않도록 주의해야 한다.

② 성적은 좋은 편이었습니까?

면접관은 이미 서류심사를 통해 지원자의 성적을 알고 있다. 그럼에도 불구하고 이 질문을 하는 것은 지원자가 성적에 대해서 어떻게 인식하느냐를 알고자 하는 것이다. 성적이 나빴던 이유에 대해서 변명하려 하지 말고 담백하게 받아드리고 그것에 대한 개선노력을 했음을 밝히는 것이 적절하다.

③ 학창시절에 시위나 집회 등에 참여한 경험이 있습니까?

기업에서는 노사분규를 기업의 사활이 걸린 중대한 문제로 인식하고 거시적인 차원에서 접근한다. 이러한 기업문화를 제대로 인식하지 못하여 학창시절의 시위나 집회 참여 경험을 자랑스럽게 답변할 경우 감점요인이 되거나 심지어는 탈락할 수 있다는 사실에 주의한다. 시위나 집회에 참가한 경험을 말할 때에는 타당성과 정도에 유의하여 답변해야 한다.

(4) 지원동기 및 직업의식에 관한 질문

① 왜 우리 회사를 지원했습니까?

이 질문은 어느 회사나 가장 먼저 물어보고 싶은 것으로 지원자들은 기업의 이념, 대표의 경영능력, 재무구조, 복리후생 등 외적인 부분을 설명하는 경우가 많다. 이러한 답변도 적절하지만 지원 회사의 주력 상품에 관한 소비자의 인지도, 경쟁사 제품과의 시장점유율을 비교하면서 입사동기를 설명한다면 상당히 주목 받을 수 있을 것이다.

② 만약 이번 채용에 불합격하면 어떻게 하겠습니까?

불합격할 것을 가정하고 회사에 응시하는 지원자는 거의 없을 것이다. 이는 지원자를 궁지로 몰아넣고 어떻게 대응하는지를 살펴보며 입사 의지를 알아보려고 하는 것이다. 이 질문은 너무 깊이 들어가지 말고 침착하게 답변하는 것이 좋다.

③ 당신이 생각하는 바람직한 사원상은 무엇입니까?

직장인으로서 또는 조직의 일원으로서의 자세를 묻는 질문으로 지원하는 회사에서 어떤 인재상을 요구하는 가를 알아두는 것이 좋으며, 평소에 자신의 생각을 미리 정리해 두어 당황하지 않도록 한다.

④ 직무상의 적성과 보수의 많음 중 어느 것을 택하겠습니까?

이런 질문에서 회사 측에서 원하는 답변은 당연히 직무상의 적성에 비중을 둔다는 것이다. 그러나 적성만을 너무 강조하다 보면 오히려 솔직하지 못하다는 인상을 줄 수 있으므로 어느 한 쪽을 너무 강조하거나 경시하는 태도는 바람직하지 못하다.

⑤ 상사와 의견이 다를 때 어떻게 하겠습니까?

과거와 다르게 최근에는 상사의 명령에 무조건 따르겠다는 수동적인 자세는 바람직하지 않다. 회사에서는 때에 따라 자신이 판단하고 행동할 수 있는 직원을 원하기 때문이다. 그러나 지나치게 자신의 의견만을 고집한다면 이는 팀원 간의 불화를 야기할 수 있으며 팀 체제에 악영향을 미칠 수 있으므로 선호하지 않는다는 것에 유념하여 답해야 한다.

⑥ 근무지가 지방인데 근무가 가능합니까?

근무지가 지방 중에서도 특정 지역은 되고 다른 지역은 안 된다는 답변은 바람직하지 않다. 직장에서는 순환 근무라는 것이 있으므로 처음에 지방에서 근무를 시작했다고 해서 계속 지방에만 있는 것은 아님을 유의하고 답변하도록 한다.

(5) 여가 활용에 관한 질문 – 취미가 무엇입니까?

기초적인 질문이지만 특별한 취미가 없는 지원자의 경우 대답이 애매할 수밖에 없다. 그래서 가장 많이 대답하게 되는 것이 독서, 영화감상, 혹은 음악감상 등과 같은 흔한 취미를 말하게 되는데 이런 취미는 면접관의 주의를 끌기 어려우며 설사 정말 위와 같은 취미를 가지고 있다하더라도 제대로 답변하기는 힘든 것이 사실이다. 가능하면 독특한 취미를 말하는 것이 좋으며 이제 막 시작한 것이라도 열의를 가지고 있음을 설명할 수 있으면 그것을 취미로 답변하는 것도 좋다.

(6) 지원자를 당황하게 하는 질문

① 성적이 좋지 않은데 이 정도의 성적으로 우리 회사에 입사할 수 있다고 생각합니까?

비록 자신의 성적이 좋지 않더라도 이미 서류심사에 통과하여 면접에 참여하였다면 기업에서는 지원자의 성적보다 성적 이외의 요소, 즉 성격·열정 등을 높이 평가했다는 것이라고 할 수 있다. 그러나 이런 질문을 받게 되면 지원자는 당황할 수 있으나 주눅 들지 말고 침착하게 대처하는 면모를 보인다면 더 좋은 인상을 남길 수 있다.

② 우리 회사 회장님 함자를 알고 있습니까?

회장이나 사장의 이름을 조사하는 것은 면접일을 통고받았을 때 이미 사전 조사되었어야 하는 사항이다. 단답형으로 이름만 말하기보다는 그 기업에 입사를 희망하는 지원자의 입장에서 답변하는 것이 좋다.

③ 당신은 이 회사에 적합하지 않은 것 같군요.

이 질문은 지원자의 입장에서 상당히 곤혹스러울 수밖에 없다. 질문을 듣는 순간 그렇다면 면접은 왜 참가시킨 것인가 하는 생각이 들 수도 있다. 하지만 당황하거나 흥분하지 말고 침착하게 자신의 어떤 면이 회사에 적당하지 않는지 겸손하게 물어보고 지적당한 부분에 대해서 고치겠다는 의지를 보인다면 오히려 자신의 능력을 어필할 수 있는 기회로 사용할 수도 있다.

④ 다시 공부할 계획이 있습니까?

이 질문은 지원자가 합격하여 직장을 다니다가 공부를 더 하기 위해 회사를 그만 두거나 학습에 더 관심을 두어 일에 대한 능률이 저하될 것을 우려하여 묻는 것이다. 이때에는 당연히 학습보다는 일을 강조해야 하며, 업무 수행에 필요한 학습이라면 업무에 지장이 없는 범위에서 야간학교를 다니거나 회사에서 제공하는 연수 프로그램 등을 활용하겠다고 답변하는 것이 적당하다.

⑤ 지원한 분야가 전공한 분야와 다른데 여기 일을 할 수 있겠습니까?

수험생의 입장에서 본다면 지원한 분야와 전공이 다르지만 서류전형과 필기전형에 합격하여 면접을 보게 된 경우라고 할 수 있다. 이는 결국 해당 회사의 채용 방침상 전공에 크게 영향을 받지 않는다는 것이므로 무엇보다 자신이 전공하지는 않았지만 어떤 업무도 적극적으로 임할 수 있다는 자신감과 능동적인 자세를 보여주도록 노력하는 것이 좋다.

CHAPTER 02 면접기출

1 한국마사회 면접기출

① 30초 동안 자기소개를 해 보시오.

② 자신의 장점과 단점은 무엇인지 말해 보시오.

③ 최근에 가장 인상 깊었던 활동이 있다면 말해 보시오.

④ 좌절했던 경험이 있다면 말해 보시오.

⑤ 직장 생활 중 적성에 맞지 않는다고 느낀다면 다른 일을 찾을 것인가? 아니면 참고 견뎌내겠는가?

⑥ 자신이 했던 행동 중 가장 개혁적이라고 생각되는 것에 대해 말해 보시오.

⑦ '취직을 하면 이런 사람은 되지 않겠다.'를 말하고 자신은 어떤 직원이 되고 싶은지를 말해 보시오.

⑧ 자신만의 스트레스 해소법은 무엇인가?

⑨ 프로의식이 무엇이라고 생각하는가?

⑩ 소통과 관련된 에피소드를 말해 보시오.

⑪ 자신의 취미와 특기에 대해 말해 보시오.

⑫ 최근 주의 깊게 본 기사가 있다면 무엇인지 말해 보시오.

⑬ 상사에게 부당한 지시를 받으면 어떻게 할 것인가?

⑭ 한국마사회 면접을 준비하면서 기억에 남는 에피소드가 있다면 말해 보시오.

⑮ 주체할 수 없이 화가 났던 일이 있다면 그 일과 그 결과에 대해 말해 보시오.

⑯ 10년 후 어떤 비전을 가지고 근무를 하겠는지 말해 보시오.

⑰ 나이 어린 직원들과 같이 일 할 수 있겠는가? 어떠한 방법으로 적응해 나갈 것인가?

⑱ 상사가 부정한 일로 자신의 이득을 취하고 있다. 이를 인지하게 되었을 때 자신이라면 어떻게 행동할 것인가?

⑲ 프로젝트를 해 본 경험이 있는가? 있다면 그 프로젝트에 어떤 기여를 했는가?

⑳ 면접을 보러 가는 길인데 신호등이 빨간불이다. 시간이 매우 촉박한 상황인데, 무단횡단을 할 것인가?

㉑ 본인의 성격에 대해 말해 보시오.

㉒ 한국마사회에 지원한 동기를 말해 보시오.

㉓ 면접에서 떨어지면 어떨 것 같은지 말해 보시오.

㉔ 자신만의 특별한 취미가 있는가? 그것을 업무에서 활용할 수 있다고 생각하는가?

㉕ 우리사 인재상에 대해 알고 있습니까?

㉖ 마지막으로 하고 싶은 말이 있다면 말해 보시오.

당신의 꿈은 뭔가요?
MY BUCKET LIST !

꿈은 목표를 향해 가는 길에 필요한 휴식과 같아요.

여기에 당신의 소중한 위시리스트를 적어보세요. 하나하나 적다보면 어느새 기분도

좋아지고 다시 달리는 힘을 얻게 될 거예요.

- [ ] _____
- [ ] _____
- [ ] _____
- [ ] _____
- [ ] _____
- [ ] _____
- [ ] _____
- [ ] _____
- [ ] _____
- [ ] _____
- [ ] _____
- [ ] _____
- [ ] _____
- [ ] _____
- [ ] _____
- [ ] _____
- [ ] _____
- [ ] _____
- [ ] _____
- [ ] _____
- [ ] _____
- [ ] _____
- [ ] _____
- [ ] _____
- [ ] _____
- [ ] _____

- [ ] _____
- [ ] _____
- [ ] _____
- [ ] _____
- [ ] _____
- [ ] _____
- [ ] _____
- [ ] _____
- [ ] _____
- [ ] _____
- [ ] _____
- [ ] _____
- [ ] _____
- [ ] _____
- [ ] _____
- [ ] _____
- [ ] _____
- [ ] _____
- [ ] _____
- [ ] _____
- [ ] _____
- [ ] _____
- [ ] _____
- [ ] _____
- [ ] _____
- [ ] _____

창의적인 사람이 되기 위해서

정보가 넘치는 요즘, 모두들 창의적인 사람을 찾죠.
정보의 더미에서 평범한 것을 비범하게 만드는 마법의 손이 필요합니다.
어떻게 해야 마법의 손과 같은 '창의성'을 가질 수 있을까요. 여러분께만 알려 드릴게요!

01. 생각나는 모든 것을 적어 보세요.

아이디어는 단번에 솟아나는 것이 아니죠. 원하는 것이나, 새로 알게 된 레시피나, 뭐든 좋아요.
떠오르는 생각을 모두 적어 보세요.

02. '잘하고 싶어!'가 아니라 '잘하고 있다!'라고 생각하세요.

누구나 자신을 다그치곤 합니다. 잘해야 해. 잘하고 싶어.
그럴 때는 고개를 세 번 젓고 나서 외치세요. '나, 잘하고 있다!'

03. 새로운 것을 시도해 보세요.

신선한 아이디어는 새로운 곳에서 떠오르죠. 처음 가는 장소, 다양한 장르에 음악, 나와 다른 분야의 사람.
익숙하지 않은 신선한 것들을 찾아서 탐험해 보세요.

04. 남들에게 보여 주세요.

독특한 아이디어라도 혼자 가지고 있다면 키워 내기 어렵죠.
최대한 많은 사람들과 함께 정보를 나누며 아이디어를 발전시키세요.

05. 잠시만 쉬세요.

생각을 계속 하다보면 한쪽으로 치우치기 쉬워요. 25분 생각했다면 5분은 쉬어 주세요.
휴식도 창의성을 키워 주는 중요한 요소랍니다.